戰國破局
織田信長的崛起

從織田內鬥到挑戰守護代與大名制度，一場顛覆舊秩序的崛起戰爭

風起尾張，戰國秩序的崩裂
斯波氏式微、家臣內鬥、守護代之爭……
從少年家督到尾張主君，重寫天下格局的霸主
——織田信長！

北條早苗 著

目錄

(一) 信長的先祖 …………………………………005

(二) 信秀登場 ……………………………………013

(三) 尾張國的周邊 ………………………………023

(四) 信長誕生 ……………………………………037

(五) 繼承家督 ……………………………………051

(六) 入主清洲城 …………………………………061

(七) 兄弟鬩牆 ……………………………………073

(八) 統一織田家 …………………………………085

(九) 今川家的執念 ………………………………097

(十) 桶狹間合戰 …………………………………105

(十一) 東國驟變 …………………………………125

(十二) 美濃的動向 ………………………………137

(十三) 秀吉與墨俣城 ……………………………147

(十四) 尾張統一 …………………………………155

目錄

(十五)美濃攻略……………………………………165

(十六)永祿之變……………………………………173

(十七)義昭、光秀的登場…………………………185

(十八)信長上洛……………………………………197

(十九)信長與洛中諸事……………………………211

(二十)伊勢侵攻……………………………………227

(二十一)越前征伐…………………………………239

(二十二)姊川合戰…………………………………253

(二十三)元龜爭亂…………………………………265

(二十四)志賀之陣…………………………………275

(二十五)山門燒討…………………………………285

參考書目……………………………………………299

信長的先祖

▌織田氏的起源

　　這是個很長的故事,如果想聽的話,得坐下來慢慢品味。

　　一切得從尾張織田氏的起源說起。

　　按照織田家的自稱,在源平合戰時,伊勢平氏出身的平資盛戰死在了壇之浦海戰中,而在這場源平合戰的決戰發生期間,平資盛西逃時沒來得及帶走的一個小妾在京都偷偷生下了平資盛的兒子。

　　為了逃避源氏的追殺,小妾帶著剛出生的兒子逃出了平安京,逃到了近江國的一個叫津田的地方,嫁給了當地的豪族。後來,越前國織田莊劍神社的社祝外出公幹時路過津田,一眼就看中了這個孩子,將其帶往越前國。這個孩子最終繼承了神社的神職,從此以織田為苗字,平家後代織田氏就這樣流傳下來了。

　　然而,隨著研究的推進,學者們發現了織田信長最早的文書,裡面的署名是藤原信長。再往早期探究,發現在一百五十幾年前,織田家還在越前國時,織田信昌、織田將廣的文書署名也是以藤原為氏。

　　當然,這並不意味著織田氏就是藤原氏出身,只能說織田氏在幾百年來可能一直都以藤原氏自稱,直到織田信長的時代為止。與信長同時代的

（一）信長的先祖

　　僧人兔庵在天正元年（1573 年）九月的日記裡寫到：「源氏的權力漸衰，天下成為信長公的囊中之物。信長的本家，乃是小松殿的二兒子後裔，春去秋來，四百年後日本再度迎來了平家的世道。」

　　那麼，織田信長為什麼要自稱是平家的後代呢？

　　主要還是因為兔庵寫日記的兩個月前，信長剛剛把幕府將軍足利義昭流放了。室町幕府雖然說經常管不住手下，但是好歹在京畿也做了兩百年的老大，一朝被流放，大家一時間不適應沒有武家棟梁的生活。

　　在這樣的情況下，織田信長便向世人宣布：放心，織田家乃是平家後裔，源氏沒落了，還有平家呢！於是，織田家就這麼成為了平氏的後裔。當然，若是從事實上考量的話，織田信長高機率只是神官忌部氏的出身而已。

遷至尾張國

　　早年，在室町幕府建立以後，日本仍處於南北朝的動亂之中，當時日本有兩個天皇、兩個朝廷，而室町幕府則是從屬於北朝。是時，幕府的重臣斯波氏，因為征討南朝有功，世襲越前國守護的職役，織田家作為當地的豪族，便成為了斯波家的家臣。

　　南北朝統一後的應永七年（1400 年），斯波家的家督斯波義重補任尾張國守護，當時斯波義重還兼任越前國、遠江國守護，這三個領國便是後來斯波氏的勢力基礎。由於室町幕府時期，幕府規定麾下的有力大名需要留守在京都，再加上許多大名身兼數國守護，分身乏術。因而在斯波義重出任尾張國守護以後，便需要任命一個家臣為「守護代」，代理自己行使

守護的職權，斯波義重選擇的正是越前國的豪族織田氏。

原本居住在越前國的織田家，舉家遷到了尾張國，在此安家落戶。

織田家分裂

在室町幕府時期，守護長期在京都生活，參與幕政，並沒有時間管轄領地。於是守護們便會任命家臣為自己的代官，也就是「守護代」，負責管理守護的領地。可是，守護代通常都由守護的重臣出任，守護在參與幕政時經常需要守護代的協助，因此守護代漸漸也不在領地生活，而是與守護一同居住在京都。在這個時候，守護代為了管理領地，便會再任命一個人出任「又守護代」，也稱為「小守護代」、「在地守護代」，負責居住在領地內管理實際的政務。「又守護代」通常由守護代的同族出任。

室町時代中期的織田家也是如此，當時出任尾張國「在京守護代」的是織田教廣（法號「常竹」），「在地守護代」則是織田教廣的同族織田左京亮（法號「常松」）出任。織田教廣的的官途是「伊勢守」，他的嫡子淳廣繼承了這個官途，開創了「織田伊勢守」家，而教廣的另一個兒子則出任「大和守」官職，開創了「織田大和守」家。

享德元年（1452年）九月一日，斯波家家督斯波義健英年早逝，沒有留下子嗣，於是幕府任命斯波家庶族大野斯波家出身的斯波義敏入嗣宗家。斯波義敏身為斯波家的旁支，在家族中沒有根基，與斯波家的家宰（家臣之首）甲斐常治關係不佳，沒多久便爆發了戰爭。在這場斯波家的內戰中，時任尾張國守護代的「伊勢守家」織田敏廣站在了甲斐常治的一邊，流放了主君斯波義敏。

（一）信長的先祖

　　此時日本的關東地區正陷入上杉家與關東公方的戰爭「享德之亂」中，幕府原本想要派遣斯波義敏前往關東支援親幕府的上杉家，但是斯波義敏卻沒有回應幕府的命令，而是在領內掀起與家臣們的內戰，引起了幕府的不滿。在甲斐常治等斯波家臣的要求下，幕府剝奪了斯波義敏的家督之位，改派「堀越公方」足利政知（幕府任命的新任「鎌倉殿」，但是因為舊關東公方勢力的抵抗沒能進入鎌倉，而是停留在伊豆國的堀越）的輔佐涉川義鏡的兒子義廉入嗣斯波家。

　　幕府打了一手如意算盤，認為斯波義廉一定會帶領斯波家的軍隊支援關東。然而隨著關東局勢的變化以及「堀越公方」在關東的擴張，幕府對「堀越公方」提高了警惕，決定不再支援「堀越公方」，而是想讓日本東北部的陸奧國、出羽國的斯波一族出身的大崎氏、最上氏南下作戰。不過大崎氏對外姓入嗣的斯波義廉並不買帳，因此幕府只好又赦免了先前被罷免的斯波義敏，讓義敏的兒子義寬出任斯波家家督。

　　於是，斯波家分裂成了斯波義敏、義寬父子與斯波義廉兩派。由於織田家嫡流伊勢守家支持斯波義廉，斯波義敏便拉攏了織田家庶流大和守家出身的織田敏定與之對抗。恰好此時京都爆發了「應仁・文明之亂」，尾張國也因此一分為二，變成伊勢守（西軍）、大和守（東軍）兩織田爭霸的戰場。

　　「應仁之亂」結束後，織田大和守家取代嫡流奪下了守護代之位。此後經過多次拉鋸，尾張國逐漸形成了大和守家統治山田、海東、愛知、海西四郡，伊勢守家統治葉慄、丹羽、春日井三郡，中島郡則由兩家各占領一部分的局面。織田信長的祖先，正是織田大和守家的庶族「彈正忠家」出身。

　　大和守家雖然在應仁之亂中獲勝，但是在戰國時代卻命運多舛。織田

敏定在出陣美濃國支援盟友期間不幸病逝，其子寬定又在與伊勢守家的戰爭中戰死，家督由寬定的弟弟寬村繼承，直到寬定的兒子達定成年以後，守護代才又由達定出任。

在織田達定的時代，尾張國守護斯波義達已經失去了斯波家的另外兩個領地越前國和遠江國。為了奪回舊領地，斯波義達決定出兵遠江國，卻招致織田達定的強烈反對，二者很快爆發了戰爭，織田達定在戰鬥中戰死。獲得勝利的斯波義達乘勝出兵遠江國，卻在引間城被今川軍擊敗。雖然今川家恨透了這個多次攻打遠江國的傢伙，但是因為斯波義達是「三管領」斯波家出身、幕府將軍足利家的近親，今川家也不敢隨便殺死他。最後，今川家做了一件非常不厚道的事——將斯波義達剃了個光頭，逼他出家，再把他放回尾張國。尾張國的武士們見到戰敗被俘最後還剃了頭回國苟活的斯波義達以後，徹底對守護斯波家失去了信心。此後，斯波家在尾張國的地位一落千丈，不得不依靠大和守家的庇護在清州城居住。

■ 信長的曾祖父

織田達定死後，由他的弟弟織田達勝接任了尾張國守護代之職。在織田達勝統治期間，守護代的勢力也開始衰退。由於接連更換家督的緣故，織田達勝不得不倚靠家中三位重臣鞏固自己的地位，這三位重臣都是織田一族出身，三個家族被一起稱為「三奉行」，分別是「因幡守家」、「藤左衛門尉家」與「彈正忠家」。

織田彈正忠家的活動最早可以見於織田達定出任守護代的時期，當時尾張國的佛教日蓮宗發生分裂，於是織田達定便將兩派僧人召到了清洲

（一）信長的先祖

城，創辦了一場「清洲法論」的辯論會。在記載這場辯論會的《本國寺記》裡提到，當時身為裁判的織田一族中，有一個叫「織田彈正忠良信」的人，這個織田良信，就是織田信長的曾祖父。

織田良信的出身並不明確，據推測有可能是應仁之亂時出任守護代的織田敏定之子。還有人說其實織田良信不是清洲織田家出身，而是巖倉織田家的庶流，只是出仕了守護代清洲織田家而已。

因為織田家系圖混亂的緣故，系圖中良信還有個生平不詳的叫織田敏信的兄弟，因此也有人說良信和敏信其實並非兄弟，而是改了名字的同一個人。只是早年追隨斯波義良（注：即斯波義敏之子斯波義寬，當時斯波義敏在京參加應仁之亂，不在領地）時，受賜「良」字，後來斯波義敏來到尾張國後，便又受賜了「敏」字，改名敏信。

在有的系圖中，編纂者甚至直接將織田良信的存在抹去，將織田信長的曾祖父寫成織田敏定。不過近年來隨著新史料的發掘，織田信長的曾祖父是織田良信之事應當是沒有問題的，後世流傳的織田家系圖明顯有誤。然而再往上逆推，織田良信的父親是誰，就仍然有待考證了，反正他的出身一定不高就是。

《信長公記》的首卷中提到，織田信長往上倒三代依次是「西巖」、「月岩」與「備後守」，便分別是指織田信長的曾祖父織田良信、祖父織田信貞、父親織田信秀三人。

除此以外，作為一次史料的織田信秀時代妙興寺的僧人所寫的文書中也有提到，織田信秀的父祖依次是「材巖」、「月岩」。材巖與西巖在日語中的讀音相同，指的正是織田良信。

織田信貞的崛起

　　永正十三年（1516年）時，守護代織田達勝在發給妙興寺的文書中附帶了三個家臣的連署文書，這三人分別是織田彈正忠信貞、織田築前守良賴、織田九郎廣延。其中，織田信貞便是織田信長的爺爺，不過因為江戶時代的系圖將他直接編成是織田敏定之子，所以按照一字拜領的習慣，系圖裡都把他的名字寫成「織田信定」，這當然是錯誤的名字。

　　當時清洲家與巖倉家處於對立的狀態，從織田良信時代開始，身為清洲家臣的彈正忠家就一直侵占巖倉織田家麾下勢力的領地。前文提到的織田良信、織田信貞登場的妙興寺文書中，所敘述的主要內容就是說巖倉家勢力範圍內的妙興寺的領地不斷地被彈正忠家占領。為了削弱巖倉家的勢力，彈正忠家的主君清洲家對此事也是睜一隻眼閉一隻眼，這固然使得清洲家在兩織田的鬥爭中占據了優勢，但是副作用卻是讓彈正忠家崛起，最後形成尾大不掉的局面。

　　另外，讓織田彈正忠家崛起的一個非常重要的原因，就是在織田信貞時期，織田彈正忠家占領了尾張國海東郡的津島。津島並不是一個島，而是位於木曾川畔的一個小型港灣都市，距離海港伊勢灣也非常之近。津島的繁榮起源於鎌倉時代，當時日本各地的許多參拜者都前往位於津島的牛頭天王神社參拜，人潮眾多，逐漸就形成了一個以商業、服務業為主的都市。

　　津島的商人們，用兩個字就可以形容──「有錢」，要是用四個字的話，那就是「相當有錢」。有錢的津島商人們組成了在當時被稱為「惣」的自治團體，並且僱傭了一些士兵，以維護津島的治安，這是戰國時代非常

（一）信長的先祖

　　流行的名為「自力救濟」行為。

　　自力救濟，通俗翻譯就是自己救自己。

　　大永（注：日本在1521年至1528年使用的年號）初期，織田信貞在津島的東北四公里左右的位置修築了勝幡城，並將居城遷到此地，其目的自然就是為了占領津島。

　　在《張州雜誌》中收錄了津島豪族之一大橋氏的家譜裡面提到，在大永年間彈正忠家與津島之間多次發生合戰，最後津島戰敗，大橋家被迫娶了織田信長之女結成姻親關係。因為在大永年間織田信長都還未出生，所以這明顯是編系譜的人寫錯了。不過，若是將文中的織田信長改成織田信貞的話，整篇記載又變得合理了許多。實際上，在同書中還收錄了大永四年（1524年）織田信貞下發給津島豪族的安堵文書（注：認可領地的證書），說明至少此時織田信貞已經非常有效地統治了津島。

　　兩年後，著名的連歌師宗長路過尾張國津島留宿時，在日記裡記下了自己收到領主「織田霜臺」之子三郎的禮物與書信。「霜臺」指的就是以「彈正忠」自稱的織田信貞，「三郎」則是彈正忠家嫡子所用的通稱，指的便是織田信長的父親織田信秀。

　　雖然津島眾在後來的一段時間內還有一定的獨力許可權，但是織田信貞對津島的全面壓制，無疑使得彈正忠家掌握了巨大的財富來源，這也為後來織田信秀、織田信長的崛起奠定了堅實的基礎。

（二）
信秀登場

飛鳥井雅綱

大約在大永六年到七年（1526～1527年）左右，信長的爺爺織田信貞去世了，年輕的織田信秀繼承了彈正忠家的家督。

天文二年（1533年），二十三歲的織田信秀邀請了京都的中級公卿飛鳥井雅綱前來尾張國傳授蹴鞠技巧。畢竟是兵荒馬亂的年代，飛鳥井雅綱不敢獨自前往尾張，便邀請了好友山科言繼一同前去。

飛鳥井家世世代代都是以蹴鞠以及和歌聞名，這個飛鳥井雅綱更是號稱一腳踢翻了東日本的人。當然，不是因為他的球技真的有C羅梅西那樣高超，而是因為他教授的幾個徒弟結局都比較慘。比如織田信秀，晚年的失利讓彈正忠家陷入了內憂外患、瀕臨滅亡的局面中。飛鳥井雅綱的另外兩個徒弟則更有名也更慘，一個是今川氏真，一個是北條氏政。

七月二日，飛鳥井雅綱、山科言繼從京都出發，一行人先是在近江國的坂本留宿，隨後又一路南下伊勢國，於桑名湊（桑名港）登船來到尾張國的津島，經此地前往織田信秀的居城勝幡城會面。

飛鳥井雅綱和山科言繼都是中級公卿出身，在那個走在路上吐一口唾沫都能濺到三四個公卿的平安京裡並不是什麼稀罕玩意兒。不過來到尾張

（二）信秀登場

國以後，這些名門出身的公卿立刻變成了珍稀物種，成為各地鄉下富豪爭相巴結的對象。織田信秀在勝幡城裡大方地招待了飛鳥井雅綱一行人，還帶他們參觀了自己的住處以及家臣的住處，最後獻上了太刀、馬還有蹴鞠學費等禮品。

自從應仁之亂爆發以後，連室町幕府在各地的御料所都被守護以及國人侵占，更別提手無縛雞之力的公卿們的莊園了。飛鳥井雅綱、山科言繼之所以願意上山下鄉，不是為了深入民間，而是在京都快沒飯吃了，想出來撈點外快。這次雖然是應織田信秀的邀請前來尾張，但是幾人的行程表裡卻也包括了守護代織田達勝的居城清洲城。

在勝幡城居住幾日後，一行人又前往清洲城授課，許多尾張國的在地武士都紛紛來到清洲城，拜在飛鳥井雅綱門下學習蹴鞠。當然，學費自然不會少給。

■ 山科言繼的見聞

在這次前往尾張途中，山科言繼雖然是個陪同者，但是他卻將在尾張國的許多見聞都記錄在日記裡，得益於此，後人便可以從他的日記中窺得當時尾張國的局勢。

按山科言繼所言，一行人首先到的是勝幡城，隨後織田信秀便派出使者去清洲城通知織田達勝。山科言繼在坐席中聽織田信秀說去年彈正忠家和守護代對立，在雙方進行合戰以後，便再也沒有聯繫了，這次剛好可以藉著蹴鞠之事修復與清洲家的關係。

織田信秀喜不喜歡踢球不知道，但是這次邀請飛鳥井雅綱明顯是帶有

政治目的的。果然，清洲城的織田達勝聽說日本國腳已到勝幡城後，便帶著隨從趕到了勝幡城為一行人接風，順便還和織田信秀等人一起踢了一場友誼賽。

值得一提的是，在這次勝幡城的友誼賽中，尾張國那古野城的城主今川竹王丸也赫然在列。那古野今川氏本是駿河今川氏的庶流出身，後來成為了幕府將軍的奉公眾，為幕府管轄尾張國那古野城附近的御料所，不久前才絕嗣。為了不讓那古野今川氏滅亡，駿河今川氏才將竹王丸送到了那古野城繼嗣，竹王丸的出身不明，一般認為他是今川氏輝最小的一個弟弟。

那古野城雖然離清洲城比較近，不過後來飛鳥井雅綱在清洲城舉辦足球聯賽時，竹王丸卻沒有來參加。說明此時織田彈正忠家在當地已經有了很大的影響力，比起守護代清洲家，那古野今川氏很可能和彈正忠家關係更好。

另外一點，山科言繼還提到，織田信秀的居城勝幡城非常豪華，甚至連織田信秀的家老平手政秀的家裡也非常富有。眾人在參觀平手政秀宅時，平手政秀獻上了打造十分精美的太刀作為禮物，在後來的宴會中，平手家使用的家具極盡奢華，甚至在京都都很難見到。而一行人去了清洲城以後，卻發現這裡異常艱苦樸素。兩相對比，山科言繼才發覺織田信秀這個臣子的財力與實力，早就凌駕於主家之上了。

松平清孝的崛起

織田信秀在尾張國舉辦蹴鞠活動的時候，三河國興起了一個新的勢力，此即西三河地區的岡崎松平家。

（二）信秀登場

　　三河國在室町時代是阿波細川家的領地，幕府將軍在此地也有許多直轄領，由政所執事伊勢氏派遣代官負責打理。其中，西三河的小富豪松平氏就是伊勢氏的家臣。「應仁之亂」爆發以後，三河國也受到京都政局的波及發生戰亂。時任松平家家督的松平信光四處征戰，成為松平家的奠基之祖。松平信光去世以後，長子松平親長繼承了根據地巖津城，庶子們則分別建立起了分家安城松平家、大給松平家等等。

　　「明應政變」發生以後，幕府管領細川政元罷黜了十代將軍足利義材（後改名為足利義稙），擁立足利義澄出任幕府將軍，將軍家因此分裂。不久後，細川政元在「永正錯亂」中被家臣暗殺，細川政元的養子細川澄元、細川高國為了爭奪家督之位大打出手。細川澄元是阿波細川家出身，是細川政元的正統繼承人，所以澄元繼承了養父政元的路線，支持幕府將軍足利義澄。而細川高國是靠家臣擁戴上位，並無大義名分，便只好轉投「義澄派」的敵人前將軍足利義稙領導的「義稙派」。在足利將軍家分裂之後，原本幕府的支柱細川家也隨之分裂。

　　三河國因為曾是阿波細川家領地的原因，包括松平家在內的許多家族都是「義澄派」的成員。可是正如前文所述，占據三河國的鄰國遠江國的今川家在足利義稙復任幕府將軍之後，立即轉投了「義稙派」。為了向「義稙派」交納投名狀，今川氏親派遣舅舅伊勢盛時（北條早雲）為大將侵入了三河國，消滅了「義澄派」成員巖津松平家。

　　巖津松平家滅亡之後，因為庶流安城松平家在今川家入侵時率領一族頑強抵抗，在今川軍撤退後又占領了許多巖津家的舊領，因此成為松平一族中最為強大的一支。

　　在安城松平家中，最為有名的武士便是松平清孝。松平清孝本是安城家的繼承人，但是卻被爺爺松平長忠廢嫡，轉而繼承了旁系岡崎松平家，

安城家則由清孝的叔父信定繼承。不過，松平清孝卻並不甘心失去總領之位，很快就以岡崎城為根據地，掀起了針對安城家的戰爭。

據說松平清孝率領松平一族在三河國南征北討，不僅僅是安城城、岡崎城所在的西三河，甚至連東三河、尾張國都遭到了松平清孝的入侵。所以後來的人們在編纂史料時也誇張地形容說，要是松平清孝能活到三十歲的話，說不定可以取得天下。當然，有關松平清孝稱霸三河國的史料基本都是江戶時代的幕臣寫的，在一次史料裡，這個人的存在感並不算很高，因而不排除有德川家吹捧祖先的成分在裡面。實際上，按照現在發掘的史料來看，松平清孝確實有點能力，但是他的傳說事蹟則有些名過其實。

守山崩

織田信秀踢完球兩年後的天文四年（1535年）十二月三日，松平清孝率軍從岡崎城出陣。在《三河物語》的記載中，當時松平清孝的麾下軍勢達到了一萬人，想要和織田信秀一戰定乾坤。不過，在另外一本史料《松平記》裡，作者則偷偷刪掉了一個零，人數改成了一千人，作戰目標則是身處尾張國守山城的安城松平家家督松平信定。

一千人，才是最接近松平清孝手下人數的數字，因為在此以前他從沒集結過萬人的軍勢。由於松平信定的背後有著清洲織田家以及織田信秀的支持，攻下守山城並不容易，因而松平清孝此行有可能也沒想奪取守山城，而只是一次對松平信定進行騷擾、示威的軍事行動。

在包圍了守山城以後的十二月五日，有人傳聞說松平清孝的家臣阿部定吉內通織田信秀與松平信定，想要謀害清孝。聽說了傳聞的阿部定吉找

（二）信秀登場

到了兒子阿部定豐交代後事，說這次出陣爹可能回不來了什麼的云云，然後穿著素服要去找松平清孝表忠心。

松平清孝自然知道這是敵人的離間計，他安撫了一下阿部定吉，表示這是敵人想分化我軍內部的奸計，敵人越是這樣我們就越要更加團結，一致對外。

在松平清孝與阿部定吉談話之際，恰好本陣裡有匹馬的韁繩斷了，在本陣裡瞎蹓躂撞到了不少人，松平清孝便跑出來對下人喊道：「別讓牠跑了！」

松平清孝的這句話，被跟隨老爹來到本陣的阿部定豐聽到了，他以為松平清孝是在吩咐下人別讓阿部定吉跑了，便提刀從松平清孝背後躍出，大喝一聲：「莫跑！」

松平清孝毫無防備地回了頭，隨後被阿部定豐一刀斬殺，據說傷口從右肩一直延伸到了左腋下，當場斃命。松平清孝的近侍植村新六郎見主君遇刺，連忙上來幾刀就把阿部定豐給剁了，可惜這時松平清孝已經停止了呼吸。

阿部定吉聽到本陣外面有人打鬥，便溜出來查看是怎麼回事，結果一眼就看到了倒在血泊之中的兒子，以及被砍成兩截的松平清孝。被當下場景驚得愣在原地的阿部定吉隨後便被松平清孝的近侍給抓了起來。

主將遇害，松平軍只能主動撤軍。阿部定吉了解了此事經過以後，想要切腹謝罪，但是松平清孝的兒子、十歲的松平廣忠（當時還叫千松丸）卻赦免了他，依舊讓阿部定吉出仕松平家，甚至阿部家後來還有兩支後裔成為了江戶幕府的藩主，當然這是後話了。

松平清孝之死迷霧重重，「誤殺說」未免有些過於戲劇性，現今的研究

認為，松平清孝為了統一西三河連年征戰，家臣們受不了沉重的軍役負擔，這才聯合起來殺死了清孝。總之，松平清孝就這麼糊里糊塗地死去，不過其實他這年已經二十五歲了，五年內連織田信秀都未必能搞定，所以即便他不死，想要看他奪取天下的話，只怕也得多等幾年了。

根據《三河物語》的記載，織田信秀聽說松平清孝裂成兩半了，興高采烈地率領八千人來攻打三河，最後乘人之危的織田軍在井田野被松平廣忠率領八百人擊敗。不過，井田野合戰之事很可能只是後世編造出來的，並沒有證據。

松平清孝死後，根據地岡崎城被叔父信定攻陷，清孝的兒子千松丸也被松平信定流放，離開了三河國。松平信定成為了三河松平一族的總領，統一了安城、岡崎兩松平家。

奪取那古野城

前文有提到，在天文二年（1433年）的勝幡城舉行足球聯賽時，那古野城的城主今川竹王丸曾經來到勝幡城踢球，並且似乎和織田信秀的關係還算不錯。

然而，對野心勃勃的織田信秀來說，竹王丸（今川氏豐）就是個小屁孩，是擋在自己稱霸尾張國路上的絆腳石。此時的織田信秀已經在勝幡城所在的海東郡、隔壁的中島郡占了不少地盤，但是因為勝幡城的西邊是一向一揆的地盤，織田信秀不太敢得罪他們，便只好繼續向東發展。在東邊，最好欺負的就是那古野城的今川氏豐了。

根據《名古屋合戰記》的記載，今川氏豐是一個非常喜歡連歌的人，

（二）信秀登場

　　時常召開連歌會，也會邀請大自己十歲左右的織田信秀來那古野城參加。

　　有一回，今川氏豐見到織田信秀扭扭捏捏的，便詢問是怎麼回事。

　　織田信秀回答說，自己在來的路上乘船時，不小心把連歌的道具掉進了河裡。

　　也不知道今川氏豐腦子怎麼想的，便向織田信秀提議，說天天來來回回地跑也不是辦法，不如以後一次在那古野城待個三五天，我們玩個痛快後再回去。

　　織田信秀表面滿心歡喜地應承了下來，暗地裡則在偷笑今川氏豐是個蠢蛋。

　　享祿五年（1532年、是年改元天文）的春天，織田信秀再次來那古野城參加連歌會，可是沒幾天他就突然重病臥床，眼看著只有進氣沒出氣了。織田信秀的家臣們連忙向今川氏豐報告說，自己主公可能快不行了，得通知一下勝幡城那邊。

　　今川氏豐對好友沒有防備，便答應了信秀的家臣們。到了三月十一日時，那古野城來了一堆自稱是織田信秀親戚的傢伙，什麼三姑六婆七舅姥爺的八外甥女，都嚷嚷著要見織田信秀最後一面。

　　就在那古野城的武士們在城裡維持信秀親戚的秩序時，城下町突然起了火，隨後各處都冒出了信秀麾下的軍隊，與親戚們裡應外合一舉攻下了那古野城。今川氏豐丟了領地以後，只能逃回了京都，後來又前往駿河尋求庇護。

　　《名古屋合戰記》是後世編纂的史料，在這段故事裡，除了呈現織田信秀不要臉地出賣朋友以外，還刻劃了一個喜愛連歌最後因為連歌丟了領地的今川氏豐的昏庸形象，以此來告誡後世的武士們不能玩物喪志。

奪取那古野城

可是，正如前文所述，山科言繼在《名古屋合戰記》記載的奪城事件的第二年來尾張踢球時，還遇到了今川氏豐。所以至少在天文二年時，今川氏豐依舊留在那古野城，而《名古屋合戰記》記載的奪城日期則是錯誤的，這段奪城故事也很可能只是後世偽造的。

天文七年（1538年）九月，織田信秀第一次在那古野城附近下發了安堵武士領地的書狀，隨後在十月又出現了織田達勝免除改築那古野城徭役的文書。根據學者橫山住雄的推測，那古野城落城的時間可能是在天文七年，畢竟這年織田家又是對附近領地安堵又是改築那古野城的，這些基本上都是剛奪取城池才會做的事。

至於改築那古野城之事，信秀的主君守護代織田達勝也摻了一腳。二者雖然曾經對立，但是畢竟保持著名義上的主從關係，織田達勝在當地還是具有一定的影響力的，織田信秀的壯大，表面上就意味著清洲織田家的壯大。

現在的人們通常都會把日本戰國時代形容成是一個「下克上」的時代，但是實際上仔細去了解具體事件的經過的話，會發現大部分所謂「下克上」都是有一定的大義名分支持的。真像長井規秀（齋藤道三）和他父親那樣公然殺害主君、流放主君的例子其實非常少，武士依舊需要保持忠君的思想，至少表面上大家得這麼做。

總之，大概在天文七年至天文八年時，織田信秀奪取了那古野城，並將根據地遷到了此地。遷移居城對彈正忠家意味非凡，這代表著彈正忠家擺脫了海東郡豪族的地位，開始走上制霸尾張國之路。

（二）信秀登場

（三）

尾張國的周邊

▍花藏之亂

　　根據《信長公記》的記載，織田信秀曾經獲得「國中」的軍勢支援侵入美濃國與三河國，「國中」的軍勢指的是除了織田信秀麾下的軍勢外，在清洲家、巖倉家麾下的武士團體。這說明織田信秀自從與清洲家和睦以後，可能從守護斯波家或者守護代清洲家處獲得了一定的許可權，例如統率尾張國的軍勢對外進行合戰等等。當然，這些參陣的武士並沒有與織田信秀締結主從情誼，只能算是臨時的上下級關係。

　　此時西三河國的松平一族，自從天文四年松平清孝死後就陷入了分裂的內亂中，這給了織田信秀非常大的干涉機會。不過，儘管一盤散沙的三河國不是織田信秀的對手，在三河國的更東邊，卻有一個新秀正在崛起。

　　天文五年（1536 年）三月十七日，駿河國、遠江國的守護今川氏輝突然暴斃，今川氏輝死時年僅二十四歲，死因不明，不過在今川氏輝死前一段時間，今川家的盟友、後北條氏的家督北條氏綱曾多次前往鶴岡八幡宮為今川氏輝祈禱，說明今川氏輝死前可能是生了什麼重病。

　　此事的疑點在於，根據甲斐國大名武田信玄的側近駒井政武所寫的日記《高白齋記》中的記載，在今川氏輝去世的同一天，今川氏輝的弟弟今

（三）尾張國的周邊

　　川彥五郎也一併去世了。彥五郎的身分並不明確，只知道是今川氏輝的弟弟，有人認為他可能就是那古野城的今川氏豐，不過並沒有實證。如上文所述，此時的氏豐可能還沒有丟掉那古野城，因此彥五郎可能是另外一個兄弟氏辰。

　　兄弟倆在同日去世，這讓很多人認為氏輝、氏辰兄弟之死的背後陰謀重重。不過我們大可不必去討論這件事有什麼陰謀，因為當時的今川氏輝剛結束前往相模國小田原城的旅程歸來，而當時駿河、相模一帶正流行瘟疫。從北條家在氏輝病逝前一陣子多次前往鶴岡八幡宮為其祈福來看，至少氏輝的死亡並不是暴斃，而是經過一段時間的病痛折磨才去世的。氏辰身為家督繼承人，很可能是陪伴在病榻前時也染上了瘟疫，這才意外地在同一天病逝。

　　在今川氏輝、氏辰死後，今川氏親的兒子還有四個，即位於花倉的遍照光寺的住持「花藏殿」玄廣惠探、在善德寺出家的「善德寺殿」栴嶽承芳、動向不明的僧人象耳泉奘（有說法說他是今川義元次子，但是實際上是今川氏親之子可能性較高）、那古野城的今川氏豐。

　　若是按照長幼順序的話，今川家的家督應該由今川氏親的側室福島氏生下的玄廣惠探繼承。

　　不過，善德寺的栴嶽承芳與其師父太原雪齋曾在京都修行，與京都的許多貴族、名僧關係甚好。在今川氏輝去世後，栴嶽承芳與太原雪齋便利用自己在京都的人脈進行活動，於五月三日成功地從幕府將軍足利義晴處獲得了承認栴嶽承芳繼承今川家家督的御內書，同時足利義晴還將名字裡的上字「義」字賜給了栴嶽承芳。

　　有了這封御內書，栴嶽承芳便在駿河國掀起了爭奪家督的戰爭，而庶兄玄廣惠探則進入了外公的居城花倉城籠城，此即「花藏之亂」。以往的

歷史書都是以玄廣惠探籠城的花倉城為由，稱這次內亂為「花倉之亂」，但是實際上這次內亂包含的範圍遠遠不止花倉城，因此最近學界一般都以玄廣惠探的稱號「花藏殿」而將這次內亂稱為「花藏之亂」。

值得一提的是，在以往的小說、電視劇裡，梅嶽承芳還有個堅定的支持者，即他的生母壽桂尼。記得在大河劇《風林火山》裡，壽桂尼在今川氏輝死後還罵了福島氏一句。

壽桂尼在今川家內具有相當大的影響力，在丈夫今川氏親去世後，因為兒子今川氏輝年幼，壽桂尼便以今川家的家督輔佐為名處理政務，下發自己署名的書狀，是當時今川家實質上的家督。除了壽桂尼以外，以往還認為相模的北條氏也支持著梅嶽承芳，而甲斐的武田氏則支持玄廣惠探。在甲斐國的史料《妙法寺記》中，也有北條軍追殺玄廣惠探的紀錄。

不過，真的如此嗎？

壽桂尼的動向

在花藏之亂以後，今川家一改昔日拉攏北條打武田的對外政策，開始轉向與甲斐武田家結親，而與曾經的盟友相模北條家敵對。如果武田家與北條家在花藏之亂時真是舊說中的立場的話，那麼今川家對外政策的一百八十度大轉變也太令人不解了吧！

那麼，真相究竟為何呢？

實際上，駒井政武在《高白齋記》裡提到：「五月二十三日夜裡，今川氏輝的母親壽桂尼前往福島越前守的住處，表示會站在玄廣惠探的一方。」

（三）尾張國的周邊

很不可思議是嗎？是的，確實是這樣的，這也正是為什麼「花倉之亂」的稱呼要改成「花藏之亂」的緣故。改名字並不是單純的玩個文字遊戲，而是因為這場內亂遠遠不是局限於花倉城的同胞兄弟爭奪家督的內戰，而是將整個今川家的領國二分、順帶捲入了相模北條氏、甲斐武田氏等他國勢力利益的一場涉及諸多勢力的「國際化」戰爭。

在花藏之亂結束後，栴嶽承芳在寫給家臣岡部親綱的書信裡提到，在花倉城陷落時，岡部親綱曾將「大上樣」送往花倉城內的「注書」取回，獻給了自己，並表示這是「對自己及子孫後代都無與倫比的忠節」，褒獎了岡部親綱。

除去今川氏親掀開棺材板復活的可能外，栴嶽承芳口中的「大上樣」指的只能是壽桂尼。而「注書」在戰國時代耶穌會傳教士編寫的《日葡辭典》裡，被解釋為是「家族代代相傳的家系與領地相關的文件」。也就是說，壽桂尼在花藏之亂時，曾經把今川家領地相續的「注書」送給了玄廣惠探。當然，也有解讀認為壽桂尼並沒有站在玄廣惠探一方，而是被玄廣惠探給綁架了，至於真相如何，那就見仁見智了。

另外，在栴嶽承芳繼承家督之後，壽桂尼再也沒有下發過自己署名的文書，其在今川家的地位也逐漸開始邊緣化，這恰好也從側面證明了壽桂尼在花藏之亂時並不支持栴嶽承芳。

那麼，壽桂尼為什麼不支持自己的兒子呢？

這是因為，電視劇裡永遠不會告訴你玄廣惠探的支持者福島越前守是今川氏親的親信，福島氏的一門眾裡，甚至有不少人是壽桂尼的側近。說到底，還是因為這場內亂不是單純的兄弟之爭，裡面包含了太多的利益紛爭。

在這些利益糾葛中，十分重要的一點便是壽桂尼的出身。壽桂尼出自

公卿之後，乃是中御門家的女子，在今川氏親、今川氏輝時代，今川家想與京都方面溝通外交，都得借用壽桂尼在京都的人際關係。

然而，大永五年（1525年）時壽桂尼的父親中御門宣胤去世，隨後在享祿四年（1531年）時，壽桂尼的弟弟中御門宣秀也去世了。等到了花藏之亂的年頭，中御門家在公卿家族中已然沒落。反之，栴嶽承芳自幼便在京都修行，其師父太原雪齋與同為佛教臨濟宗的「京都五山（最高地位的五座寺院）」的許多名僧往來甚密。並且，師徒倆還與公家家格為「攝關家」的近衛家、「清華家」的三條西家關係很好，這兩家的家格分別位於公卿家格的第一位和第二位，而壽桂尼出身的中御門家僅僅是「名家」家格，排在第四位。

也就是說，若是栴嶽承芳繼承家督的話，今川家與京都之間便再也不需要壽桂尼的人脈了，一旦失去了利用價值，壽桂尼在今川家的重要性與地位，自然會迅速下降。

北條家的動向

除了壽桂尼的動向成謎外，北條家站在栴嶽承芳一方的史料，也僅有《妙法寺記》中的孤證而已。北條家在花藏之亂後，立即與繼承家督的栴嶽承芳敵對，還收留了福島氏一族出身的北條綱成，同時侵入今川家的河東領地，兩家的翻臉簡直比翻書還要快。

那麼，花藏之亂時北條家的真實動向究竟為何呢？

天文二十一年（1552年）時，已經是今川家家督的栴嶽承芳在寫信時提到一句：「過去在丙申、丁酉時河東遭到入侵⋯⋯」

（三）尾張國的周邊

丙申年、丁酉年指的便是天文五年、天文六年這兩年，即今川家的內亂「花藏之亂」、北條家入侵河東的「河東一亂」發生的年分。說天文六年被入侵還能理解，可是如果北條家在花藏之亂時站在栴嶽承芳一方，他為何會說天文五年也遭到了入侵呢？

更合理的解釋是，北條家實際上是站在與自己交好的今川氏親、今川氏輝兩代家督時期的重要人物壽桂尼的一方，也就是加入了玄廣惠探的一方。畢竟在今川氏輝時代，身為家督輔政人的壽桂尼與北條家的來往肯定是更密切一些的。

反之，因為武田家是與今川家並立的河內源氏出身的守護名門，再加上武田家的家寺甲斐惠林寺也是同宗派臨濟宗的寺院、太原雪齋比較容易牽上線的緣故，為了替徒弟撐場面，太原雪齋便與今川家的宿敵武田家議和結盟，獲取了武田家的支持。

這樣一來，兩家的立場雖然與現在的通說完全相反，卻也能更合理地解釋了栴嶽承芳後來為什麼娶了武田信虎的女兒結盟，而與父兄時代的忠實盟友北條氏敵對的原因。

有人可能會說，提出與通說截然不同的新說是在譁眾取寵。不過，我倒是覺得，與那些跳梁小丑不同，歷史學者即便是推翻舊說提倡新說，也是需要有良質史料支持的，而新說的支撐點，正是駒井政武的日記以及栴嶽承芳的兩封信。

天文五年（1536年）六月十日，玄廣惠探方的方之上城被栴嶽承芳派攻陷，隨後栴嶽承芳派的家臣集結到了一起，包圍了玄廣惠探所在的花倉城。沒多久，支撐不住的玄廣惠探棄城突圍，於瀨戶谷普門寺被追兵追上自盡。

結束了花藏之亂，栴嶽承芳順利地繼承了家督，由於此時不能再使用

法名,他便需要取一個世俗的名字。因此,栴嶽承芳用上了從將軍那裡拜領的「義」字,取名為今川義元。大概是因為母親沒有支持自己的緣故,在繼承家督後的一段時間內,今川義元寧可使用自己在僧人時代的「栴嶽承芳」印判,也不要母親代署文書。

這個今川義元,將是我們的主角織田信長一生以來的第一個大敵。

庶出的今川義元

近年,日本學者黑田基樹提出了一個新的觀點:按照他的推測,今川義元可能並非是壽桂尼之子,而是庶出。

黑田基樹表示,如果今川義元是壽桂尼之子,那麼被立為嫡長子今川氏輝繼承人的今川彥五郎就必須是今川氏親的嫡次子(第三子),要比今川義元年長(常理之下不會越過嫡次子立嫡三子為繼承人)。照系圖所言,今川氏親的庶次子玄廣惠探出生於永正十四年(1517年),而今川義元出生於永正十六年(1519年)。

按黑田基樹的推論,即便今川彥五郎與玄廣惠探同歲,在永正十四、十五、十六年的三年內,壽桂尼需要連續生下包括今川彥五郎、今川義元在內的四個孩子(其他兩個分別是瀨名貞綱妻、北條氏康妻瑞溪院),未免有些奇怪。因而今川義元很可能並非是壽桂尼之子,而是庶出的孩子,否則就無法解釋他為什麼會出生於永正十六年。

黑田基樹認為,後世之所以將今川義元列為壽桂尼之子,是因為今川義元在繼承家督之後,為了有更好的名分,強行成為了壽桂尼的養子。

若是從前家督今川氏親的葬禮座次來看,當時今川義元的座次要比福

（三）尾張國的周邊

島氏生下的庶兄玄廣惠探高，其母親的出身必然是高於今川家家老級別的。比家老地位還要高的，就只能是今川家一族或者更高家格的人了。根據遠江今川家庶流出身的浦原氏家傳的系圖顯示，今川義元的母親可能是當時活躍的浦原氏德的女兒。因此，今川義元在葬禮上的座次才會高於玄廣惠探。

另外，今川彥五郎並未參加今川氏親的葬禮，這可能是因為彥五郎的年紀過小（小於今川義元）的緣故，所以如果今川義元是庶出的話，彥五郎是今川義元弟弟的說法就可以說得通了。

不過，黑田基樹的推論僅僅處於猜測的階段，所依賴的史料也是江戶時代編纂出來的系圖。雖然當時的日本是以嫡長子繼承家督為常理，但是通常情況下大名們是可以以「才能」作為尋找繼承人的標準的。

而所謂「才能」，與其說是個人能力，倒不如說是誰更受父母、家臣的歡迎。例如室町幕府的三代將軍足利義滿，雖然將將軍之位傳給了嫡長子足利義持，卻把嫡次子足利義教送進寺院出家，而把庶出的小兒子足利義嗣帶在身邊，有立為足利家繼承人的傾向。

所以，即便今川義元是嫡出、彥五郎是今川義元的弟弟（即永正十六年後出生，這樣壽桂尼三年生下三個孩子也合理了），今川家也不是完全沒有可能越過今川義元立彥五郎為繼承人的。

三河侵攻

天文九年（1540年）六月，織田信秀率軍侵入了三河國，目標直指三河國安城城，六月六日，安城城城主松平長家與守軍五十餘人戰死。織田

三河侵攻

信秀對安城城的攻擊有過很多次，這一年他究竟有沒有占領安城城並不知曉。根據《松平記》的記載，天文六年松平廣忠回歸岡崎城時，安城城就被織田信秀奪取，但是並沒有其他史料佐證。

北條氏康在天文十七年（1548年）寫信給織田信秀時，提到織田信秀去年占領了岡崎城與安城城，說明最遲在天文十六年時，安城松平氏曾經的根據地安城城就已經落入了織田信秀的手中。除此以外松平一族中的佐佐木松平氏、櫻井松平氏都在織田信秀的屬下，織田家在西三河也有了一群強力的支持者。

而在織田信秀侵攻三河時，繼承家督的今川義元也開始將手伸進了三河國，兩家之間便在三河國發生了「小豆坂合戰」。在通說中，小豆坂合戰曾經發生過兩次，一次在天文十一年（1542年），一次在天文十七年（1548年）。

現在可以肯定的是，天文十七年的第二次小豆坂合戰後，今川義元下發過肯定戰功的「感狀」給家臣，因而天文十七年的這次合戰應當屬實。兩次合戰的疑點，在於天文十一年的第一次小豆坂合戰。

記載第一次小豆坂合戰的較為良質的史料中，僅有《信長公記》的首卷比較可信。不過《信長公記》中並沒有提到年分，具體年分則是後世的史料中補齊的。目前流傳於世的太田牛一親筆所寫的《信長公記》並沒有首卷，而是從信長上洛開始，一年一卷，共十五卷。我們現在看到的《信長公記》首卷都是後世的抄本裡的，是否為太田牛一創作不得而知。

其次，《信長公記》中對小豆坂合戰的疑點實在太多，《信長公記》僅記載了一次小豆坂合戰，並沒有明說是哪一次。但是，因為天文十三年時戰死的信秀的弟弟織田信康也在參戰的行列之中，因此根據推測《信長公記》記載的合戰是第一次小豆坂合戰。

(三) 尾張國的周邊

然而，天文十一年時織田信秀與今川義元的勢力並不接壤，利益衝突也不算大，若是想在小豆坂展開合戰的話，兩家都需要離開自己的勢力範圍。再加上除了《信長公記》以外，第一次小豆坂合戰在歷史史料裡完全沒有痕跡，這未免也太奇怪了，所以也有人認為《信長公記》的紀錄有誤。

目前的日本史學界比較認可的是織田家與今川家之間只發生過一次小豆坂合戰，即天文十七年的那次，兩軍主將分別是太原雪齋與織田信秀，而這一戰的結果，是織田信秀戰敗。

■ 國盜物語

織田信秀出任彈正忠家家督時期，織田家的侵略方向並不僅僅只有三河國，他的目標還有尾張國北部的美濃國。

美濃國的守護自室町時代以來一直都由重臣土岐氏出任。應仁之亂爆發後，守護土岐成賴參加了山名宗全為首的西軍，長年在京作戰。等到山名家與細川家議和以後，土岐成賴依舊身為西軍中的重要成員堅持抵抗，甚至直到應仁之亂結束，土岐成賴離開京都時，土岐氏都還沒得到幕府的赦免。

由於土岐成賴長年在京作戰，國中的事務便全部委託給了守護代齋藤利藤，而齋藤利藤的年紀尚輕，因此實際上掌握美濃國實權的是齋藤利藤的叔叔、輔政者齋藤妙椿。齋藤妙椿死後，養子齋藤妙純繼嗣，但是齋藤妙純卻在與六角家的合戰中戰死。從這以後，美濃國的守護、守護代的勢力都開始衰退，變成了一盤散沙。

真正結束美濃國紛亂局面的，是守護代齋藤氏的家臣長井長弘、長井新左衛門尉兩人。二人在大永五年（1525 年）時一口氣將守護土岐賴武、守護代齋藤利茂都給流放了，儘管後來兩方議和，守護和守護代都返回了領國，但是美濃國的實權從此就落到了長井家的手上。

　　長井新左衛門尉，正是齋藤道三的父親。

　　《信長公記》裡提到，齋藤道三原本是山城國的一個叫松波的人，後來來到美濃國出仕長井長弘，成為長井氏的家臣。再後來，齋藤道三又殺死了主君，自稱長井新九郎。另外，在江戶時代初期的《土岐齋藤軍記》裡則更詳細地介紹齋藤道三原本是個賣油的商人，途徑美濃國賣油時出仕了長井氏，成為了長井氏的家臣。這個說法被司馬遼太郎寫進了小說《國盜物語》中，成為現在最廣為流傳的說法。

　　當然，我們要說的是歷史，並不是小說。

　　從當時美濃國鄰國近江國的大名六角承禎寫的文書中可以發現，齋藤義龍的祖父曾經是京都妙覺寺裡名叫「西村」的和尚，後來出仕了長井長弘得到重用，趁著美濃國內亂時成為了長井氏的一門眾。

　　「西村」並非是美濃國的在地武士，他本是朝廷的「北面武士」松波左近將監藤原基宗的庶子，自幼在京都妙覺寺出家，法號法華房。在妙覺寺修行期間，法華房和師兄南陽房關係甚好，而這位南陽房，便是美濃國武士齋藤（長井）利隆的弟弟。

　　二十多歲時，法華房還俗，恢復本姓「松波」，取名為松波莊五郎，搬到了京都近郊的西崗居住，而後松波莊五郎迎娶了當地油商奈良屋的女兒，入贅到了商人的家中，還將店名改為了「山崎屋」。當時日本的商業被稱為「座」的組織壟斷，山崎屋恰好便是「座」的一員，擁有派遣行腳商人

（三）尾張國的周邊

到日本各地販賣燈油的特權。

另外一邊，自應仁之亂時美濃國守護土岐氏加入西軍、後來又庇護了足利義政的弟弟足利義視、義材父子開始，美濃國與京都的關係就一直很差，基本處於半封閉的狀態。而松波莊五郎利用師兄南陽房的關係多次往返京都與美濃國之間販賣燈油，賺取了許多錢財。就在這個期間，松波莊五郎接觸到了守護土岐成賴、守護代齋藤妙純以及齋藤氏的重臣長井秀弘等武士，由於松波莊五郎十分聰明武勇，再加上美濃國需要松波莊五郎這樣熟悉京都的人，便命令他成為長井氏的重臣西村三郎左衛門的養子，繼承西村家，取名為西村勘九郎。

在齋藤妙純、長井秀弘於近江國戰死以後，西村勘九郎就一直與長井長弘一同追隨守護土岐政房，後來更是因功受賜「長井」苗字，取名為長井新左衛門尉，從長井家的家臣「西村氏」一躍成為與長井長弘平起平坐的守護代齋藤家的重臣。

守護土岐政房晚年寵愛次子土岐賴藝，想要廢長立幼，他拉攏了長井長弘、長井新左衛門尉兩人，但是守護代齋藤利良（齋藤又四郎之子）卻站在長子土岐賴武的一邊。最終，土岐政房一方擊敗了齋藤利良一方，齋藤利良不得不擁戴著土岐賴武流亡越前國。永正十六年（1519年）土岐政房去世，繼承家督的土岐賴藝開始重用長井長弘、長井新左衛門尉。

大約在天文二年（1533年）左右，長井新左衛門尉去世，其子長井規秀繼承了他的地位。幾乎在同一時間，與長井新左衛門尉平起平坐的長井長弘也因病去世，其子長井景弘繼承了家督之位。長井規秀、長井景弘在這年六月一同連署下發禁制給龍德寺，不過在次年九月時，土岐家給華嚴寺的禁制中就只剩下了規秀一人的名字，並且他還將署名從長井規秀改為

了「藤原規秀」，推測大約在天文二年至三年期間，長井規秀就消滅了長井氏宗家長井景弘，獨霸美濃國的權勢。

天文四年至五年（1535～1535年）期間，美濃國再度發生內亂。這一次長井規秀又將守護土岐賴武流放，同時擁立了土岐賴武的弟弟土岐賴藝出任守護。在這個期間，長井規秀獲得了入嗣守護代齋藤家的許可，取名為齋藤利政。後來齋藤利政出家入道，法號道三，齋藤道三之名這才流傳開來。

不過，美濃國並沒有隨著齋藤道三的篡位進入穩定時期，反而再度陷入了戰亂之中。齋藤道三的敵人，是來自北邊越前國的朝倉家以及南邊尾張國的織田信秀。

(三）尾張國的周邊

(四)

信長誕生

▍攻打稻葉山城

　　天文十三年（1544年），織田信秀動員起尾張國的軍勢，與越前國的朝倉孝景聯合，共同攻打齋藤道三的居城稻葉山城。

　　朝倉孝景是越前朝倉氏的第四代家督，他統治越前國時正是朝倉家「戰神」朝倉宗滴大顯神威的時代。在美濃守護土岐賴武被齋藤道三流放以後，土岐賴武之子土岐賴充便得到朝倉家的庇護，此次織田信秀和朝倉家正好打著擁戴「守護」歸國的大義名分侵入美濃國。

　　九月二十二日，織田信秀率領的織田軍在稻葉山城下與朝倉宗滴、土岐賴充率領的越前軍會合，聯軍總數達到了兩萬五千人左右。從尾張國出陣的織田信秀一路上在沿途的村落縱火劫掠，隨後殺入稻葉山城的城下町。然而，在齋藤道三的指揮下，齋藤軍據城防守，士兵們眼睜睜地看著織田信秀燒毀自己的屋子，就是不出城作戰。

　　到了下午四時以後，縱火劫掠了一天的織田軍略顯疲憊，誘敵失敗的織田信秀下令撤軍回營。就在此時，見到織田軍撤軍的齋藤道三率領軍勢迅速從稻葉山城出擊，從背後突襲了織田軍。毫無防備的織田軍遭到追擊後立刻崩潰，織田軍的士兵倉惶地向尾張國逃去，一路上被齋藤軍討殺了

（四）信長誕生

不少人，還有許多士兵在泗渡木曾川時淹死在川內。

在這一戰中，織田信秀的弟弟織田信康、同為清洲家三奉行之一的織田因幡守、織田信秀的家臣青山秀勝、熱田神宮的宮司千秋季光等人戰死。

青年期的織田信長

在介紹織田信秀入侵美濃國以後，就談談我們的主角織田信長吧。雖然這麼遲才輪到信長出場，不過實際上早在織田信秀踢球的次年即天文三年（1534年）時，他的嫡子吉法師就已經出生了。

吉法師的母親家系並不明確，只知道是土田氏的出身。當時能夠和織田信秀搭上線的土田氏共有兩支，一支是美濃國可兒郡的土田氏，一支是尾張國海東郡的土田氏，但是目前並沒有證據顯示吉法師的外公是哪支土田氏。

天文十五年（1546年），十三歲的吉法師元服，取名為織田三郎信長，隨後織田信秀將居城那古野城讓渡給了信長，自己則搬到了新築的古渡城居住。根據《信長公記》的記載，織田信秀在信長元服後委任了林秀貞、平手政秀、青山秀勝、內藤勝介四人作為織田信長的家老輔佐他。不過，《信長公記》對這四名家老的記載其實相當有問題，尤其是青山秀勝在兩年前的稻葉山城合戰時就已經戰死了。

織田信長的童年可以說是非常幸福，因為他有個又有錢又威風的老爸，可以算是個官二代兼富二代。當時的彈正忠家有多富有呢？在三年前，天皇想要改修皇居時，織田信秀就獻上了一筆數目不菲的銅錢。按照當時的僧人多聞院英俊的記載，織田信秀獻上的錢財數額達到了四千貫。

不過，因為這筆錢是透過幕府獻上的，所以在這一來二去後，朝廷最終只收到了一千貫，剩下的三千貫則似乎被幕府給吃了回扣。另外一種觀點認為，織田信秀只獻上了一千貫，幕府吃回扣之事是不存在的，多聞院英俊道聽塗說，在日記裡錯誤地認為信秀獻上了四千貫。

即便朝廷只收到了一千貫，但也已經是當時轟動日本的大新聞了。要知道，在同一年遠比彈正忠家要強大的今川家獻上的錢也不過只有五百貫而已，今川家是兩國的守護，而織田信秀不過是守護的陪臣而已。

成長在這樣的環境下的織田信長接受了非常好的教育，然而現今大家一提起青少年時期的織田信長，卻幾乎都會異口同聲地喊出那個聞名海外的外號——「尾張的大傻瓜」。有一說一，雖然織田信長確實有些特立獨行，但是青少年時期的他絕對不是個「傻瓜」。

根據《信長公記》的記載，青年時期的織田信長非常熱愛學習，他向不同的家臣學習弓術、兵法、如何使用鐵炮，還時不時下水游泳鍛鍊水性、騎馬練習馬術，有時還會帶著家臣們進行「鷹狩」。鷹狩雖然是一種打獵活動，但是在中世紀的日本包含著一定的軍事演習的目的在裡面，是武家子弟必須要練習的項目之一，所以也不能算是玩物喪志。

織田信長之所以被稱為「傻瓜」，其實是因為他的種種行為不被當時的人所接受。比如他在街上走路的時候，喜歡一邊走一邊吃東西，有時候吃栗子、柿子，有時候甚至還會在街上吃年糕。再加上他和家臣們出行的時候，經常有一些勾肩搭背的行為，這在當時的世人眼中並不文明，也不是城主之子所應該有的行為，反而像一個街頭混混。

所以，那句「尾張的大傻瓜」，實際上翻譯成「尾張的大奇葩」更合適一些，織田信長的智商並沒有問題。

(四) 信長誕生

　　青年時代的信長的打扮同樣也可以從記載中窺得一二：信長出行時穿著褪下袖子的浴衣以及半袴，腰間繫著一個裝著包含打火石在內的各種東西的百寶袋，同時還用紅色和黃綠色的繩子繫著一個茶筅頭。不僅如此，織田信長與家臣們一同使用以特別顯眼的朱漆上色的武具。這種打扮在當時的日本有一種稱呼，叫「傾奇者」，也算是一種時尚潮流吧。

■ 信長的初陣

　　天文十六年（1547年）時，織田家為十四歲的織田信長舉行了「初陣」儀式，就是讓信長率領一支軍隊與織田軍一同參加一場合戰。不過初陣的象徵意義通常都大於實際意義，因此織田信長的初陣的對手便是被織田信秀打得神經衰弱的西三河大名松平廣忠。

　　松平廣忠就是前文提到的在「守山崩」之後被松平信定放逐的松平清孝之子千松丸。天文六年（1537年），千松丸在家臣們的護衛下返回了三河國，接受姑父吉良持廣的庇護。不久後千松丸元服，接受吉良持廣的賜字取名為「廣忠」。

　　在松平廣忠返回三河國的次年，松平家的總領松平信定病逝，安城松平家發生內訌，廣忠在部分安城家家臣的擁戴下趁機返回了岡崎城，奪回了父親清孝留下的家業。可是松平廣忠的行為卻引起了松平信定的盟友織田信秀的不滿。織田信秀得知廣忠返回岡崎城後，一度發兵攻陷了松平家的舊根據地安城城。

　　為了穩定三河國的局勢，松平廣忠的叔父、也是擁護廣忠繼承家督的最大功臣松平信孝提議與織田信秀和談。在松平信孝的主導下，松平廣忠

迎娶了尾張國南部豪強水野忠政的女兒於大為妻。水野忠政與織田信秀是同盟關係，他的兒子信元則是松平信定的女婿，信孝希望以結親的方式換取水野家、織田家承認松平廣忠的家督之位。

除了向織田家示好以外，當時三河國的東部正處於豪強牧野氏和戶田氏的爭霸戰爭中。牧野氏的背後支持者是水野家和坐擁駿河、遠江兩國的今川家，所以松平信孝便決定支援牧野氏。不僅如此，松平信孝還親自前往駿府向今川義元示好，表示將來松平家萬一遭到織田信秀的侵略時，今川家能夠出兵援助。

可惜的是，年輕的松平廣忠並未體會到叔父的良苦用心。在松平信孝前往駿府期間，松平廣忠在家中發起政變，流放了支持信孝的家臣們。此外，松平廣忠還拋棄了叔父信孝的外交路線，與妻子於大離婚，轉而迎娶了牧野氏的敵人戶田宗光的女兒真喜為妻，一口氣得罪了松平家東邊的牧野家和西邊的水野家，以及兩家的幕後老闆織田家和今川家。

天文十五年（1546年）十月，今川家對戶田家發起攻擊，僅一個月不到，戶田宗光防守的今橋城外構就全部陷落，僅剩本丸還在抵抗。在今川軍攻打今橋城的同時，今川軍的一支偏師也侵入了松平家的領地，奪取了廣忠麾下的山中城。

得知今川家出兵後，織田信秀也派出軍隊朝著松平家的領地進軍，織田軍幾乎毫不費力就再次攻陷了安城城。當織田軍包圍岡崎城後，兩面禦敵的松平廣忠才意識到自己在外交上犯的錯誤，向織田信秀投降。

（四）信長誕生

■ 竹千代人質之謎

在舊說之中，松平廣忠並未向織田信秀投降，而是在遭到織田信秀的攻擊時，向領有駿河國、遠江國的大名今川義元求助。在今川家的要求下，松平廣忠決定將自己唯一的嫡子竹千代（後來的家康）送到了駿河國做人質。然而，就在竹千代離開岡崎城，途徑東三河時，松平家的盟友戶田宗光突然反叛，將竹千代綁走送到了尾張國織田信秀處。

儘管如此，松平廣忠仍舊沒有向織田家妥協，而是堅定地跟隨今川家。此後，竹千代便成為了織田家手中的一個籌碼，直到今川家俘虜了信秀的庶長子織田信廣以後，才將竹千代從尾張國換了回來。

晚年的德川家康也曾回憶說道，自己年幼的時候被一個叫右衛門某的人以五百貫的價格給賣了。至於右衛門某是哪方勢力的什麼人，家康沒有說，賣給了誰，家康也沒有說。

不過，近年來的研究卻與舊說大相逕庭。松平廣忠在遭到織田信秀的攻擊時向織田家投降，與此同時通說中綁架竹千代的戶田宗光已經向今川義元投降，其子堯光雖然負隅頑抗，但是也處於今川軍的圍攻之下。在這樣的情況下，松平廣忠將兒子送到今川家，並被戶田宗光綁架，顯然是不現實的。

因此，新研究便出現了兩種觀點。

其一，是竹千代本就是松平廣忠投降織田家以後，交到織田家的人質。這是符合邏輯的，因為松平家向織田信秀投降之事，其實是松平廣忠的叔父松平信孝主導的。如果是這樣的話，竹千代很可能是在織田家的要求下、松平信孝的支持下，送到尾張國的人質。而權力被叔父威脅的松平

廣忠，為了排除叔父的勢力，這才在織田軍撤軍以後反叛。至於兒子嘛，沒了可以再生。反正竹千代本身就有自己的敵人水野家的血統。

其二則是近年來較為新穎的觀點，那便是竹千代哪裡也沒去過，一直都在岡崎城。事實上，從來沒有任何一份良質史料有記載竹千代曾在尾張國居住過。包括較為良質的《信長公記》中也從未提及過竹千代與尾張國的淵源。竹千代在尾張當過人質的記載，大都出自站在德川家立場創作的史料諸如《三河物語》、《松平記》等書，並且對竹千代在尾張國的時間、年齡記載十分混亂。

如果竹千代壓根就沒有前往尾張國做人質的話，松平廣忠在織田軍撤退以後反叛，那就不是什麼無法理解的事情了。支持此觀點的，是近年來發現的史料〈駿遠軍中眾矢文寫〉。這封文書是今川義元在天文十八年（1549年）九月攻打三河國吉良家時所寫，文中提到吉良家不但與「今川數代大敵武衛殿（斯波家）」通婚結盟，還在今川家「為了竹千代出陣渡、筒針」時，派遣軍隊支援織田家。

不過，這封文書的解讀依舊是有爭議的，問題就在於今川義元所說的「為了竹千代出陣渡、筒針」這句話。這句話既可以解讀成「為了（救回）竹千代而出陣渡、筒針」，也可以解讀成「為了（支援）竹千代而出陣渡、筒針」。

如果是第一種解讀，那就和上述的新說一沒有什麼衝突，竹千代被松平廣忠送到織田家做人質，但是實際控制了西三河的今川家為了獲得統治西三河的正當名分，便想把竹千代從織田家給「救」回來。實際上，在今川義元寫下這封書信的兩個月後，今川軍便攻陷了安城城，俘虜了守將織田信廣，後來今川家正是用織田信廣將竹千代給換回了駿府。

但是，這種解讀也並不是完美無瑕的。比如，今川義元在攻陷安城城

(四)信長誕生

以前,怎麼會知道今川軍能夠俘虜織田信廣,並順利用信廣換回竹千代呢?即便今川軍攻陷安城城,若是織田信廣突圍成功或者戰死,「為了(救回)竹千代」的說法就不能夠成立了。與其說今川軍一開始出陣的目的就是「為了(救回)竹千代」,倒不如說是事後救回了竹千代,再用結果來逆推前文罷了。

第二種解讀方式,那就是「為了(支援)竹千代出陣渡、筒針」。今川軍支援的對象不是松平廣忠而是竹千代,說明松平廣忠有可能在岡崎城陷落、向織田家投降以後便退位隱居,將家督傳給了兒子竹千代,自己則以輔政者身分活躍。或者乾脆此時松平廣忠已經去世,竹千代順利繼承了家督之位。如此一來,一直待在三河國的竹千代便本就是今川家在西三河的代理人。

▍小豆坂合戰

天文十七年(1548年)三月十九日,彈正忠家與今川家在三河國的小豆坂發生合戰,緣由是投降織田家的岡崎城城主松平廣忠背叛了信秀,投入了今川家麾下。織田信秀為了奪回岡崎城,率軍進入了安城城,隨後派出先鋒朝著岡崎城出發,自己則率軍緊隨其後。

今川義元得知此事後,便也派出重臣太原雪齋率軍出陣,今川軍的前鋒朝比奈信置、朝比奈泰能、岡部元信等人在上和田到達陣地後,朝著小豆坂進軍。而織田軍的前鋒大將則是織田信秀的庶長子織田信廣,率軍自小豆坂出擊迎敵。

兩軍交鋒後,朝比奈信置率領的岡崎眾作為今川軍前鋒攻向了織田信

廣，但是立即遭到了織田信廣的反擊，岡崎眾也死傷慘重，前鋒近乎戰敗。好在岡部元信率領軍勢突然突入了織田軍中殺死了織田軍的幾名武將，今川軍這才一舉扭轉了戰局，擊敗織田軍。

得勝的今川軍達成了救援岡崎城的目的，凱旋歸國，而織田信秀則再也無力向岡崎城進軍，只得返回古渡城，同時在安城城留下了織田信廣留守。

小豆坂合戰的次年，今川軍繼續對安城城發起攻擊，由於前一年織田家在合戰中落敗，信秀並沒有能力及時增援安城城，因此吉良家才向安城城派去援軍，引起了今川義元的不滿，這才有了上文中提到的今川義元攻打吉良家之事。十一月八日，外無援軍的安城城陷落，守將織田信廣被今川家俘虜。

正是在今川軍攻陷安城城的這一年，松平廣忠去世，年幼的竹千代失去了父親的支持，無力獨自統治西三河。在動亂的局勢下，竹千代很可能會被敵對勢力挾持，導致整個西三河的叛變。為了保證今川家在西三河的「旗頭」、也就是竹千代的人身安全，今川義元將竹千代接到了駿府居住，這才有了竹千代在駿府時期的「人質生涯」。

不過，在駿府時期的竹千代的身分並非是人質，而是今川家的重臣。當時三河國從屬於今川家的國眾不止松平家一家，但是一般國眾的人質都是送往東三河的吉田城居住，只有竹千代比較特殊，直接被接到了駿府。這既體現了竹千代並非一般國眾的身分，還可以拉進今川家與竹千代的距離。

竹千代元服之時，由今川家的「御一家」關口氏純為其加冠，今川義元下賜一字取名為「元信」，後來又改名為「元康」。之後，今川義元更是將關口一族出身的女子嫁給元康為妻（築山殿），元康也因此獲得了僅次於今川一門的「準一門」地位。

(四) 信長誕生

在松平元康元服以前，松平家的領地一直由今川義元代管，等到元康成年以後，今川義元便將松平家領地的治理權交還給了他。也就是說，今川家雖然在西三河駐軍，但是卻不直接統治西三河，西三河的實際統治者是遠在駿府的松平元康。之所以沒有讓元康返回岡崎城，一方面是因為元康還年輕，無論是行政還是軍事方面都稍顯經驗不足，另一方面則是因為西三河依舊處於織田家的威脅之下，今川家無法承擔失去松平家的風險。

濃尾同盟

天文十七年（1548年）十一月，因為織田信秀在小豆坂合戰中戰敗，美濃國的齋藤道三也率軍攻打織田信秀在美濃國占領的城池大垣城。雖然織田信秀得報後立刻率軍出陣救援大垣城，但是兵力空虛的古渡城卻遭到了主家清洲家的攻擊。

可以看出，織田信秀統治後期的一系列戰敗，使得彈正忠家陷入齋藤家、今川家、清洲織田家三家圍攻的內憂外患中，勢力一落千丈。

在這樣的情況下，織田信秀自身還生了重病，健康狀態不佳的他為了留下一個不至於太糟的攤子給織田信長，便試圖與美濃國的齋藤道三議和。透過家臣平手政秀的努力，織田信秀最終與齋藤家達成和睦，讓織田家的繼承人織田信長迎娶齋藤道三的女兒，兩家結成秦晉之好。

齋藤道三的這個女兒在《信長公記》中被稱為「濃姬」，即「美濃國的公主」，她的真實名字則叫「歸蝶」。兩人締結婚約時，不過都是十四五歲的年紀。

軍記物語裡還記錄了這麼一個故事：話說濃姬嫁入織田家時齋藤道三

曾經給過她一把短刀，吩咐她說如果織田信長真的是傻瓜的話，就在新婚的夜裡將丈夫殺死。濃姬卻回覆齋藤道三道：「說不定這把刀會刺向父親呢！」

近現代的藝術作品中非常喜聞樂見這段故事，因而都將濃姬刻劃成一個不輸給男子的強勢女性，在嫁入織田家後因為自身能力優秀，成為了織田信長的心腹和信長一生中最愛的女子，最後在本能寺之變時隨夫君戰死。

不過，如果從歷史的角度來看，濃姬並不是一個幸福的女子，身為織田信長的正室夫人，在織田信長的傳記《信長公記》裡僅僅在出嫁時露了個臉，出場率甚至不如尾張國的百姓。

再者，兩人之間並沒有子女，這可能也是這場政治婚姻並沒有愛情成分的佐證。濃姬嫁入織田家後的存在感一直不高，在稻葉山城被織田信長攻取後，甚至從史料中完全失去了蹤跡。同情一點的歷史書說濃姬一生鬱鬱寡歡，很早就去世了，殘忍一點的則說在美濃國被織田信長奪取後，濃姬就被信長殺死了。

比較可靠的說法，是濃姬在天正元年（1573 年）病逝、以及在慶長十七年（1612 年）壽終正寢，但是二者都沒有太多史料佐證。關於濃姬的記載實在是太少了，少得甚至不像是當權者的正室妻子。

天正二年（1574 年）時，快川紹喜在甲斐國的惠林寺召開了一場週年忌法會，為一個在前一年病逝的名為「雪溪宗梅大禪定尼」的人祈求冥福。快川紹喜在法語中稱呼這名女子乃是「岐陽太守鍾愛之女性」，「岐陽」指的便是當時織田信長的居城岐阜城，因此「岐陽太守」應當就是指織田信長了。那麼，這位讓信長鍾愛的女性究竟是什麼人呢？

從織田信長的一眾妻妾來看，與信長關係最佳的側室生駒氏（織田信

（四）信長誕生

忠、信雄生母）早在永祿九年便已經病逝，因而這位「雪溪宗梅」定然不會是生駒氏。生下織田信孝的側室坂氏與側室阿鍋在這年都未病逝，前者一直活到了賤嶽合戰時，才被秀吉殺害，後者則活到了慶長十七年（1612年）。除了上述幾位以外，能稱得上是「岐陽太守鍾愛之女性」的，恐怕就只剩下濃姬了。

天文十五年（1546年）齋藤道三與越前朝倉家締結和約，道三將十二歲的女兒濃姬嫁給二十三歲的土岐賴充為妻，約定擁立土岐賴充為美濃國守護。次年，土岐賴充突然暴斃，在《江濃記》的記載中，土岐賴充遭到齋藤道三的攻擊最終遇害，濃姬因此又回到了齋藤家中守寡，直到嫁給織田信長為妻。

在濃姬與土岐賴充結婚的當年，崇福寺的僧人仁岫宗壽為賴充創立了菩提寺南泉寺，當時快川紹喜恰好在仁岫宗壽的門下修行。或許在這期間，快川紹喜與土岐賴充、濃姬夫妻締結了友好的關係也說不定。因此，如果快川紹喜法語中的「雪溪宗梅」指的便是濃姬的話，他為濃姬舉行週年忌也並非什麼不可理解之事。

除了上述觀點外，也有人推測織田信雄在本能寺之變後贍養的一位名為「安土殿」的女子就是濃姬，畢竟除了信長的正室以外，還有誰能夠配得上「安土殿」的稱呼呢？

濃姬的一生，其實是個不折不扣的悲劇，兩次的政治婚姻都沒有讓她享受到普通人的幸福，最後還淹沒在了歷史之中。或許只有「雪溪宗梅」便是濃姬的這個觀點，可以讓濃姬短暫地成為「岐陽太守鍾愛之女性」，好好地享受一下夫妻之間應有的愛情吧！

不過，如果不考慮兒女們的個人幸福的話，這次政治聯姻對齋藤道三

和織田信秀來說，都是一個團圓美滿的大結局。至少齋藤道三可以安下心來整頓領地，織田信秀也可以抽出手來應對清洲織田家與今川家。

　　齋藤家與彈正忠家的這次同盟，即是支撐織田信長統一尾張國的強力後盾「濃尾同盟」。

（四）信長誕生

（五）繼承家督

▋信秀隱居

　　天文十八年（1549年）十一月，織田信長下發了禁制文書給熱田，保障熱田神宮的利益，這也是目前已知的第一封織田信長下發的文書。信長在文書的末尾署名藤原信長，如第一章所述，此時的信長還未自稱平家之後。

　　在以往的通說中，織田信秀在這一年的三月就因病去世，彈正忠家的家督也由織田信長繼承。從織田信長下發的命令來看，此時織田信長確實有可能在行使家督的職權，不過，從一次史料中可以看到，直到天文十九年時，織田信秀依然還有下發文書，因而這一年織田信秀並未去世，只是隱居幕後罷了。

　　正是在織田信長繼承家督的這段期間，織田家在西三河的據點安城城遭到了今川家的攻擊，守將織田信廣成為了今川家的俘虜。此時的織田信秀生病臥床，已經無法出陣，只得命令家老平手政秀與今川家交涉停戰。

　　最終，織田、今川兩家達成和解，今川家將織田信廣歸還。然而今川家的勢力已經擴張至西三河，直指尾張國而來。由於此時織田家與齋藤家已經結成同盟，織田信秀便廢掉了之前的居城古渡城，遷到了更東邊的末盛城居住，以便更好地防備東邊的今川家。

（五）繼承家督

另外一方面，今川家當然不會放過織田信秀。安城城陷落的次年，即天文十九年（1550年）八月，今川家再度動員了五萬大軍攻入尾張國，儘管織田軍拚死抵抗，但是今川軍仍然在尾張國燒殺劫掠了一番揚長而去。面對強敵的進攻，臥病在床的織田信秀根本無力應對，彈正忠家的江河日下，強如信秀也不得不向命運屈服，開始尋求與今川家的和睦之道。

天文二十年（1551年）六月，織田信秀利用自己在京都的關係，與當時的幕府將軍足利義藤（後來改名足利義輝）搭上了線。大概是因為織田信秀先前出手闊綽的名望頗高的緣故，幕府接到了彈正忠家的申請後立刻就開始調解織田信秀與今川義元的關係。

足利義藤找上的是今川義元與太原雪齋在京都的上線、前任關白近衛稙家，送去了一封正式由將軍下發的「御內書」。近衛稙家接到幕府的請求後，便付上了一封書信，與御內書一同送到了今川家。

然而，今川家此時風頭正盛，雖然收到了幕府將軍和近衛稙家的指示，卻依舊睜一隻眼閉一隻眼繼續對尾張國進行攻略。這種行為在戰國時代也是常態，後來武田勝賴在與上杉景勝和談時，也是邊攻城掠地邊和談。

十二月，鳴海城城主山口教繼與今川家內通，約定會投入今川家麾下，鳴海城位於末盛城南部約十公里左右的位置，鳴海城的動向不穩直接威脅到了織田信秀的安危。

▌信秀之死

天文二十一年（1552年）三月三日，長年臥病在床的織田信秀去世，享年四十二歲。

信秀之死

　　根據《信長公記》的記載，織田信秀死後，彈正忠家為他舉辦了一場盛大的葬禮，尾張國內寺院的僧人們都聚集到了織田信秀修建的萬松寺裡為他祈福。除此之外，很多雲遊修行途中路過尾張國的遊僧也被邀請，參加了葬禮。

　　令人覺得神奇的是，織田信長這天並未穿著正裝，依舊是平日的打扮。在燒香的時候，織田信長突然站了起來，走到了父親的牌位前，抓起一把香灰灑在了牌位上，隨後便揚長而去，留下一堆面面相覷的家臣。

　　家臣們紛紛評價織田信長行為不端，但是一位從九州築紫前來的遊僧卻稱讚織田信長道：「此人才是執掌國家的人啊！」

　　這段逸聞非常有名，幾乎所有涉及到織田信長繼承家督時代的電視劇、電影、小說都會收錄這個故事。不過，下文對織田信長的稱讚則有些像是事後創作的言論，畢竟我實在是看不出來朝自己父親靈位撒香灰能展現出什麼器量來。

　　織田信長為什麼會在父親的葬禮上做出這樣的舉動呢？按藝文作品或者通俗讀物來說，這是體現了織田信長不拘泥於舊禮，也有一些洗白的文章說，這是因為織田信秀死得太不是時候了，此時彈正忠家內憂外患，非常需要他的存在，所以織田信長才會對自己父親不滿。

　　不拘泥於舊禮的這種說法其實有些勉強，畢竟革新的方式那麼多，沒必要在父親靈位上下功夫吧。實際上，這件事並沒有藝文作品中說得那麼複雜，織田信長朝父親牌位撒香灰的確是因為對父親感到不滿，究其原因，只怕是因為織田信秀隱居後與信長出現了矛盾。

　　前文提到，織田信秀隱居後在末盛城居住，他的四子即嫡次子織田信勝也住在末盛城內，雖然此時彈正忠家家督是織田信長，但是織田信秀卻

（五）繼承家督

賦予了織田信勝相當大的獨立許可權。這在當時並非特例，在織田信秀的時代，信秀的幾個弟弟在彈正忠家內也有一定的獨立許可權，所以只能說是家中的傳統罷了。然而，織田信秀在此基礎上，竟然讓織田信勝全盤繼承了自己的家臣團，這意味著織田信長雖然繼承了彈正忠家，但卻不是織田信秀的繼承人，從事實上來看，說織田信長實質上被廢嫡也不為過。

在織田信長繼承家督以後，其幾乎沒有以信秀繼承人身分自居，攻打美濃國時，甚至常以齋藤道三的繼承人自居。直到後來揮師上洛時，因為織田信秀在朝廷的名聲較好，織田信長出於政治目的才開始使用父親的官途「彈正忠」，向朝廷表示自己乃是織田信秀的繼承人。

織田信長與父親的矛盾，很可能是因為兩人的對外政策不同所致。織田信秀在三河國敗給今川家以後，便一直想要與今川家和談，但是有著岳父支持的織田信長則反對此事。隨後父子二人就出現了矛盾，在這以後織田信長任命自己的親信代替父親織田信秀時代的家臣，接手與齋藤道三的外交職務。

▌尾張局勢的變化

在織田信秀統治後期，彈正忠家陷入了內憂外患的局面，但是瘦死的駱駝比馬大，彈正忠家依舊能在尾張國內保持著最大的勢力。然而，伴隨著信秀的去世，彈正忠家的隱患終於一口氣爆發了出來。

首先便是前文提到的彈正忠家與今川家的和談，因為織田信長反對此事，兩家的和談自然就停滯不前。其次，像武田信玄去世時，武田家為了保證領國的穩定祕不發喪，對外隱瞞了死訊。可是，彈正忠家卻為織田信

秀舉辦了盛大的葬禮，這也使得尾張國以及鄰國的人們都知道了織田信秀已死的消息。

果然，得知織田信秀去世後，原本就與今川家內通的鳴海城城主山口教繼立刻就公開投入了今川家麾下。鳴海城的淪陷，代表著今川家的勢力已經發展出了西三河，進入了尾張國。不過，讓這時候的今川家沒想到的是，這座城將來會是織田信長摧毀今川家的第一步。

另一方面，當時尾張國的守護斯波義統、守護代織田彥五郎等居住在清洲城內。清洲家架空了守護以後，麾下的彈正忠家做大，到了織田信長繼承家督時，清洲家甚至連在清洲城內都被架空，清洲城一帶由「又守護代」坂井大膳統領著坂井甚介、河尻與一、織田三位幾個家老掌權。

這個「又守護代」是什麼呢？在室町幕府前中期，許多出任守護的幕府重臣需要留在平安京參與幕政，領國只能任命守護代代為管理。有時候，因為京都的人手不夠用了，守護們也會將守護代召到京都來。這時候，離開領國的守護代就會任命一個「又守護代」，代替自己行使守護代職權，也就是守護的代官的代官。而守護代架空守護、又守護代架空守護代的這種類似「螳螂捕蟬，黃雀在後」的奇景，也是應仁之亂以後日本的一大特色。

清洲家在先前便與織田信秀敵對，這次又想要趁著織田信秀剛去世，從彈正忠家手中奪回一些原本就屬於自己的利益，因而成為了織田信長首先要面對的敵人。

(五) 繼承家督

▎赤塚合戰

　　今川家的勢力進入尾張國以後，今川軍先是進駐了鳴海城，隨後又在鳴海城西北部約兩公里左右的地方修築了笠寺砦，由岡部元信等人率軍駐守。山口教繼則在笠寺砦更北的方向修築了中村砦，他也身為今川軍的前鋒駐守在此地。

　　天文二十一年（1552 年）四月十七日，為了剷除眼前的阻礙，織田信長率軍八百人自那古野城出陣，於鳴海城附近的三之山布陣。今川家則派出山口教繼的兒子山口教吉統率一千五百人左右的軍勢出陣，於赤塚備戰。

　　赤塚位於鳴海城北部約 1.6 公里、三之山東邊 1.5 公里左右的位置，與鳴海城西北部的笠寺砦一同對三之山的織田信長形成夾擊之勢。面對強大的今川軍，織田信長麾下人數處於劣勢，要知道僅鳴海城出陣的山口教吉麾下就有一千五百人，若是笠寺砦、中村砦的今川軍都一同前來，只怕敵軍人數會達到數千人，為了防止被包圍，織田信長主動朝著赤塚進軍。

　　赤塚合戰是織田信長真正身為大將指揮的第一場合戰，兩軍一遭遇就立即展開了激烈的戰鬥，雙方的弓箭手也互相朝著敵方射擊。混戰中，織田軍的荒川與十郎頭部中箭跌落下馬，敵軍的士兵立刻圍了上來，爭相奪取與十郎的首級以及佩刀。織田軍不願前鋒的遺骸與武具落入敵手，也衝上前去和敵軍爭奪，最終又將與十郎的首級搶了回來。

　　赤塚合戰從上午十時左右打到了中午十二時左右才結束，兩軍在撤軍後交換了俘虜和跑入敵軍陣中的馬匹。由於織田軍與山口教吉麾下的士兵都是尾張國出身，大多互相認識，山口教吉本人也與織田信長是兒時玩

伴，所以雙方都在戰場上手下留情。最後，織田軍在這場兩個小時的合戰裡，僅僅戰死了三十人而已。

不過，赤塚合戰最終還是以今川軍占了優勢而宣告結束，織田信長無法驅逐今川軍，只能率軍返回待日後再圖謀鳴海城。

萱津合戰

赤塚合戰的四個月後的八月十五日，以坂井大膳為首的清洲軍侵入了彈正忠家的領地內，接連攻取了海東郡的深田城以及松葉城，公開與彈正忠家敵對。

此時的織田信長年僅十九歲，得知清洲軍來襲後，立即召集了彈正忠家的一門眾，在次日拂曉率軍從那古野城出陣，前往稻葉地布陣。織田信長的叔父、守山城城主織田信光受邀後率軍參戰，織田信長的弟弟、末盛城城主織田信勝雖然留守城內，但也派出了家老柴田勝家參戰，彈正忠家的分家皆來到織田信長的陣地參陣，一同對抗清洲軍。

清洲軍此時其實已經回營，但是擔心新奪取的城池會被織田信長收復，又守護代坂井大膳便派出坂井甚介領兵迎敵。上午八時左右，織田軍、清洲軍在萱津原遭遇，兩軍隨即展開了合戰。

這場戰鬥的詳細過程並沒有記載，只知道清洲軍自主帥坂井甚介為首約有五十餘名武士被織田軍討取了首級。松葉城、深田城的敵軍出陣支援萱津戰場，也被織田信長擊敗，清洲軍在撤退的過程中又有許多武士被織田軍斬殺，織田信長趁勢收復了這兩座城池。

為了報復守護代清洲家的敵對行為，織田信長率軍一路殺到了清洲城

（五）繼承家督

下，在附近的田地裡將收穫的農作物全部收割，作為戰利品帶回了領內。如果說赤塚合戰是織田信長第一次真正身為大將指揮作戰的話，萱津合戰則是織田信長參加的第一場大戰。在這一戰中，沒有了赤塚合戰中兒時玩伴的放水，有的只有殺紅了眼的宿敵。

另一方面來說，萱津合戰已經不僅僅是織田信長和清洲家的戰爭了，而是整個彈正忠家一族與守護代的戰爭。在這場合戰中，織田信光、織田信勝等有力族人都聚集在了織田信長的麾下，代表著彈正忠家與守護代家的全面開戰。

▎平手政秀切腹

天文二十二年（1553 年）閏正月，織田信長的重臣、擔任「傅役（老師）」的平手政秀切腹自盡，享年六十二歲，彈正忠家因此事發生了騷動。

根據《信長公記》的記載，平手政秀自盡是因為他曾多次對品行不端的織田信長進行勸諫，但是都沒有被信長接受，最後決意留下一封遺書死諫，讓信長改掉陋習，振興織田家。在小瀨甫庵創作的《甫庵信長記》中則還詳細記錄了織田信長對此事的反應，說織田信長聽聞平手政秀自盡後嘆了口氣，說道：「平手對我的恩情不輸給我的父親，都怪我從來不聽從他的諫言。」

的確，平手政秀是織田信秀時代的家老重臣，曾經一手操辦了讓彈正忠家、齋藤家結盟的信長的婚事，是織田家不可多得的人才。在彈正忠家內，平手家的財力也非常雄厚，讓山科言繼留下了深刻印象。表面上看起來，平手政秀之死，似乎極大地打擊了織田信長的勢力。

平手政秀切腹

　　值得一提的是，除了《信長公記》、《甫庵信長記》的「死諫」記載以外，平手政秀之死還有另外一個逸聞。話說平手政秀的兒子五郎右衛門獲得了一匹良馬，織田信長多次向他索要，都遭到了拒絕。因此，織田信長主事以後，開始疏遠平手家，平手政秀見自己為彈正忠家立下這麼多功勞還遭到冷落，在絕望中自殺以表示抗議。

　　上述兩則逸聞，都將平手政秀的死因指向了信長，那麼，真相真的是如此嗎？

　　上文提到，織田信秀隱居以後曾想要與今川家和談，但是在信長繼承家督後，信長竭力主張「北聯齋藤、東拒今川」，將織田信秀的外交路線徹底否定。平手政秀身為織田信秀的重臣，自然不贊同信長的對外政策，因此才逐漸與信長發生矛盾。

　　平手家在彈正忠家內威望極高、實力雄厚，尤其是彈正忠家在津島的財政都是由平手政秀一手管理的。此時織田信長正與弟弟信勝貌合神離，信勝更是以織田信秀的繼承人自居。若是平手政秀與信長的關係繼續惡化下去，信長不敢保證，身為信秀重臣的平手家是否會站到自己的競爭對手信勝的一方。

　　既然平手政秀不支持自己的對外路線，又極有可能成為潛在威脅，那麼織田信長只剩下了一個選擇——死人是不會背叛自己的。在平手政秀死後，織田信長將津島納為自己的直轄領地，同時接連下發文書表示會一如既往地保障津島眾的利益，逐漸排除平手家在津島的影響力。

　　所以，平手政秀之死表面上看起來像是打擊了織田信長的勢力，實際結果卻是增強了信長的實力，同時還清除了一個安全隱患。

（五）繼承家督

（六）

入主清洲城

▍聖德寺會面

　　天文二十二年（1553 年）四月下旬，在齋藤道三的邀請下，織田信長決定與岳父在尾張國、美濃國邊境的聖德寺（另作正德寺）會面。

　　由於《信長公記》首卷的記述順序十分混亂，且沒有年分紀錄，所以此次會面發生的具體時間無從知曉，但是可以確定是發生在織田信長繼承家督後的天文二十一年或天文二十二年之間。另外，由於天文二十一年是織田信秀剛去世的年分，織田信長可能還在忙於處理各種交接事項，沒有工夫會面，再加上信長的重臣平手政秀並未在該小節出場，因此一般認為此事發生於天文二十二年的可能性比較大（平手政秀在天文二十二年閏正月十三日自盡）。

　　聖德寺是本願寺的分寺，位於濃尾邊境，該寺同時獲得了尾張國、美濃國的守護下發的「不輸不入」許可，寺領廣闊，非常富裕。並且這座寺院還具有一定的獨立性，並不從屬於某個家族，因而兩家才會選擇此地會晤。

　　根據《信長公記》的記載，這次會面是因為齋藤道三的家臣經常在他面前非議信長，因此他想見見織田信長的模樣，看看此人的器量究竟如何。實際上，除了這層原因以外，當時織田信秀剛死去不久，齋藤道三也

（六）入主清洲城

必須要與彈正忠家的新家督會面，以保證兩家的同盟會繼續下去。

齋藤道三在聖德寺安排好家臣以後，便帶著隨從躲藏在織田信長前來會面的必經之路旁的小屋裡，準備先看看女婿是什麼樣子。沒多久，織田信長率領的隊伍就緩緩到來。

織田信長依舊是束著茶筅頭，穿著一件褪下袖子的浴衣和由虎皮、豹皮縫製的染成四種顏色的半袴。腰間的太刀也只是用麻繩胡亂地捆在一起，腰帶上還掛著七八個諸如葫蘆、打火石袋等等各式各樣的東西，簡直比蝙蝠俠的腰帶還要複雜。

除了織田信長的打扮外，織田軍的陣容也讓齋藤道三留下了深刻的印象。此次隨織田信長赴約的隊伍約有七八百人左右，與信長的隨意打扮形成鮮明對比的是，士兵們整齊地排列著隊伍前進，手持著數量約五百支、長度為三間半（約6公尺）的長槍的足輕隊走在最前，後邊跟著人數約為五百人、由鐵炮手與弓手組成的遠端部隊。由於織田軍的人數不足千人，軍中應該是有人同時攜帶了長槍與遠端武器。

織田軍的三間半的長槍也是織田信長發明的武器，在他還沒繼承家督時，有一次監督士兵訓練，感覺長槍的長度並不理想，便吩咐手下將長槍全換成了三間半的長度。

等到了在寺內會面之際，出現在齋藤道三面前的織田信長不知道什麼時候已經換了打扮，髮髻梳理整齊了不說，還換上了正裝，腰間插著一把製作精美的短刀，儼然一副威風凜凜的戰國大名模樣。織田家的家臣們似乎是頭一次見到信長這麼打扮，被信長驚豔得同時紛紛說道：「之前的奇葩打扮，原來都是主公故意的呀！」

翁婿二人會面相談的詳細內容並不見於記載，但是明顯齋藤道三對織

田信長十分看重，二人相處得也十分融洽。會面結束後，織田信長騎馬送岳父離開，一直送了二十町左右的路程方才告別。

齋藤道三在歸國時看著並列行走的隊伍，發現齋藤軍的軍勢所裝備的長槍比起織田軍要短，面色不禁變得凝重，在歸國的途中陷入沉思，一言不發。

路過茜部口時，家臣豬子兵介問齋藤道三道：「您覺得織田信長怎麼樣呢？」

齋藤道三則嘆了口氣，回答道：「我的兒孫只怕要成為替這位大人牽馬的下人了。」齋藤道三的意思並非是子孫真的去當織田信長的馬伕，而是指齋藤家將來可能會變成信長的家臣，這事後來果然變成了事實。

經過這次會晤以後，齋藤道三成為了織田信長的堅定支持者，這也成為了織田信秀留給信長的最好的一筆遺產。

信長的敵人

當時，織田信長的敵人主要有三個，一個是長期敵對的敵人今川義元，今川家不斷地趁著織田信秀晚年病弱的時期侵略尾張國，是彈正忠家的一大隱患。不過，依靠著齋藤道三的支援，織田信長還是有能力與今川義元一戰的。

信長的另外一個敵人，是近年來再度與彈正忠家敵對的主君、尾張國守護代清洲織田家。自織田信長繼承家督以後，彈正忠家與清洲家的敵對關係便公開化了，好在之前的萱津合戰中，彈正忠家大大地教訓了清洲家一次，他們暫時不敢輕舉妄動。

（六）入主清洲城

　　信長的最後敵人，則是來自彈正忠家的內部、織田信長的胞弟織田信勝了。織田信勝的勢力很強大，在彈正忠家內部有著諸多家臣支持，連信長的家老林秀貞等老臣也對信勝更加親近。再者，織田信長的庶長兄織田信廣也並不服從信長，不想在弟弟手下做事，對家督之位虎視眈眈。

　　面對著這麼多的強敵，織田信長並未慌亂，反而還有幾分自信。信長的自信絕非無中生有，一方面，美濃國的大名齋藤道三是自己的岳父，這就有了一個強大的後盾，讓兄弟們不敢輕舉妄動。另一方面，在家內織田信長也拉攏了才能出眾的叔叔織田信光作為自己在彈正忠家的有力支持者，與兄弟們對抗。

▊武衛自殺事件

　　前文有提到尾張國的守護是室町幕府的重臣、三管領家族之一的斯波家出身。「管領」是室町幕府內僅次於幕府將軍的次官，地位非常顯赫，通常我們的理解是幕府管領只能由將軍的同族斯波氏、畠山氏、細川氏出身的人出任，但是實際上要求要更加嚴格一些，只有「武衛斯波家」、「金吾畠山家」、「京兆細川家」這三支家系的家督才能出任管領，其他的支流則不可。

　　因為出任幕府管領的這支斯波氏家督通常都出任朝廷「兵衛府」的官職「左兵衛督」，而兵衛府的唐名是「武衛」，因此他們家才被稱為武衛家，家督則被稱為「武衛屋形」。

　　當時尾張國的守護斯波義統正是武衛家出身，所以別看現在的斯波家落魄，祖上還是闊綽過的。斯波家自從應仁之亂以後日漸衰微，接連丟失

了越前國與遠江國的領地，到了織田信長的時代，已經淪落到變成自己的家臣清洲織田家的寄生蟲的地步了。不過，斯波義統卻不想就這麼被架空，他想從守護代的手上奪回大權，這種想法最終釀成了一幕慘劇。

此時尾張國的守護代已經傳到了織田達勝之子（一說養子）織田彥五郎的手上，前文有提到清洲家的權力也被家臣架空，所以真正主導清洲城政務的其實是清洲家的家臣坂井大膳。坂井大膳不像清洲家那樣與斯波家有主僕之情，由於斯波家與今川家圍繞遠江國有著矛盾，因而坂井大膳在今川家的安排之下，與河尻與一、織田三位一同商議，準備殺害守護斯波義統投靠今川家。

天文二十二年（1553年）七月十二日，斯波義統之子巖龍丸帶著家臣中的年輕人外出狩獵，守護居館內只留下了一些老弱病殘的武士。坂井大膳等人趁機率軍包圍了清洲城內的守護居館，襲擊了斯波義統。

兩軍實力相差懸殊，清洲軍登上了居館旁的高處，朝著居館內射箭，許多忠於斯波家的武士不願坐以待斃，慷慨赴死。隨後清洲軍在館內縱火，斯波義統與武衛家一門、留守家臣們一同在熊熊大火之中自盡，守護館內的侍女們則想要逃走，她們跳進了居館外圍用於防禦的水渠裡，由於不會游泳，大部分侍女都淹死在水渠中。

武衛家以及家臣們上幾代個個都是室町幕府威震一方的武將，家格更是位列「三管領」之首，如今卻落到被出身低下的陪臣殺害，這不得不說是戰國時代的一種悲哀。

外出狩獵的巖龍丸得知家裡遭到了襲擊、父親與一門都自盡後，連衣服都顧不上換，直接提著野味就逃到了那古野城尋求庇護。此時的織田信長正愁不知道找什麼藉口收拾清洲家，見到巖龍丸後喜出望外，立即調集

（六）入主清洲城

了二百名士兵為巖龍丸的守衛，擁戴巖龍丸為新任守護，舉起了討伐「下克上」的守護代家的旗幟。

天文二十三年（1554年）七月十八日，織田信長命令末盛城織田信勝的家臣柴田勝家為大將，統領彈正忠家的軍勢以及守護斯波氏的家臣，打著「匡扶守護、討伐逆臣」的大義旗幟一同攻打清洲城。

清洲軍得知彈正忠家出陣後，也出城迎戰，兩軍在三王口遭遇，一番激戰過後，清洲軍敗退至安食村。由於彈正忠家長槍隊所用的長槍是織田信長改良過的「三間槍」，織田軍的槍陣在這一戰中立下大功。反觀清洲軍裝備的長槍過短，許多武士的長槍還未搆到織田軍士兵時就被刺殺。清洲家的家臣河尻與一、織田三位等三十餘名武士在這一戰中陣亡，織田信長大獲全勝。

從織田信長討伐清洲家的行為便可看出，即便是在盛行「下克上」文化的戰國時代，君臣倫理仍然是十分被武士們看重的一種關係，至少大家表面上不能公然背叛主君。而斯波義統的公然遇害，使得織田信長消滅清洲家之事從「下克上」變成了「奉守護討伐不臣」的正義行動，得到了尾張國的武士們的支持。

▍村木砦之戰

在與守護代家的戰爭中，織田信長迎來了新的一年。天文二十三年（1554年）正月，由於今川家包圍了水野信元的居城緒川城，所以織田信長決心稍微反擊一下不斷侵蝕尾張國的今川家。緒川城的水野信元，就是後來成為幕府將軍的德川家康的親舅舅。

村木砦之戰

今川家自包圍緒川城以後，在附近修築了一座防禦工事村木砦，作為前沿陣地威脅緒川城。不久後，緒川城附近的寺本城也投入了今川家懷抱，緒川城更加孤立無援。此時那古野城與危在旦夕的緒川城之間已經被鳴海城、大高城、笠寺砦等今川家的據點給隔斷，織田軍若是想從陸路支援緒川城，就得當一回聖鬥士，一路打過去。

織田信長深思熟慮後，決定走海路進軍。緒川城與村木砦都位於知多半島的東岸，信長打算從西岸出發，沿著知多半島的海岸線繞行一周，出其不意地從今川軍的後方登陸，奇襲村木砦。

不得不說，這個計畫著實不錯，但是卻有一個致命的弱點——因為奇襲要繞遠路，會比較花時間，而此時彈正忠家與清洲家正處於戰爭狀態下，信長擔心在自己出陣期間清洲家會趁虛攻打那古野城。最後，織田信長向美濃國派去使者，請求岳父派出援軍支援自己。

齋藤道三很爽快地就答應了織田信長的請求，因為此次出陣是守城，所以並不需要太多的援軍。齋藤道三派遣家臣安藤守就為大將，帶著一千人左右的軍勢前往那古野城。軍隊臨出發以前，齋藤道三偷偷吩咐安藤守就一定要記下在那古野城的見聞，回來之後向自己報告。

齋藤軍於正月二十日抵達那古野城，織田信長親自前來迎接他們，部署防禦。次日，織田信長親自率軍出陣。不過，織田信長的這次出陣並不順利，家老林秀貞與林美作守兄弟在得知了奇襲的計畫後，認為這次行動荒唐無比，公然拒絕服從信長的命令，在半路上帶著自家的軍隊返回了領地。

織田軍在大戰前分裂，極大地影響了士兵們的士氣，在家臣們人心浮動時，織田信長安撫大家道：「隨他們去吧，沒什麼大不了的。」

繼續進軍的織田軍在熱田停宿了一晚以後，便準備登船出海。可是，

（六）入主清洲城

　　此時的海面上颳著大風，船伕有些憂慮天氣不佳，便建議信長改日出航。織田信長卻不以為然，反而以屋島合戰時源義經趁著暴風雨渡海之事來激勵家臣們不要畏懼。在織田信長的強硬命令下，織田軍登上了船隻，結果船隊恰好藉著大風乘風航行，以比平日更快的航行速度來到了緒川城附近的海面上。

　　不光是今川軍，連緒川城也沒有料到在這種鬼天氣會有人駕船從海上而來。二十四日天明，織田軍突然出現在今川軍的面前，對村木砦發起攻擊。村木砦雖然名為「砦」，防禦力卻不輸給城池，砦的北面地勢險要，是天然的要害，東邊是正門、西邊是後門，防禦力極強，南邊則修築了一座甕城形狀的堀。

　　織田信長下令從緒川城出城的水野軍攻打東面、織田信光攻打西面，自己則率軍攻打最難打下的南面。雖然敵軍的防禦工事十分堅固，但是織田軍的武士們依舊爭先恐後地往上攀登，許多士兵遭到守軍的攻擊摔死在堀下。

　　就在此時，織田信長揮動著采配，對著鐵炮隊命令道：「朝著狹間射擊！」狹間就是村木砦城牆上的一個個小洞，守軍可以從狹間裡用弓箭和鐵炮攻擊攻城的士兵。

　　織田軍裝備的大量鐵炮立刻顯出了神威，城牆上的狹間遭到鐵炮的射擊後，幾名士兵當場被爆了頭，其餘的守軍們則縮到了牆後頭，不敢再冒頭。織田軍的武士們趁著這個機會登上了城牆，一舉擊潰了守軍。幾乎在同時，東門與西門也傳來了捷報，村木砦被織田軍占領，守城的今川軍則全部投降。

　　從織田信長繼承家督以後的幾次戰鬥可以看出，在這段時間內真正忠

心於信長的嫡系軍隊人數可能只有千人左右而已，而在這次的村木砦之戰中，織田信長麾下的南面軍勢正是他一手帶出的嫡系部隊。也正是因此，信長馬迴眾中的許多武士都戰死在了城下。織田信長在戰後看著躺在地上的熟悉面孔，傷心地為好友們落下了眼淚。

由於織田信長此次的作戰十分果斷迅速，根本沒有給今川軍反應的時間。在村木砦被攻取的次日，織田信長率軍前往寺本城，在城下燒殺劫掠一番後率軍返回了那古野城。

村木砦之戰，是織田信長麾下的鐵炮隊第一次在實戰中大顯神威的戰鬥。將來，織田家的鐵炮隊將會繼續在日本各地活躍，成為縱橫天下的織田軍團的重要主力之一。

正月二十七日，幫助信長守城的齋藤軍返回了美濃國，安藤守就將在尾張國的見聞、以及從回營的信長軍士兵口中聽聞的攻打村木砦時的情形一一告訴了齋藤道三。齋藤道三聽後嘖嘖稱奇，不禁感慨道：「鄰國居然有著一個這麼可怕的男人，真是讓我寢食難安啊！」

守護代滅亡

自從萱津合戰、安食之戰過後，清洲家的重臣坂井甚介、河尻與一、織田三位等紛紛戰死，僅剩下了「又守護代」坂井大膳一人。

坂井大膳獨木難支，為了挽回目前的敗局，他與織田信長的叔叔織田信光聯繫，約定以織田信光與織田彥五郎一同出任尾張國的守護代為條件，讓他背叛信長加入己方。織田信光對此表示非常有興趣，雙方很快就達成了共識，互相交換了結盟的誓書。

（六）入主清洲城

天文二十四年（1555 年，弘治元年）四月十九日，織田信光率軍朝著清洲城而來，隨後清洲城打開了城門，放織田信光進入清洲城南部的箭櫓防守。坂井大膳與織田信光約定在次日前去南櫓拜訪，但是他隱約感覺到了有些不對勁，便趁著夜色偷偷溜出城朝著今川家的領地逃去。

原來，在坂井大膳與織田信光聯繫後，織田信光就將此事報告給了信長。叔姪二人商議了之後，決定讓織田信光佯裝同意此事，率軍進入清洲城，與織田信長裡應外合。織田信光原想在坂井大膳前來拜訪時把他給殺了，甚至連刀斧手都埋伏好了，結果等了半天連個人影都沒等到。最後在織田信光的帶領下，織田軍進入清洲城，包圍了守護代的居館，逼迫織田彥五郎自盡，清洲織田家就此滅亡。

守護代家滅亡以後，織田信長將居城遷到了清洲城，讓織田信光入駐之前的居城那古野城，同時還將尾張國下四郡中的愛知郡、山田郡賜給了織田信光。可是，就在同年的十一月二十六日，織田信光在那古野城被家臣坂井孫八郎暗殺而死。

太田牛一在《信長公記》裡說信光之死是因為織田信光當初和坂井大膳互相交換起請文時在末尾添了一句：「要是違背約定就不得好死」，最後卻背叛了坂井大膳，因此才遭到上天的懲罰。按照這樣的邏輯，那我們以後恐怕連「騙人是小狗」都不敢亂說了。不過，《甫庵信長記》裡則提供了另一種說法，說坂井孫八郎和織田信光的夫人私通，最後事蹟敗露，兩人合謀殺死了織田信光。當然，這種說法也有些過於市井八卦。

雖然信光之死的原因沒有定論，但是暗殺織田信光的幕後主使一般都指向了兩個人——織田信長與今川義元。

今川義元是彈正忠家的死敵，這個自然不必多說，彈正忠家的人每死

守護代滅亡

一個今川家就少一個敵人，所以他會派人暗殺織田信光一點也不奇怪，也有作案動機。另外一個嫌疑人則是織田信長。要說此時彈正忠家雖然消滅了清洲織田家，但是卻依舊內憂外患不斷，再加上信長的幾個兄弟都蠢蠢欲動，信長在這當口殺死自己的支持者織田信光確實有些不是時候。

不過，如果織田信光不死的話，尾張國的兩郡就會落入織田信光的手上，而織田信長拚死拚活這麼多年，在消滅清洲家後能夠有效統治的地盤加上賞賜給織田信光的領地也不過只有愛知郡、山田郡、中島郡、海西郡、海東郡津島以及春日井郡西部，相當於將接近半數的領地都賜給了這個叔叔。

織田信光做大以後，還會不會支持自己呢？會不會產生取代自己的想法呢？這大概是此時的織田信長腦中所顧慮的問題吧！要是織田信光也反叛的話，彈正忠家就真正地四分五裂了，那時候一盤散沙的尾張國，是完全不可能抵禦得住今川家的攻擊的。

為了能讓彈正忠家統一，說織田信長狠心對叔叔痛下殺手也不是沒有可能的。當然，這些只是我們的猜測而已，織田信光之死的真相，恐怕需要日後發掘更多的史料來推論了。但是不管怎麼說，叔叔的去世對織田信長來說確實是一件大好事，他手下的地盤越來越大了。

（六）入主清洲城

（七）

兄弟鬩牆

▍信秀之子

即便是在一夫多妻的古代，織田信秀也算得上是生育力很強的人。別看他只活了四十二歲，但是目前可以確定的兒子在系圖上就有十二人，女兒則推測有十人，和後來的德川家康相較，這兩人可以說是戰國時代「增產報國」的代表了。

從織田家的系圖來看，織田信秀之子按年紀排列依次為：信廣、信長、信行、信包、信治、信時、信興、秀孝、秀成、信照、長益、長利。不過，這份系圖卻有些問題。根據歷史學者谷口克廣的考證，系圖中信秀的六子信時的官途乃是安房守，而從一次史料的文書來看，織田家當時官途為安房守的人並不叫織田信時，而叫織田秀俊。

另外，根據《信長公記》的記載，織田信光死後的弘治元年（1555年）時發生過這麼一件事：當時出任守山城城主的乃是織田信長的另一個叔叔織田信次。這個織田信次也是倒楣，有一天他和家臣們一起外出遊玩，出行時發現路邊有個傢伙騎著高頭大馬，像看花車一樣看著他們的隊伍。

在當時的日本，城主出行時不管是武士還是百姓都必須跪在路邊，甚至不能抬頭看城主的隊伍，否則就是不敬，很有可能會被城主的家臣給砍

（七）兄弟鬩牆

了（無禮討）。織田信次的家臣見到這小子居然敢在城主面前騎馬，大叫了一聲「無禮」，結果那傢伙依舊不理睬他們，調轉馬頭就要離開。

眼見此狀，織田信次的家臣氣得引弓搭箭，從背後將那個人給射下了馬。隨後，家臣們邀功一樣地請城主去看那名倒在地上抽搐的無禮傢伙，等到眾人走近時，此人已經斷氣。

織田信次命人將趴在地上的屍體翻過來看看是誰，發現是一名十五六歲的武士，再仔細看過少年的相貌後，一時嚇得話都說得不俐落了：「這這這這這這……」

家臣看到一臉驚恐的織田信次，一頭霧水：「大大大大大人您怎麼了……」

只見信次黑著臉轉過頭對家臣們說道：「這……這是信長大人的弟弟織田秀孝。」

織田信次在誤殺了姪子織田秀孝後，慌忙棄城逃亡。而後，織田信長命令織田秀俊（信時）進駐空城守山城。不過，因為織田秀俊非常寵信和自己有著男色關係的家臣坂井孫平次，他的家老角田新五對此感到不滿，最終在次年殺死了織田秀俊。

在系圖中，織田秀俊是信秀的六子，他的出生年月並未被記錄，但是系圖裡織田信秀的四子信包是在天文十二年（1543年）出生，這年只有十二歲，織田秀俊如果是六子的話，年紀只會比織田信包要小。那麼，如此年幼的秀俊和家臣有著男色關係，未免也太早熟了一些吧。

而在《信長公記》中，太田牛一記載此事時稱呼織田秀俊為「三郎五郎（織田信廣）的弟弟」而不是像介紹信秀其他兒子那樣稱為「信長公的弟弟」，所以織田秀俊可能和織田信廣是同胞兄弟，年紀也比織田信長要大。

另外，被織田信次家臣射殺的織田秀孝，按照系圖來看是織田信秀的八子，但是在《信長公記》中卻說是十五六歲的年紀，這樣一來他的年紀就比四子織田信包要大了。

所以，織田信秀幾個兒子的長幼順序應該依次是：信廣、秀俊（信時）、信長、信行（信勝）、秀孝、信包、信治、信興、信照、秀成、長益、長利。

家督之爭

在織田信秀的十二個兒子中，最有爭奪家督競爭力的有庶長子織田信廣、織田信長以及織田信勝。織田信廣雖然是庶出，但是畢竟是長子，而織田信勝則是織田信長的同胞弟弟，是信秀的嫡次子。

在日本戰國時代，一般家督之位都得交由正室生出的嫡長子繼承，這也能夠避免很多不必要的爭端。但是，和中國的「嫡長子繼承制」不同的是，日本的「嫡長子繼承制」並不是絕對的。如果庶子之中有能力與器量都比嫡子強的人存在的話，家督也有可能與家臣們進行商議，選擇有能力的人成為繼承人。

當然，大部分時候戰國大名還是以家族安泰為主，讓嫡長子繼承家督。除非沒有嫡子或者嫡子死光以後，才會輪到庶子繼承家督。織田信秀在生病後將那古野城讓給織田信長，實際上就是選擇了織田信長繼承家督，以防止自己突然暴斃引起家中動亂。

而另外一個可能繼承家督之人，是織田信長的弟弟、系圖中的織田勘十郎信行。由於目前可以確定此人下發的文書裡署名為「織田信勝」、「勘

（七）兄弟鬩牆

十郎信勝」，並未使用過「織田信行」的名字，所以下文我們統一稱他為織田信勝。

因為織田信長與信秀的父子關係不佳，導致織田信勝在信秀晚年登上政治舞臺。不僅如此，織田信秀死前將居城末盛城以及自己的家臣團全都留給了信勝，給予了信勝相當大的權力與威望。織田信秀這種分裂織田家的做法，最終成為織田信長對父親感到不滿而撒香灰的原因之一。

天文二十三年（1554年）十一月，織田信長的有力支持者織田信光死去，織田信勝便開始公開表明自己想與織田信長爭奪家督的意願，改變了自己的官途。

當時朝廷的「官途」雖然沒了實權，被握有實權的幕府「職役」取代，但是很多武士或為了光宗耀祖，或為了達成政治目的獲得大義旗幟，都會自稱或者拜領一些朝廷的官途來抬高自己的地位。比如僅武田家中就有「原美濃守虎胤」和「馬場美濃守信春」兩個私稱官途為「美濃守」的家臣，而織田信秀、今川義元、德川家康的「三河守」官途則是想確立自己在三河國統治地位的正當性而花錢向朝廷買來的。

織田信長自稱的官途本是「上總守」，結果有人對他說，上總國的國守歷來只有親王才能出任，你自稱「上總守」也太沒常識了吧？織田信長這才急匆匆地在四天後將官途改為了「上總介」。

此時，織田信勝將自己的名字改成了「織田達成」，自稱「彈正忠」官途。「達」字源於守護代清洲家，「彈正忠」則是織田信秀自稱的官職，織田信勝此舉意味著他不光是彈正忠家的正統繼承人，還想取代滅亡的主家清洲家成為守護代。

前文提到，弘治元年（即天文二十四年，1555年）守山城城主織田信

次的家臣誤殺了織田信長的弟弟織田秀孝。織田信勝得知此事以後，立即派出軍隊攻打守山城，而織田信長則認為這是自大傲慢的弟弟招來的現世報，沒有出兵。

從這裡可以看出，當時在織田家中織田信勝可以獨自派遣軍勢出陣作戰，信長、信勝名為一家人，實際上卻是兩股獨立的勢力。不僅如此，織田信勝還拉攏了哥哥信長的家老林秀貞、林美作守兄弟，極大地削弱了信長的力量。

俗話說「福無雙至，禍不單行」。織田信光遇害、織田信次出逃、家老林秀貞兄弟的背叛，噩耗一個接著一個傳到織田信長的耳朵裡。到了弘治二年（1556年）時，鄰國美濃國更是傳來了一個爆炸性的消息——織田信長的後臺、岳父齋藤道三被兒子齋藤利尚殺死了。

土岐後代的真偽

織田信長的岳父齋藤道三自從與織田家結盟後，逐漸穩定了美濃國的局勢，在天文十九年（1550年）十一月將美濃守護土岐賴藝流放，徹底竊取了美濃一國。天文二十三年（1554年）三月初，齋藤道三將家督之位傳給了兒子齋藤利尚，同時還將居城稻葉山城讓給了他。

值得一提的是，我們現在一般都稱呼齋藤利尚為「齋藤義龍」，其實是不對的，齋藤義龍繼承家督時的名字乃是「新九郎利尚」，在與父親對立後又改名「新九郎范可」、「新九郎高政」。後來將苗字改為「一色」以後，方才改名為「一色義龍」，也就是說，「齋藤」和「義龍」是他在兩個時期用的苗字和名字，從來沒有組到一起過。

（七）兄弟鬩牆

　　本文為了方便閱讀，統一稱呼「齋藤義龍」為「齋藤利尚」，後面的名字分別是他與父親敵對時期（齋藤范可）、懷柔織田信勝時期（齋藤高政）、入主京都以後（一色義龍）依次改的，大家知道就好。

　　按照上文「聖德寺會面」小節所述，在齋藤道三讓出家督的前一年四月，他還和織田信長見了一面。這說明齋藤道三雖然表面上讓出了家督，實際上卻依舊掌控著美濃國的大權，兒子齋藤利尚只不過是他手中的傀儡罷了，這也是最後父子反目的原因之一。

　　在通說中，齋藤利尚的母親深芳野夫人曾是美濃國守護土岐賴藝的愛妾，後來賜給了齋藤道三做小老婆，所以其實齋藤利尚並非齋藤道三之子，而是土岐賴藝的私生子。怎麼樣？這情節很熟悉吧？當然熟悉了，《平家物語》裡有個一模一樣的版本（平清盛白河天皇落胤說），可以去看看。

　　實際上，齋藤利尚是土岐氏後代的說法在《信長公記》等史料中並沒有提及，甚至江戶時代前中期的一些編纂史料裡也只是說齋藤道三想廢長立幼，才被兒子殺死。直到江戶時代中後期，受當時流行的因果報應、勸善懲惡的思想影響，人們才創作出了齋藤利尚乃是土岐氏後代的故事。

　　這點從一次史料裡也可以窺得一二，齋藤利尚與父親敵對以後，在給家臣的書信裡將自己的名字從「利尚」改為「范可」。按照太田牛一在《信長公記》的說法，范可指的是中國唐朝的一個弒父之人，齋藤利尚此舉是想告訴世人自己不惜殺死親生父親也要奪取政權的決心。

　　另外，齋藤利尚成為美濃國國主以後，並未向幕府請求繼承美濃守護土岐氏的家門，而是從母親的家系上強行與一色氏扯上了關係。如果當時真的有齋藤利尚為土岐氏後代的說法，那麼齋藤利尚完全可以申請繼承源氏出身的土岐氏，擺脫自己的弒父罪行，成為美濃國的合法統治者。

值得一提的是，太田牛一在《信長公記》裡寫到：「范可是唐朝的一個弒父之人的名字」。但是對中國歷史有些了解的人可能會發現，歷史上根本就沒有叫范可的人物，我曾經一度懷疑這段內容是不是太田牛一瞎編硬湊的。

　　為了查清「范可」到底是誰，筆者翻閱了很多介紹齋藤家的書籍，但是大部分學者寫到這段內容時，要麼就一筆帶過，要麼就是表示自己也完全不知道「范可」是誰。最後，透過查閱中國歷史上有著弒父事蹟的人物名單後，筆者大膽地推測「范可」指的是唐朝的安慶緒。

　　安祿山是掀起「安史之亂」的罪魁禍首，范陽、平盧、河東三鎮節度使，最後被兒子安慶緒所殺。雖然後來安祿山父子自立為帝，但是在古時候這種偽政權並不被承認，因而一般人還是將「安史之亂」視為是節度使造反。另外，平盧節度使似乎是范陽節度使中分出的，所以實際上稱呼安祿山父子為范陽（包括平盧）、河東節度使應該沒有問題。

　　齋藤利尚所改的名字「范可」，意思可能是「范（陽）、河（東節度使安慶緒）」，「范河」與「范可」的讀音相同，而《信長公記》的讀者們不明就裡地以為這個稱呼是個人名，才造出了這個千古謎團。

▍長良川合戰

　　弘治元年（1555 年），因為父親齋藤道三寵愛小兒子又遲遲不願放權，齋藤利尚最終起兵與父親敵對。按照《信長公記》的說法，齋藤道三認為長子利尚沒有繼承家督的器量，而利尚的兩個弟弟孫次郎、喜平次也因為受父親寵愛，頗為輕視兄長。

（七）兄弟鬩牆

自這年的十月十三日開始，齋藤利尚就在稻葉山城內裝病，每天都不理政事，躲在臥室裡摸魚。對外他則宣稱自己得了重病，快要不行了。十一月二十二日，趁著齋藤道三離開的機會，已經被齋藤利尚拉攏的長井道利（一說是齋藤道三庶子、一說則是齋藤道三的弟弟，總之是關係相當近的親戚）前往齋藤道三的居館，欺騙道三的兩個小兒子說齋藤利尚快不行了，想要見弟弟們一面。

因為長井道利言辭曖昧，孫次郎和喜平次以為兄長這是想在死前指定自己做繼承人，立刻隨著長井道利一同前往齋藤利尚的住所。等到了齋藤利尚的居館以後，長井道利故意將刀具放在臥室外，孫次郎和喜平次見狀便也將佩刀放在了外頭。進入臥室後，齋藤利尚讓家臣日根野弘就為弟弟們敬酒。就在兩人端起酒杯飲酒時，日根野弘就手起刀落，出其不意地將二人殺死。

出門在外的齋藤道三得知齋藤利尚造反以後，連忙命人召集軍勢，在稻葉山城的城下町放火，隨後退往山縣郡的山中城防守。

父子之間的戰火一直燃燒到了次年（弘治二年，1556 年）的四月十八日，齋藤道三率軍前往長良川附近的鶴山布陣，同時向尾張國送去了求援信，讓女婿織田信長前來增援。織田信長並非忘恩負義之人，在得到岳父的請求後，織田軍很快就越過了國界進入美濃國，在大良河原布陣。令信長沒想到的是，織田軍在此地挖掘壕溝、修築土壘時挖出了許多前人埋在此地的裝在瓶子裡的銅錢，大大的發了一筆財。

好運的人走路都能撿到金子啊！

四月二十日，齋藤利尚率軍出陣，隨後齋藤道三率軍來到了長良川邊，與齋藤利尚隔河對峙。齋藤利尚軍率先發難，他派遣竹腰重直率領六百名士兵渡河進攻，前鋒一度攻入人數較少的齋藤道三本陣。但是這支突擊隊

已是強弩之末,最後竹腰重直隊戰敗,竹腰重直也被齋藤道三給砍掉了腦袋。

　　齋藤利尚見首戰失利,連忙下令全軍渡河,想以優勢兵力擊敗齋藤道三。兩軍混戰之中,利尚軍的長井道勝制服了齋藤道三,但是畢竟齋藤道三是前任主君,長井道勝不敢造次,連忙從懷裡拿出繩子,想要生擒齋藤道三。就在這個時候,另一個家臣小牧源太衝了過來,一刀砍中了齋藤道三的腳踝,隨後將前主君按在地上,割掉了首級。因為這件事,長井道勝差點和小牧源太在戰場上打起來,最後長井道勝割去了齋藤道三的鼻子,作為自己先制服道三的證據。

　　齋藤道三死後,其麾下的軍勢立刻就開始潰散,齋藤利尚取得了合戰的勝利。在戰後檢視敵將首級的儀式中,齋藤利尚見到了家臣們遞上來的父親的首級和鼻子,不禁百感交集,此後的很長一段時間內,齋藤利尚都依舊自稱為「新九郎范可」,大概是想減輕一些自己的罪惡吧。

▎稻生原合戰

　　早些時候,在織田信次出逃、織田信長命令哥哥織田秀俊進入守山城之際,織田信長、秀俊二人曾在前往守山城的途中順便去那古野城拜訪家老林秀貞。那古野城自織田信光死後就被信長賜給了林秀貞,然而此時林秀貞、林美作守兄弟已經與織田信勝勾結,林美作守想要趁機殺死信長,卻被林秀貞制止了。

　　林秀貞對弟弟說道:「這可是對我們家有三代知遇之恩的主君啊!」最後,織田信長才得以安然返回了清洲城。儘管如此,林秀貞兄弟依舊在兩

（七）兄弟鬩牆

日後對織田信長舉起了反旗，在他們的影響下，彈正忠家的許多家臣也都紛紛舉兵造反，投入了織田信勝的麾下。

弘治二年（1556年），齋藤道三在長良川戰死，織田信長失去了一個重要盟友。織田信勝趁著這個機會出兵占領了織田信長領內的筱木三鄉，還在此地駐軍防守。

此時的織田信長面臨的局勢要比繼承家督時更為嚴峻，當時自己尚且有織田信光、齋藤道三的支持，而此時支持者們的離世讓自己不得不獨自面對織田信勝的挑釁。最後，織田信長決心要拔除掉眼中釘，在八月二十二日命家臣佐久間大學渡過多井川，於名塚布陣。

八月二十三日，織田信勝派出了柴田勝家率領一千人，加上林美作守支援的七百人，出陣前往名塚。織田信長也在次日率主力部隊從清洲城出陣，迎擊織田信勝軍。

此時織田信長麾下的軍勢一共只有七百人而已，這支部隊正是前文提到的織田信長培養的嫡系部隊，裡面有許多武士都是織田信長的近侍出身，後來大都成為了織田家的一方重臣。

兩軍在距離清洲城五公里左右的稻生原交戰，柴田勝家率領的軍勢自東邊而來，林美作守率領的軍勢則自南邊攻來。由於信長軍的人數不及敵方的一半，面對敵軍的兩面夾擊下，很快就被壓制後撤。在撤退了六、七段的距離後，織田信長下令重整軍勢，同時讓一部分軍勢拖延林美作守，自己則率領超過半數的軍隊直接攻向了柴田勝家。織田信長的精銳馬廻眾在這場合戰中再度發揮了重要的作用，面對人數眾多的敵軍，信長軍不但沒有落入下風，反而還砍傷了柴田勝家。

在兩軍激戰正酣時，親自領軍作戰的織田信長突然對著敵軍怒吼了幾

稻生原合戰

聲，敵軍士兵聞聲望來，發現對戰的主將乃是主君織田信長。相比之下，己方的主將織田信勝還宅在末盛城裡，頓時心生怯意、戰意全無，嚇得四下逃散。

柴田勝家敗退以後，織田信長迅速率軍乘勝向南進軍攻打林美作守。林美作守正在與織田信長的家臣黑田半平對峙，織田信長突然騎馬襲來，一刀將林美作守殺死，隨後林美作守的軍勢也迅速敗退。

織田信長並不準備放過林秀貞與織田信勝，取得稻生原合戰的勝利後，信長分兵前往末盛城與那古野城城下縱火，作勢準備攻城。眼看著織田信長摩拳擦掌，與織田信勝一同居住在末盛城的生母土田御前突然來到了信長軍的陣中，請求織田信長原諒弟弟信勝。織田信長見母親求情，便同意了此事，不過作為賠禮，織田信勝、柴田勝家等人則需要前往清洲城謝罪。

林秀貞也參與了這次的謝罪行動，他原本覺得自己難逃一死，準備自殺，結果傳來了織田信長赦免織田信勝的消息。最後他抱著試一試的心態也來到了清洲城謝罪，同時還向織田信長提起先前弟弟林美作守想殺害信長但是被自己阻止之事。

織田信長此時已經原諒了主使者織田信勝，便借坡下驢，不管林秀貞所言真假，也一併赦免了他。織田信長對家臣們的寬大處理，使得後來林秀貞、柴田勝家等人對他一直死心塌地，再也沒有想過謀反。

織田信勝降服以後，將自己的名字「織田彈正忠達成」改成了「織田武藏守信成」，消除了與信長敵對的意思。然而，僅僅在次年（弘治三年，1557年）織田信勝收到了齋藤利尚送來的書信後，便想要再度謀反，與齋藤家祕密結成了同盟。

（七）兄弟鬩牆

　　永祿元年（1558年）三月，在沒有經過織田信長的許可下，織田信勝擅自在守山城東北部的龍泉寺修築城池，公然與織田信長叫板。然而此時的彈正忠家已經今非昔比，織田信勝原本的支持者柴田勝家、林秀貞等家臣已經轉變成了信長堅定的心腹，並不支持信勝謀反，柴田勝家還將此事報告給了信長。

　　十一月二日，織田信長病重，召見織田信勝前來清洲城，織田信勝明顯是讀過史書的，因為先前自己的敵對行為，並不敢前往。但是，母親土田御前卻對信勝說：「畢竟你們是親兄弟，還是去探望一下吧。」因此他才改變了主意。

　　織田信勝這一去，就再也沒能回來。在清洲城北櫓的屋子裡，織田信長命令近侍河尻秀隆等人將織田信勝處死。織田信勝死後，兄弟兩人的爭端才算是徹底告一段落。

　　值得一提的是，以往都認為信長的母親土田御前寵愛小兒子信勝，與大兒子信長並不親近。這其實是沒有依據的，雖然織田信勝被信長殺死，但是此後土田御前卻一直與信長居住在一起。如果土田御前真的因為信勝之死而記恨信長的話，通常會自己搬到領地內的某處隱居，而不是與兒子住在一起。

（八）統一織田家

▍浮野合戰

織田信勝之死，代表著織田信長徹底統一了傳統的彈正忠家以及清洲家的勢力，其功績已經大大地超過了自己的父祖。消除了內部的隱患以後，織田信長便開始朝著統一尾張國前進了。

此時尾張國內，織田信長最大的敵人乃是巖倉城的織田伊勢守家（按照世代沿襲的官名稱呼，清洲家則是大和守家，不過本文為了方便閱讀，還是稱為巖倉家），如果按照血緣來算的話，實際上巖倉家才是真正的尾張織田家的嫡流。

在織田信勝反叛時，巖倉家就與齋藤利尚、織田信勝締結了同盟對付信長，這也讓兩家結下了梁子。似乎是上天有意在幫助織田信長似的，在織田信勝投降後不久，巖倉家也發生了內亂，家督織田信安因為想要廢長立幼，被兒子織田信賢流放。自然，站在原家督織田信安一方的家臣也遭到了織田信賢的打擊，巖倉家就此分裂。

織田信長敏銳地察覺到了機會，在聯合了犬山城的織田信清以後，信長在永祿元年（1558 年）七月十二日率軍兩千人迂迴到了巖倉城的北面，於丹羽郡浮野布陣。因為此時織田信勝還尚在人世，所以織田信長並沒有

(八) 統一織田家

帶太多的兵馬出陣。

另外，按血緣來算的話，這次參戰的織田信清是織田信秀的弟弟信康之子，也就是織田信長的堂兄弟。話雖如此，犬山織田家卻一直都是巖倉家的家臣，在織田信康死後，織田信清一度與彈正忠家對立，最後被織田信秀擊敗。等到織田信長統一了彈正忠家、滅亡了清洲家後，織田信清也趁著這個機會從巖倉家獨立，並在織田信長的馬迴眾生駒家長的遊說下與織田信長結盟。

順便一提，生駒家長就是織田信長最愛的那個老婆生駒夫人（吉乃、久安慶珠）的哥哥，信長和生駒夫人的子女有織田信忠、織田信雄與織田五德三人。

織田信長在浮野擺開陣勢後，織田信清也率領著一千人前來，隨後兩軍就在此地紮營，靜候巖倉軍的到來。此時正近收穫季節，巖倉軍若是閉城防守，城外農田的稻穀就可能會被織田軍給收割，那麼領民辛苦勞動一年的收入就將化為烏有，巖倉家今年也難以收上年貢。被逼無奈之下，巖倉家不得不派出三千軍勢北進迎戰織田信長。約在正午時分，織田信長命令全軍朝著東南方向進攻，兩軍激戰數刻以後，巖倉軍潰敗。

浮野合戰的具體過程並沒有見於記載，但是《信長公記》中卻記錄了織田信長的鐵炮師父橋本一巴在此戰的追擊戰中戰死的故事。

話說在追擊巖倉潰軍途中，橋本一巴舉著鐵炮追上了一名持弓的武士，那名武士隨後便反身引弓搭箭準備反擊。這時橋本一巴發現，此人乃是自己的好友、來自淺野村的弓術名人林彌七郎。

林彌七郎見到橋本一巴也很是吃驚，但是他並沒有放下弓箭，而是對橋本一巴說道：「我是不會手軟的。」

橋本一巴也舉著鐵炮回答道：「我知道的。」

兩個好友都是尾張國的名人，一個擅長鐵炮，一個擅長弓術，原本都是大有前途的人，此時卻只能在戰場上針鋒相對。

當林彌七郎射出弓箭的那一刻，橋本一巴也發射了鐵炮，為了增加威力，橋本一巴特意使用了將兩顆彈丸包在紙裡的大彈丸射擊。林彌七郎的箭射中了橋本一巴因舉著鐵炮而暴露出來的腋下，而他自己也被橋本一巴的鐵炮擊中肩膀，血流不止。

此時，前田利家的弟弟、織田信長的小姓眾之一的佐脅良之發現了對射倒地的兩人，便跑了過來，想割取林彌七郎的首級。林彌七郎忍著疼痛拔出了太刀反擊，一刀將佐脅良之的籠手擊落，可惜此時的林彌七郎已經精疲力盡，在佐脅良之的第二波攻擊時被砍去了首級。

浮野合戰取勝以後，織田信長率軍返回了清洲城，並在次日舉行了首實檢（檢視敵將首級的儀式）。根據《甫庵信長記》的記載，織田信長麾下的馬廻眾與鐵炮隊再度在此戰中立功，巖倉軍一共戰死一千二百五十餘人，超過三分之一的陣亡率足以證明這一戰的慘烈程度，也使得巖倉家的軍事力量大受打擊。

從這以後，巖倉家再也沒有能力與織田信長野戰，只能據城防守，進入了滅亡的倒數計時了。

初次上洛

永祿二年（1559年）二月，正在攻略巖倉城的織田信長突然臨時決定要上洛，隨後帶著八十名近侍以及數百名隨從一同進京。

(八) 統一織田家

　　日本的平安京建成之時，分為左京與右京兩個部分，當時的日本人有替地名取中國的「唐名」作為雅稱的習慣，因而大家都稱右京為「長安」、左京為「洛陽」。後來，右京因為不適合居住以及戰亂逐漸荒廢，到了鎌倉時代就只剩下了左京，因而左京「洛陽」成為了平安京的代稱。當時的人們將京都稱為「洛中」，前往京都也被稱為「上洛」。

　　因為織田信長的這次上洛比較倉促，所以經常都會被一些歷史書給忽略。織田信長之所以在這個時間點上洛，大概是想在統一尾張國以前從幕府處獲得合法的名分吧。

　　對於京都的住民來說，織田信長的這次上洛爆炸性一點也不亞於日後的那次上洛。當然，後來的信長上洛大家是被織田軍的軍勢給震驚到了，這次則是被織田信長給震驚到了。用現在的例子來比對的話，大致就是一票打扮怪異的年輕人突然成群結隊地出現在古都街頭的那種感覺。

　　公卿山科言繼在京都裡偷偷瞧見了前來上洛的前球友的兒子，回到家裡後寫下了這天的日記：「尾張的上總介帶著五百人上洛來了，裡面有不少異形之人。」山科言繼日記裡的「異形之人」，恐怕指的就是「傾奇者」了。前文有提到過，織田信長不光自己打扮得招人眼目，還讓家臣們也一起用顯眼的紅色武具，因此這回上洛的隊伍裡傾奇者自然不會少了。

　　同時，為了炫耀織田家的財力，織田信長的車駕鑲滿了金銀飾品，家臣們也佩戴著金銀裝飾的刀具，山科言繼會這麼酸溜溜地形容信長的家臣是「異形」，恐怕裡面也有不少嫉妒的成分吧。

　　除此以外，這次織田信長上洛並未使用父親織田信秀的「彈正忠」官途自稱，不知道是因為記恨父親的緣故，還是自己此時更需要以齋藤道三的繼承人身分示人，以便更好地奪取美濃國。

初次上洛

織田信長一行人先是在京都、奈良、堺等地遊覽，見識到了在如日中天的「天下人」三好長慶統治下京畿的強大之後，再度返回了平安京，觀見當時的幕府將軍足利義輝。

足利義輝其實也混得蠻慘的，雖然他是室町幕府的幕府將軍，但是卻因為和三好長慶敵對的緣故，在近江國朽木居住了四、五年，前年十一月才和三好家達成和解返回京都。

值得一提的是，織田信長上洛的這段時間前後，上杉謙信（當時還叫長尾景虎）、齋藤利尚也都上洛面見了將軍。除了地方大名各自想要撈取政治資本的可能以外，大概也與足利義輝的這次進京有關。

此時的京都處於強大的三好家的勢力範圍內，足利義輝十分忌憚三好長慶，為此他才召見地方大名上洛，相當於在間接警告三好長慶不要亂來，表示幕府在地方上還是有一定影響力的。可是，足利義輝召見各大名上洛，也不能讓大家都白來，所以義輝為了感謝各地的大名，賜予了他們非常多的榮譽與頭銜。比如足利義輝承認了齋藤利尚繼承「四職」之一的一色家、上杉謙信繼承關東管領山內上杉家等。這進一步摧毀了室町幕府的舊秩序。

日本歷史中有一個著名的謠言，那就是「源平將軍論」，也就是只有源氏或者平氏出身的人才能出任幕府將軍。這個觀點雖然只是謠傳，但是卻也不是空穴來風，其原型便是室町時代的「足利將軍論」，即只有足利氏出身的人才能出任幕府將軍。

在室町幕府建立以前，足利家並非是什麼特殊的名門貴族，只是眾多武家名門中的一員而已，靠著與鎌倉幕府的執權北條家的聯姻，這才在鎌倉幕府中有了一點地位。即便是建立幕府以後，足利家的家格也不算高，

(八) 統一織田家

許多同是清和源氏出身的家族並不會對足利家出任幕府將軍而感到心服口服。

直到三代幕府將軍足利義滿時期，足利義滿方才開始打造足利氏血統的神聖性。除了幕府將軍必須由足利家嫡流（將軍家）出任以外，中央的實權官職「管領」必須由足利家的分家斯波、畠山、細川三家（三管領）輪流出任，地方上的實權官職「關東公方」、「奧州探題」、「羽州探題」、「九州探題」也必須由足利氏一族出任。經此以後，室町時代的人們才有了「足利氏是武士中首屈一指的家族」這種觀念，足利氏在武士們心中成為「武家天皇」一樣的存在。

可是，由足利義滿塑造的足利血統的神聖性，卻在足利義輝時期被打破了。足利義輝雖然是幕府將軍的繼承人，但是因為戰國時代將軍家的分裂導致京畿戰亂不斷，義輝成為了室町時代第一個沒有在京都舉行元服禮的幕府將軍。出任幕府將軍以後，足利義輝因為沒有安全感又濫發幕府職役頭銜，甚至讓大友家、伊達家出任原本只有足利氏一族才能出任的「九州探題」、「奧州探題」，將足利一族從神壇上拉下，成為一個普通的武士家族。

永祿二年（1559 年）的這次上洛也是，無論是織田信長，還是齋藤利尚、上杉謙信，他們都是地方上新興起的家族，是游離於室町幕府的「幕府將軍 —— 守護」體制之外的家族。足利義輝為了拉攏這些人，竟然承認他們取代原有的「守護」階層成為地方的實權者。這雖然加強了足利義輝的盟友，但是卻將室町幕府的舊秩序給一拳擊垮。

刺殺信長

在信長上洛的這段時間裡，還發生了這麼一個小插曲。話說織田信長的家臣丹羽兵藏為了打探消息並未隨信長一行人上洛，而是獨自喬裝打扮走了另外一條道路。在路過近江國志那渡時，丹羽兵藏與六個行跡可疑的人登上了同一艘船，丹羽兵藏打量了一下，發現這六人後面還跟著三十多個同夥。

因為渡船並不大，那夥人便詢問坐在旁邊的丹羽兵藏到：「你從哪裡來的？」

丹羽兵藏不敢說實話，只能裝出一口三河腔道：「俺是三河那旮旯的，取道尾張國過來。織田信長在那旮旯仗勢欺人，俺們其他國家的大兄弟都只敢偷偷路過那裡。」

這夥人聽說丹羽兵藏是三河人便放下心來，其中一人還面露得意地說：「放心啦，織田信長已經活不久啦！」

渡河以後，大家都在岸邊的客棧借宿，丹羽兵藏偷偷收買了同行的一個小童，讓小童問這夥人：「那邊的人要去澡堂，你們有人要去嗎？」這夥人大概也是缺心眼，竟然回答道：「我們不是來洗澡的，我們從美濃國來是為了刺殺上總介才上洛的。」隨後，丹羽兵藏打探出這六人的名字，分別是小池吉內、平美作、近松賴母、宮川八右衛門、野木次郎左衛門與青木加賀右衛門。

到了晚上，丹羽兵藏偷偷潛伏在這群人的屋子外面，偷聽到了這群人正在偷偷商議如何刺殺織田信長。大致內容就是先假傳將軍的命令將信長騙出住所，然後在門口用鐵炮將其狙殺。

(八) 統一織田家

這夥人定下計畫後便趁夜上洛，丹羽兵藏也偷偷跟在一行人後頭。當一行人抵達京都以後，進入了事先預定的住所，丹羽兵藏則偷偷地將這夥人住所的門柱左右各削去一塊作為記號，隨後便去打探織田信長的住處。

大概由於織田信長和異形們的上洛新聞非常爆炸，丹羽兵藏很容易就找到了信長的宿所，隨後他向金森長近和蜂屋賴隆二人稟報此事。丹羽兵藏說完以後，織田信長也從裡屋現身，原來他一直都在旁邊偷聽丹羽兵藏的彙報。

織田信長親自詢問丹羽兵藏：「可記得這些人的住所？」

丹羽兵藏點了點頭。

此時已經天亮，因為織田信長的家臣金森長近祖籍是美濃國，在出仕織田家前又曾在美濃國與近江國的邊境居住過，認識這些美濃來的刺客。所以織田信長命金森長近與丹羽兵藏一同前往刺客的住處，向刺客轉達自己的話。

金森長近二人來到刺客們的住所以後，連招呼也不打就直接開門走進屋子。刺客們正一臉茫然時，有人認出了投靠織田家的「濃奸」金森長近。

金森長近對著幾人說道：「幾位昨晚上洛之事，上總介大人已經知曉，所以特命我前來和幾位打個招呼。」隨後，金森長近與丹羽兵藏轉頭就走，留下這些面面相覷的刺客們愣在了原地。

第二天，織田信長得知刺客們前往商家雲集的小川表，便也藉口想去購物前往小川表遊玩，果不其然在路上遇見了這夥刺客。

織田信長連招呼都不打直接走到了刺客們的面前，擋住了他們的去路。隨後信長對著幾人說道：「聽說你們就是上洛來刺殺上總介的人呀！可是，身為刺客你們還不夠熟練，要是就這樣去刺殺上總介，恐怕是螳臂當車，

刺殺信長

不會成功的呀！」

幾個刺客原本只是出來打探情報的，沒想到當街遇上了這麼一個傢伙，還對自己的計畫十分了解，又再次震驚地在原地罰站了。

織田信長見到幾個人的模樣感到可笑，便又繼續說道：「既然如此，不如就在這裡試一試如何？」

刺客們這才確定了眼前站著的就是織田信長，想要動手。但是信長身邊的近侍立刻圍了上來，人數也遠比他們要多得多，最後只好灰溜溜地逃走了。

織田信長帶著異形們當街質問刺客之事很快又傳遍了整個平安京，京中的住民們有的評價說：「織田信長舉止也太過輕浮了。」還敢說什麼「就在這裡試一試」，萬一真有人拚個魚死網破，那彈正忠家到信長這代就算絕了，認為信長所為不是大將該做的事。不過，也有一些欣賞織田信長的人。他們認為織田信長雖然年紀輕輕，卻有著大將的器量與風範，紛紛傳頌信長智退刺客的故事。

你覺得這個故事很傳奇、很假嗎？這是《信長公記》首卷裡明文記載的故事，當然也只是織田信長眾多的「奇行」之一，同書還記載了包括但不限於當著領民的面親自用嘴銜著短刀下水捉蛇妖、用手拿著滾燙的烙鐵進行火起請、穿著女裝和百姓們跳舞之事。

織田信長其實並不是文藝作品裡的「魔王」，而是個很可愛的人。

（八）統一織田家

▍巖倉家滅亡

永祿二年（1559年）三月，織田信長自京都返回以後，便立即再度對巖倉城用兵。早先他就已經將巖倉城的城下町燒光，讓巖倉城變為一座裸城，而後又用鹿角將巖倉城四面緊緊包圍了起來。

此時的巖倉城已經是彈盡糧絕，無法抵抗了。織田信長加緊了攻勢，沒日沒夜地用弓箭、鐵炮騷擾守軍。最後，巖倉家的家督織田信賢走投無路，開城投降了織田信長，巖倉織田家就此滅亡。

從此刻開始，尾張國的諸位姓織田的族人裡就屬織田信長最大了，所以之後的文章裡我將不再以「彈正忠家」稱呼信長家，統一改稱為「織田家」。巖倉城開城以後，織田信長下令將城池拆毀，隨後率軍返回了清洲城。

也許有人感到疑惑，本章標題為何是「統一織田家」而不是「統一尾張」？這裡就得交代一下此時尾張國的局勢了，雖然織田信長滅清洲平巖倉，但是實際上完成這些壯舉以後的織田信長能夠有效統治的領地依舊只有原清洲家勢力的海東郡、愛知郡、原巖倉家的中島郡、春日井郡、羽慄郡、丹羽郡。《信長公記》裡稱這時的織田信長統一了尾張國「半國」。

尾張國東部的知多郡此時由水野氏與佐治氏統治，水野氏的家督乃是水野信元，與織田信長是同盟關係，領地橫跨尾張國、三河國。佐治氏則是以水軍眾發家的國眾，控制著伊勢灣的海運通道，與控制津島的織田信長關係也還算不錯。

愛知郡東部的山田郡在松平清孝時代就已經被松平家滲透，此時處於被今川家控制的松平家與織田家二分的局面。而津島南部的豪族服部左京

亮與伊勢國淨土真宗的寺院願證寺勾結，占領了尾張國西部的海西郡，組成了反織田的一揆。後來，這股一揆還加入了今川家對尾張國的侵攻行動中。

當時的織田信長雖然超越了自己的父祖，但是卻處於一個遠比父祖時代還要危險的局面 —— 再也沒有清洲家和巖倉家出來擋子彈了。北部的齋藤利尚對織田家虎視眈眈，前不久還派出刺客刺殺信長，東部的今川家自從將竹千代接到駿府以後，就正式占領了三河國，開始著手將三河國給「今川領國化」，通俗點說就是消化領地。

三河國，尤其是西三河，乃是今川家與織田家的「境目」地區。在日本戰國時代，領主對這些境目地區的統治非常不穩定，因為境目隨時都有可能會被敵國占走，境目地區的百姓、豪強也都和牆頭草一樣，一有風吹草動就叛變，只會抱強者的大腿。

倒不是說他們多麼地沒有節操，畢竟這些小角色都是為了在亂世中活下去才這麼做的。

領主們要想讓這些小角色不再叛變，就只有一個辦法 ——「擴張」。透過不斷地擴張，境目地區將會變成「內地」，隨後被消化。這樣一來，小角色們不再受敵國的威脅，領主在當地的統治、稅收自然也會逐漸穩定下來。

此時的今川家正在逐漸消化三河國，為了將西三河這個「境目」地區徹底轉變為今川家的「內地」，今川、織田兩家之間的一場大戰是在所難免的。

(八) 統一織田家

(九)

今川家的執念

通說中的桶狹間合戰

目前來說，但凡涉及到桶狹間合戰的遊戲、電視劇、電影、動漫、漫畫等等，對桶狹間的描述基本上都與吉川弘文館的《國史大辭典》裡刊載的內容出入不大。

該說法的詳細內容如下：永祿三年（1560年）五月，駿河國、遠江國、三河國的大名今川義元決定率軍上洛，以輔佐日益衰弱的室町幕府與將軍為名，掌握天下的實權。今川軍想要上洛，必須要路過織田信長的領地尾張國，而尾張國國力弱小，不敢與今川家正面對抗，只能高築牆、廣積糧對抗今川義元。

五月十八日，今川義元率領兩萬五千人（或四萬五千人）的大軍進入沓掛城。次日，織田家的丸根砦、鷲津砦陷落，今川軍繼續率軍進軍，而今川義元則帶著本陣在桶狹間休息。

另一方面，織田信長得知今川義元襲來，召開了軍議。家臣們都認為今川家過於強大，主張和談或者守城，織田信長卻否決了家臣們的決定，在十九日凌晨率軍出陣。當織田信長經過熱田神宮、進入善照寺砦以後，獲得了今川義元在桶狹間休息的情報。

(九)今川家的執念

織田信長當即下令麾下的三千人軍勢，朝著善照寺砦的東北方向進軍，趁著大雨的掩護繞到了今川義元本陣的背後，一舉對毫無防備的今川軍本陣發起奇襲，討殺了敵軍主將今川義元，取得了勝利。

從上文的敘述可以看出，通說之中的桶狹間合戰其實就是一場織田信長利用靈通準確的情報，再出其不意地襲擊敵人背後的典型的「奇襲戰」。

織田信長的奇襲一舉扭轉了織田家對今川家的劣勢，為日後統一天下奠定了基礎。這種豪賭般的作戰方式在明治維新以後被日本人無限誇大，以至於近代日本軍隊的指揮官也在世界戰場上多次想以「桶狹間奇襲」的模式作戰，想像織田信長一樣以小博大。

當然，這種作戰模式最終讓日本軍隊大吃苦頭。因為奇襲戰戰術想要取得成功，不光需要及時準確的情報，有時候還往往和運氣有著很大的關係。

戰後日本人終於開始反思，一些歷史學者這才開始提出，「桶狹間奇襲」不過是後世編造的一個神話而已。

上洛之謎

在通說之中，占有三個領國的大名今川義元乃是幕府將軍足利氏的庶流出身，而此時室町幕府已經江河日下，而有著「東海道第一武士」之稱的今川義元則如日中天。由於坊間流傳「足利絕嗣吉良繼，吉良絕嗣今川繼」的歌謠，因而今川義元想要率軍上洛，取代足利家成為天下人統治日本。

今川義元在出兵的前四天出任了三河守官職，據說這是因為室町幕府的初代將軍足利尊氏也曾有上總介、治部大輔、三河守、征夷大將軍的任

官經歷，今川義元想仿效先人實現自己的征夷大將軍夢想。不過，很遺憾的是這個故事是沒有依據的，史料裡並沒有找到足利尊氏出任過三河守、上總介的紀錄。

今川義元想要上洛的說法最早見於生活在戰國時代中後期、江戶時代初期的文人小瀨甫庵之手。小瀨甫庵看過太田牛一的《信長公記》以後，認為太田牛一的文筆過於流水帳，便在《信長公記》的基礎上進行再創作，寫出了《甫庵信長記》。

在小瀨甫庵創作的《甫庵信長記》中，有著如下的敘述：

「義元為了取得天下，將國家扶上正軌，率領數萬騎自駿河國出發，途徑遠江國、三河國而來，威勢震天。」

除了《甫庵信長記》以外，同樣成書在慶長年間左右的《當代記》、《松平記》等書中，也有記載今川義元的這次西進是為了上洛。這說明至少在江戶時代初期的慶長年間就已經出現了「桶狹間上洛說」的說法。

與上述幾本書形成對比的是戰國時代織田信長家臣太田牛一創作的《信長公記》、寬文五年（1665年）幕臣松平忠冬創作的《家忠日記增補追加》、元文五年（1740年）幕臣木村高敦創作的《武德編年整合》，以及江戶幕府下令編纂的《朝野舊聞裒藁》這幾本書。

太田牛一是織田信長的家臣，但是他創作的《信長公記》卻沒有記載今川義元攻打織田家是為了上洛，這不免有些奇怪，要知道太田牛一本人可是非常八卦的，不管什麼亂七八糟的謠言通常都能傳到這人的耳朵裡。

而《家忠日記增補追加》、《武德編年整合》兩書中，同樣也沒有提到今川義元想要上洛的事情。在江戶幕府編纂的《朝野舊聞裒藁》裡則引用了《治世元記》的說法，說今川義元攻打織田家是為了向尾張國擴張。

（九）今川家的執念

可以看出，在同時代成書的《信長公記》以及後來較為官方的江戶幕府出品的幾本書裡，「今川義元上洛說」都不是主流的說法。到了近現代，因為日本官方出品的《日本戰史》系列叢書引用了《甫庵信長記》的記載，將今川義元攻打尾張國之事定性為上洛，因而才會讓這種說法廣為流傳。後來的歷史小說家參考《日本戰史》再進行創作，這些作品的推廣讓今川義元在桶狹間合戰時想要上洛的說法成為了定說。

然而，戰後的歷史學者們發現了一些端倪。比如在今川家同時期的文書中，沒有任何一則文書有提到過今川家準備上洛，這不免非常奇怪。畢竟戰國時代的上洛和春遊不一樣，如果今川義元真的想要上洛，不可能不對家臣們公開，更不可能不和上洛途中會路過的齋藤家、六角家、淺井家進行交涉，同時今川家也沒有做任何在京畿立足的準備。

再者，今川義元即便上洛成功，想要出任幕府將軍基本上是不可能的。此時的足利家並未絕嗣，分家尚在。而室町幕府雖然衰弱，但是卻適應了戰國時代（戰國時代的室町幕府實際上是幕府將軍與有力大名聯合統治的政體）的環境生存了下來。在這樣的情況下，今川義元若是強行奪取幕府將軍之位，只怕會遭到幕府麾下諸多大名的討伐。如果今川義元只是想出任副官輔佐將軍，那也不可能不在前文提到過的織田信長、齋藤利尚、上杉謙信等人上洛的期間上洛，與將軍足利義輝交好。

另外一個佐證便是，今川義元在桶狹間合戰前便讓出了今川家的家督之位，轉交給了兒子今川氏真出任。儘管如此，今川義元卻沒有退居二線，而是讓兒子主管統治穩定的駿河國、遠江國，自己則管理局勢較不穩定三河國、尾張國的領地。

同時期的文書表明，今川義元對東三河下發的文書遠比西三河要多，這說明今川家對東三河國的統治已經日益穩定。為了讓西三河也擺脫「境

目」地區的定位，今川義元只能向尾張國繼續擴張。今川義元在出陣前出任三河守的官職，非但不是想做征夷大將軍，而是和之前的織田信秀一樣，想獲得統治三河國的合法名分。

順便，我們可以再詳細了解一下當時的局勢。當時，在各種戰國題材作品中人氣不怎麼高的「天下人」三好長慶統領的三好家正在京畿稱王稱霸，其實力遠在今川家之上。遠道而來的今川義元想要在京畿立足，能否順利擊敗三好家呢？要知道，在後來織田信長上洛時，即便是已經四分五裂的三好家都讓織田信長吃了不少苦頭，更別說永祿三年時團結一心、如日中天的三好家了。

綜合來說，今川義元西進是想上洛的說法恐怕是後人牽強附會捏造出來的，並沒有證據，也沒有機會。現今日本學界的主流，也基本都否定了桶狹間合戰的「義元上洛」的說法。

戰爭的起因

自從天文末年開始，因為鳴海城的山口教繼父子賣主求榮，今川家將勢力拓展到了尾張國。到了永祿二年（1559 年）時，山口教繼、山口教吉父子被今川義元騙到了駿府殺害，取而代之出任鳴海城城主的是今川家的家老岡部元信。

境目國眾的反覆無常令今川義元感到十分煩惱，誘殺山口父子、改派信任的家臣入駐鳴海城也是為了更穩定地支配當地，進一步地將今川家在西三河、尾張的領地給「今川領國化」。

另外一方面，織田信長在永祿二年消滅了巖倉家以後，也將目光轉向

（九）今川家的執念

　　了鳴海城等幾座落入今川家手中的城池。鳴海城位於熱田東南方約六公里左右的位置，離織田信長的居城清洲城只有十八公里。要是今川軍士兵跑得勤快一些的話，甚至每天都能到清洲城的城下町日行一善。

　　另外一座大高城在鳴海城的南邊，距離鳴海城約兩到三公里左右，而鳴海城、大高城到沓掛城的距離則都是在七公里左右。三座城池互為犄角，像一把尖刀一樣插入尾張國，將整個愛知半島攔腰斬斷，把尾張國撕成兩半。也正是如此，前文提到的村木砦之戰中，織田信長難以從陸路支援緒川城，只能走水路繞半島一周作戰，非常不方便。

　　臥榻之下豈容他人鼾睡？織田信長決意奪回鳴海城與大高城。

　　鳴海城的東面是山谷、西面是大量的農田、南面是黑末川的入海口、北面則是山巒。織田信長在鳴海城北部約五百七十公尺左右的一個叫丹下的地方建立了丹下砦，派遣家臣水野帶刀、山口海老丞等人入駐；在鳴海城東面約六百四十公尺左右的善照寺修築了善照寺砦，派遣佐久間右衛門、佐久間左京助兄弟入駐；在鳴海城南面約六百四十公尺左右的中島村修建了中島砦，派遣梶川平左衛門入駐。信長用丹下砦、善照寺砦、中島砦三砦將鳴海城死死圍住。

　　隨後，織田信長又在中島砦南部、大高城北部修築了丸根砦與鷲津砦，分別派遣佐久間大學與織田玄蕃、飯尾近江守父子入駐。根據《張州雜誌》的記載，織田家在大高城南部還修築了正光寺砦與氷上砦，由盟友水野氏、佐治氏入駐。丸根砦、鷲津砦、正光寺砦與氷上砦四砦將大高城死死地圍住。

　　鳴海城與大高城都是今川家在尾張國的重要據點，如今兩城都被織田信長修築的付城包圍，危在旦夕。若兩城失陷的話，今川家的勢力將有可

能被織田信長逐出尾張國，今川家這幾年來所做的努力也會白費，甚至織田家還有反噬侵入三河國的可能。

因此，鳴海城、大高城被包圍，最終使得今川義元決定發兵西進，解救在織田家重重包圍下的城池。

貿易導致的戰爭

值得一提的是，歷史作家橋場日月近年來提出了一種新的說法。橋場日月認為今川義元解救鳴海城、大高城並不單純地是想侵蝕尾張國的領地，而是另有目的。

在伊勢國國司北畠氏一族的北畠國永編纂的《年代和歌抄》中摘錄著這麼一段故事，大致內容如下：在弘治元年（1555 年）六月，為了奪取志摩國，今川軍乘坐著船隊來襲，有人做了一首和歌，又有人回了一首返歌。和歌的內容為「在伊勢的海附近因為神風的襲擊船隻遇難，今川軍的身子沉入了伊勢的海中，即便在那麼高的富士山上，也能聽到駿河人的悲嘆。」

而後來在今川義元上交給伊勢神宮的願文裡也提到：「因為志摩國的國人無道，掠奪商旅之人的財物，因此才派遣了軍勢。」可以作為《年代和歌抄》的佐證。

雖然並沒有史料記錄今川軍曾侵入過志摩國，但是從今川義元的主張來看，他至少是在為可能出現或者已經出現的軍事行動爭取正當的名義。這是否是今川義元想要趁機奪取志摩國與伊勢國的藉口呢？不得而知。

同年八月三日，今川義元派出軍勢渡海，採用織田信長在村木砦之戰時的策略攻打織田家。在今川家水軍眾的協助下，已在今川家麾下的三河

(九) 今川家的執念

眾作為先鋒在尾張國登陸,包圍了蟹江城,隨後駿河今川軍本隊也順勢登陸上岸。

蟹江城是遏止津島至伊勢灣的重要據點,今川義元想藉著這個計畫打擊織田家的經濟命脈。不過,雖然不具備強大水軍眾的織田信長無法在海上擊敗今川水軍,但是今川軍的陸軍也無力攻下並維持蟹江城這樣的「飛地」,這次蟹江城攻擊最終以失敗告終。

橋場日月認為,今川軍的這一系列行動明顯不僅僅是針對織田信長,而是針對整個伊勢灣的攻擊,其目的就是想控制伊勢灣的商路。

根據上文的介紹,今川家進獻給朝廷的獻錢大多數都只以數十貫的數額為主,即便最多的一次獻錢也只有五百貫。而織田信秀幫助修繕皇宮時,竟然一次就可以掏出四千貫,伊勢灣這富得流油的商路,讓今川義元覺得心裡癢癢。

蟹江城、鳴海城、大高城都位於伊勢灣的沿岸,是控制商路的重要據點。也正是因此,今川義元才想占據這些地方,達到控制伊勢灣貿易航線的目的。而織田信長之所以這麼著急地想要奪回鳴海城與大高城,一部分原因也可能是想要保障貿易航線的穩定,將航線沿岸的今川家勢力給驅逐。

（十）

桶狹間合戰

▍清洲的軍議

　　永祿三年（1560年）五月十日，今川義元率軍四萬五千人，自駿府今川館出陣，目標直指尾張國。根據現在的研究推斷，今川軍的人數可能只有兩萬五千人左右，不過即便如此，也是一支比織田信長要遠遠強大的軍事武裝。

　　五月十七日，今川軍抵達鳴海城、大高城附近的沓掛城，準備先行救援大高城。十八日傍晚，駐守丸根砦、鷲津砦的織田玄蕃、佐久間大學往清洲城送去了今川軍來襲的情報。同一天的夜裡，今川軍突破織田家的包圍將兵糧送入大高城，順利解除了大高城的危機。

　　今川軍的迅速行動使得織田家也不得不迅速做出應對。當前線的情報送到清洲城以後，織田信長立即下令讓家臣們前來商議。

　　戰前的軍議一直開到了深夜都沒有討論出結果，織田信長最後不耐煩地對家臣們說道：「夜深了，都回去休息吧。」家臣們討論得正起勁，聽到信長的話後紛紛愣住了。在這種情況下誰還有心情睡覺，莫非織田信長想要放棄抵抗？

　　見家臣們沒有動靜，織田信長表示你們要是不想睡我就先睡了，然後

105

（十）桶狹間合戰

便離開了大堂。

「智慧的鏡子也有蒙塵的時候啊！」家臣們看著離開的信長，不禁連聲嘆氣，看來織田家也就到此為止了。

家臣們不知道的是，織田信長早就做好了決定，不過信長知道這個決定不會得到家臣們的支持，所以乾脆就不告訴他們。

此時面對今川軍的來襲，投降是絕對不可能的，只能抵抗到底。但是抵抗今川軍的辦法也只有兩個——閉城等待今川軍來襲，或率軍出城迎戰。大多數人雖然沒學過數學，但是卻也懂得計算我軍與敵軍的人數，所以閉城才是大勢所趨。的確，今川軍如果不是為了上洛或者徹底滅亡織田家的話，最多也就到清洲城城下燒殺一番而已。等今川軍撤退後，織田家依舊可以苟活於世。

但是這並不是織田信長的風格。

當然，信長出城迎戰的另外一個原因恐怕是除了水野氏、佐治氏防守的兩砦以外的五砦內，有著織田信長的不少嫡系軍隊吧。這些軍隊對織田信長來說是不可多得的精銳，若是閉城防守，就等於放棄了這五砦的軍勢，相當於直接判決了他們的死刑。若信長對親信家臣都見死不救的話，即便能從敵軍來襲中倖存下來，將來又如何能夠統治好人心浮動的織田家？

後來的武田勝賴就是如此，面對敵軍來襲，拋棄了遠江國的高天神城拒絕出兵，導致武田家與家臣們的主從關係瓦解，最終在織田信長發起「甲州征伐」時眾叛親離。

《信長公記》中記載今川軍人數有四萬五千人（實際人數大約兩萬餘），但是如果站在當時織田家的角度來看，他們並不知道今川軍具體來了多少人，只知道人很多。人很多，不代表不能打，以少打多的戰鬥織田信長也不

是沒有打過，信長不是個坐以待斃的人，所以他最後還是決定出城野戰。

值得一提的是，《天理本信長公記》、《甫庵信長記》中對軍議的記載則另是一番景象：家老林秀貞為首的家臣們建議信長閉城抵抗，只要靜候遠道而來的今川軍糧食耗盡，敵軍便自會退去。但是織田信長卻拒絕了林秀貞的提議，表示會在次日率軍出戰。

其實當時軍議的詳細情況並不見於其他史料的記載，這段故事可能是小瀨甫庵為了展現織田信長的武勇而創作的。而《天理本信長公記》雖說是《信長公記》的抄寫本，但是在抄寫的時候參考了一些其他書籍添加了內容，所以與《信長公記》的記載有異。之所以兩本書都把「懦弱無能坐以待斃」的形象甩給了林秀貞，是因為林秀貞在天正八年（1580 年）時失勢，把鍋甩給他不會得罪人。

敦盛

五月十九日凌晨，清洲城內響起了音樂，隨後一個人影開始在居館內起舞。

此人便是織田信長，此時的他一夜未睡，但是卻精神無比，跳起了他最愛的幸若舞〈敦盛〉：「人間五十年，與下天相比，像夢裡的幻境一般，但凡世間的萬物，哪有永生不滅的呢……」

〈敦盛〉是紀念「治承・壽永內亂（即源平合戰）」中戰死的平家武士平敦盛的舞蹈。

話說在距離織田信長生活的年代約四百年前的壽永三年（1184 年），鎌倉殿源賴朝的軍隊奉命西征福原，討伐盤踞在此的平家。

（十）桶狹間合戰

　　當時源氏的大將、鎌倉殿的弟弟源義經麾下有一員猛將熊谷直實，原本他跟隨著源義經一同前往鵯越，準備走山路奇襲平家的軍隊，但是半路上又覺得源義經的計畫不可靠，反而會讓自己失去在正面戰場立功的機會，便偷偷又跑回了正面戰場軍隊裡。

　　對福原發起總攻的前夜，熊谷直實在陣中聽到了平家陣地上傳來一陣陣優雅的笛聲，仔細品味之後，熊谷直實不禁連連稱讚：「想不到敵軍之中也有如此風雅之人，雖然在大戰前夜，笛聲卻絲毫沒有紊亂的跡象，妙哉，妙哉！」

　　第二日大戰爆發後，平家在一之谷口的防線遭到源義經的奇襲而崩潰，熊谷直實在追擊平家的落敗武士之時，看到了一騎身著淡綠色大鎧、頭兜上裝飾著鍬形前立的武士逃向海邊，騎著馬跳入了海中。

　　熊谷直實看這一身華麗的裝備，猜到對方必是平家的大將，連忙高喊：「身為武士臨陣脫逃，難道不感到羞恥嗎？為何不回頭與我一戰？」

　　沒想到那名武士聽聞熊谷直實此言，竟然真的掉頭揮刀來戰，結果沒幾下就被猛將熊谷直實擊落馬下。

　　熊谷直實正準備割下對方首級之時，發現敵將只是一位十六七歲的少年，像公卿一樣用鐵水染著黑齒，容顏秀麗。因為熊谷直實的嫡子熊谷直家在此戰中戰死，他見到這個少年和自己的孩子一般大，便心生憐憫，發問道：「你是何人，報上名來，饒你不死。」

　　少年武士反問：「你又是何人？」

　　熊谷直實大笑：「在下乃是武藏國的國人熊谷直實是也。」

　　少年武士回答道：「那麼，我倒是不用通報姓名了，閣下只要割了我的首級，自會有人認得我是誰。」

敦盛

　　熊谷直實佩服少年的勇氣，心想：「此戰的勝負已定，殺不殺他都不會影響戰局。」於是熊谷直實鬆開了抓著少年的手，說道：「看你年紀還小，何苦在戰場送命，如今我放你回去，以後不要再到戰場上來了。」

　　然而，在二者僵持之際，土肥實平率領的源氏追兵已至，無奈之下熊谷直實對著少年說道：「我本想放你一條生路，只是追兵已至，與其被他們殺死，不如讓我給你個痛快吧！日後我會為你祈禱冥福的。」

　　少年倒也不害怕，只是回答道：「那麼，就請快快動手吧！」

　　熊谷直實含淚斬下了少年的首級，這時他發現少年武士腰間別著一枝笛子，驚訝地說道：「莫非昨日的笛聲就是這個少年吹奏的？想我源氏數萬大軍，卻沒有一人有如此雅興，此人之死頗為可惜啊！」

　　事後熊谷直實打聽到這名少年乃是平家的一門眾、平經盛的幼子平敦盛。平敦盛的笛子原本是鳥羽天皇賞賜給他的爺爺平忠盛的，後來平忠盛將此笛傳於平經盛，平經盛又傳給了他。平敦盛素來擅長吹笛，經常將笛子帶在身邊，此次出陣也配於腰間。

　　因為這件事，熊谷直實頓時感到世事無常，宛如夢幻，萬念俱灰後便出家入道，終生與佛相伴。後來的人們為了紀念這段悽美的故事，創作出了幸若舞〈敦盛〉，來紀念這個風雅的武士。

　　當然，上面的這個故事其實可信度和路邊的說書差不多，因為奇襲平家軍隊的並不是源義經，而是攝津源氏的多田行綱，熊谷直實的兒子也沒有在這一戰中戰死。

　　另外，早年對〈敦盛〉的翻譯實際上在意思上有些偏差。〈敦盛〉中的「人間五十年」並非是「人活了五十年」的意思，而是「人世間的五十年」。第二句「與下天相比」也經常被錯誤地翻譯為「與天下相比」，有的自作聰

(十)桶狹間合戰

明的網路文章還舉一反三地翻譯成「與世間萬物相比」,其實都是錯的。

「下天」指的是佛教中六欲天裡的「四王天」,此地的一晝夜相當於人世間的五十年。另外,「下天」在有的地方也被寫為「化天」,指的是六欲天裡的第五天「化樂天」,化天的一晝夜則是人世間的八百年。

與藝文形象裡的「無神論者」不同,織田信長其實是信仰佛教的,畢竟在當時的時代背景下,普通人想要擺脫宗教的束縛是不太可能的。

信長出陣

當織田信長跳完幸若舞〈敦盛〉,立即換上了鎧甲,在匆匆用過早飯後,他下令吹響集結軍隊的法螺,然後獨自騎著馬奔出城去。當織田信長出城時,身邊僅有巖室長門守、長谷川橋介、佐脅藤八、山口飛騨守、賀藤彌三郎五個近侍騎馬追上。

織田信長為何不集結完部隊再出發,恐怕與先前的軍議隱藏自己的作戰目的的理由是一樣的。出陣迎戰可能不會得到家臣們的支持,如果家臣們硬著頭皮帶著軍勢出城的話,這支戰意不高的軍隊非但不會產生正面作用,反而還有可能會影響士氣。再者,織田信長的嫡系精銳都在包圍鳴海城、大高城的五座付城裡,他信賴的軍隊,其實早就在戰場的前線了,所以也沒必要集結其他軍勢。

家督從六騎抵達熱田神宮境內的支社「上知我麻神社」時,清洲城方向也陸續有二百餘家臣徒步趕來參陣。

上知我麻神社內供奉著神道教的源大夫與佛教的文殊菩薩,織田信長在此祈禱此次出陣能夠取勝。如今,「桶狹間合戰」取勝後的織田信長還

願時，向熱田神宮奉納的「信長塀」仍然展示於現在的熱田神宮內，大家有機會可以去參觀參觀。

讓織田信長感到不安的是，在上知我麻神社停留期間，他看到了丸根砦、鷲津砦方向燃起了濃煙，看來這兩砦已經是凶多吉少了。確實，在這個時候丸根砦、鷲津砦已經被今川軍的前鋒松平元康、朝比奈泰朝給攻陷了，織田信長的判斷並沒有錯。

迂迴奇襲說

在熱田神宮稍作停留後，織田信長率軍繼續出發。信長先是來到了丹下砦，隨後帶著丹下砦的兵馬一同進入了善照寺砦，在此休整。善照寺砦是距離鳴海城最近的付城，並且此地地勢較高，適合觀察戰場的局勢。

織田軍中的佐佐政次、千秋四郎二人得知織田信長已經抵達善照寺砦，大受鼓舞，擅自率領三百人向今川軍進攻，隨後被今川軍擊敗，佐佐政次、千秋四郎以下五十餘人戰死。今川義元得知織田軍的進攻被挫敗以後，在本陣裡哼起了歌謠，狂妄地叫囂道：「就算是天魔也奈何不了我了！」

在通說中，佐佐政次、千秋四郎的莽撞是織田信長為了實現奇襲作戰而故意送死的一支軍勢，但是實際上此時的織田信長兵力嚴重不足，不太可能會派出軍勢去送死。這個說法仍是必須建立在織田信長此次的作戰計畫是「奇襲」的基礎上才能成立。

按照《甫庵信長記》、《桶狹間合戰記》的記載，織田信長在善照寺砦獲知了今川義元本陣的位置，隨後立即動身朝著東北方向進軍，繞到了今川義元本陣的背後對今川軍發起奇襲，取得了勝利。

（十）桶狹間合戰

這場奇襲真的是太完美了，一點瑕疵都沒有。然而在現實世界中，想要實現如軍記物語裡那樣完美的奇襲戰，必要的苛刻條件實在是太多了。

首先，就是奇襲的路線上不能有其他軍勢擋著，不能提前被發覺——從《三河物語》以及江戶時代的桶狹間合戰布陣圖來看，今川軍在善照寺砦的東北方向擺著一支軍勢，織田信長如果率軍朝著這個方向進軍的話，在遇到今川義元的本陣前必然會被發覺。

其次，織田信長雖然在善照寺砦得知今川義元本陣的位置，但是善照寺砦離桶狹間的位置並不近，織田信長有什麼把握讓今川義元在原地罰站等候自己的到來？要是今川義元提前離開了桶狹間，織田軍非但白跑一趟，這支疲憊之師還可能被以逸待勞的今川軍給殲滅。

當然後來的軍記物語作者可能也察覺到了這點，所以在江戶時代後期的故事裡又新增了一支披著古代外衣的現代化的織田家情報部隊，以及織田信長派出百姓佯裝簞食壺漿以迎今川，拖住了今川義元的行動。不過這些畢竟都是後世才出現的說法，不足為信。

也許有人接受不了這場經典的奇襲作戰其實是偽造的，想要利用自己優秀的邏輯思維來彌補軍記物語裡的漏洞，將這場「奇襲」包裝得滴水不漏。不過在腦補以前，還是先來看看織田信長的家臣太田牛一是怎麼記錄這場合戰的吧。畢竟當時太田牛一已經是織田信長麾下的近臣了，即便沒有參加桶狹間合戰（並不能確定他參加了沒），也是最容易從參與合戰的同僚口中了解過程的人。

正面攻擊說

　　根據《信長公記》的記載，織田信長在善照寺砦得知佐佐政次、千秋四郎擅自出戰戰敗以後，並沒有率軍朝著東北方向進軍，而是繼續南下，朝著戰敗的織田軍的方向前進，進入了善照寺砦以南的中島砦。

　　中島砦位於低地，四周十分空曠，都是河流與深田，不易行動。信長的家臣們非常不理解織田信長為何要放棄易守難攻的善照寺砦，在信長前往中島砦的途中曾拉住了信長的馬，想要阻止信長南下，織田信長並沒有理睬他們的進言。

　　這個拉住信長馬頭的家臣到底是誰，我們無法查明，但是大多數人卻會站在事後諸葛的角度認為這個家臣是織田信長身邊的「豬隊友」。

　　然而，織田信長就一定是對的嗎？

　　要還原真實的桶狹間合戰，首先就得將織田信長從神壇上拉下來。實際上這名家臣的顧慮並沒有錯，織田軍從善照寺砦前往中島砦的期間，確實暴露了自己的動向。

　　在《三河物語》裡桶狹間合戰的一節記載到，善照寺砦東南方的一支今川軍中，一名來自三河國的叫石川六左衛門的武士，發現了附近的織田軍身影，並且這支軍勢陣容整齊，並不像是潰軍。

　　石川六左衛門向今川家的家臣報告了此事，說附近有一支人數可能不少於五千人的織田軍在活動。可是，今川家的家臣聽了之後卻哈哈大笑，認為這是不可能的，反而還嘲笑石川六左衛門是不是太緊張看到潰軍都草木皆兵。石川六左衛門認為自己被羞辱了，於是就打包了行囊，還嘟囔著說：「這樣的軍隊怎麼可能不會戰敗，不如趁失敗前先逃命去。」

（十）桶狹間合戰

《三河物語》是德川家的家臣大久保忠教所創作的，雖然大久保忠教本人並沒參加桶狹間合戰，但是他身為德川家的譜代家臣，周圍的許多同僚還是有參加了這場合戰的人的。因此，他也是個和太田牛一一樣能夠直接接觸桶狹間合戰參戰者的角色，記載的可信度自然比較高。不過《三河物語》也並非完美，例如該書將大高城運糧一事記在了桶狹間合戰發生的兩年前，將其當做一場獨立的戰爭來記載。

▌兵力相當說

除了上述兩種觀點外，歷史學者播磨良紀則提出了第三種觀點，那就是織田、今川兩軍「兵力相當說」。在今川義元隱居以後，義元將駿河、遠江的事務交給了兒子氏真打理，自己則專心經略三河國。而在現存的史料中，今川義元對東三河的下發命令的文書要遠遠多於西三河，說明今川家對東三河的統治是穩定的，而西三河仍處於動盪的狀態。在這樣的情況下，今川義元即便出兵尾張國，今川軍的兵力必然要分散在西三河各地，以維持後方的穩定。所以當今川軍在桶狹間與織田信長交戰時，今川軍的人數其實是與織田軍旗鼓相當的，這樣一來，戰敗也不是什麼不可思議的事情了。

歷史作家橋場日月對播磨良紀的觀點也是持支持態度。橋場日月認為江戶時代初期駿河、遠江、三河等地的石高大約只有七十萬石，而尾張國一國就有五十九萬石，說明織田家、今川家兩家的實力相差無幾。織田信長在桶狹間合戰時召集的兵力，很有可能比《信長公記》等史料中的兩千至三千人要多的。至於為什麼上述史料要故意隱瞞織田軍的人數，恐怕是

為了神化信長所致。

在此基礎上，橋場氏還提出桶狹間合戰時今川軍其實是遭受兩面夾擊導致潰敗的說法。他的理由是江戶時代的一些史料中的隻言片語提到過一處名為「上之山」的位置。在江戶時代的史料《譜牒餘錄》、《水野家記》的記載中都有提到，織田家臣服部小平太從「上之山」發起攻擊。

而在創作時期較早的、桶狹間合戰時參與今川軍的德川家相關史料《松平記》中則提到，織田軍「約百餘人自上之山發起攻擊」。《甫庵信長記》的記載則是：「在敵軍著陣上方的山上舉旗發起了攻擊」。

橋場氏提出，「上之山」的意思很可能並不是「上方的山」，而是一個名叫「上之山」的地理名詞。《松平記》和《甫庵信長記》都創作於慶長年間，所以雙方的史料價值差不了太多，但是《松平記》記載中的地理位置「上之山」在《甫庵信長記》中變成了「本陣上方的山」，這很有可能是小瀨甫庵並不清楚戰場的地形，所以理解錯了「上之山」的意思。正是因為小瀨甫庵的誤會，才導致今川義元長期被認為是將本陣布置在低地的不懂軍事基本常識的將領。

實際上，今川義元的本陣不在低地，而是在桶狹間山上。在桶狹間山的東南處，就有一處名為「上之山」的小山丘，正是服部小平太等人發起攻擊的位置。因此橋場日月認為，在織田信長於正面與今川義元對峙時，服部小平太等百餘人從今川軍本陣背後（東南方向）的上之山對義元本陣發起了攻擊，由於服部小平太的家族是為織田家收購鐵炮的津島商人出身，所以在這次攻擊中使用了大量的鐵炮。當鐵炮聲從義元本陣後方響起之後，織田信長判斷此時是出擊的最佳良機，於是織田軍透過兩面夾擊，全殲了今川義元的本陣。

（十）桶狹間合戰

　　至於服部小平太為何會出現在今川義元本陣後方（東南方）的上之山上，橋場氏認為有可能是信長在善照寺砦向中島砦移動時派出偏師迂迴包抄，也有可能是服部小平太等人本就在義元本陣後方，透過將桶狹間戰場附近的住民、寺院等集結起來的方式，臨時拼湊了一支軍隊。至於這些人為何願意幫助信長對抗今川家，恐怕與今川義元在吞併三河國期間大量廢除「不輸不入」特權，引起地方勢力反感所致。

　　播磨良紀、橋場日月的觀點雖然有所創新，但是也有著各自的問題。例如今川家如果對西三河的統治都不夠穩定的話，如何敢以少量的兵力孤軍深入尾張國對抗織田信長？還有就是雖然江戶時代尾張國的石高與駿河、遠江、三河三國的總石高相差僅有十萬石左右，但是桶狹間合戰期間的織田信長並未統一尾張國，根本無法召集起全尾張的軍隊，此時的信長想要拉起一支與今川軍旗鼓相當的軍隊，還是相當困難的。

■「亂取」狀態遇襲說

　　歷史學者黑田日出男提出了一個相當有意思的觀點，那就是「亂取狀態遇襲說」。黑田氏認為《信長公記》等史料是站在織田家的角度所創作的，有神化信長的嫌疑。再加上太田牛一很可能並未參加過桶狹間合戰，書中記錄大多是道聽塗說，因此不足以全部取信。

　　如果想要了解桶狹間合戰客觀的一面的話，就得從第三方的史料著手，例如知名的武田家相關史料《甲陽軍鑑》。《甲陽軍鑑》這本書雖然因為許多內容不實或者有謬誤而被視為是一本史料價值極低的書，但是近年來的研究卻又表明《甲陽軍鑑》或許沒有那麼不堪。知名日本語學者酒井

「亂取」狀態遇襲說

憲二則在研究了《甲陽軍鑑》較為良質的版本以後，認為其中的許多語法都是符合戰國時代使用的語法，因此這本書很可能是同時代的武將創作的，內容的真實性不輸給《信長公記》。

在《甲陽軍鑑》的記載中，今川軍侵入尾張國以後便四處展開「亂取」行動。所謂「亂取」，指的就是燒殺劫掠。今川義元在擊敗佐佐政次、千秋四郎的攻擊之後，放出豪言表示「就算是天魔也奈何不了我了！」。因此，在今川軍驕橫自大，且陣型、指揮混亂的狀況下，織田信長突然對今川軍發起了攻擊。擊敗了散亂的今川軍士兵後，織田軍順利接觸到了今川義元的本陣，殺死了今川義元。

黑田日出男的觀點同樣也是有著問題的。《甲陽軍鑑》的史料價值雖然可能沒有以往認為的那麼低，但是要與《信長公記》相提並論，還是有相當大的距離的。這本書假託武田家重臣春日虎綱之名創作，裡面記載了大量關於武田家的詳細內容，但是也有著各式各樣的問題。比如《甲陽軍鑑》中對武田信玄「三回忌」的記載發生在天正三年，但是信玄死於天正元年，真正的三回忌理應在天正四年。再比如《甲陽軍鑑》的記載中，武田信玄病逝後將家督之位傳給了孫子武田信勝，讓兒子武田勝賴充當家督陣代（代理家督）。可是在現在發掘出的大量一次史料中，武田勝賴的身分並非是陣代，而是武田家的正牌家督。

即便這本書果真是由春日虎綱所作，他一樣也未參加過桶狹間合戰，甚至不是當事雙方的家臣。和太田牛一可以直接接觸參與過桶狹間合戰的織田家臣不同，春日虎綱幾乎沒有機會接觸到桶狹間合戰的親歷者，所寫的內容恐怕更是道聽塗說七拼八湊的。

今川軍的亂取行為或許是存在的，但是如果說除了本陣幾百人以外的幾萬人都處於這種混亂狀態，那也只能說今川義元也太無所謂了。

(十) 桶狹間合戰

▍真實的桶狹間合戰

　　抵達中島砦時，織田信長麾下的軍勢只有兩千人不到，雖然不太可能知道今川軍的總數，但是大家心裡也都有數，知道兩軍的人數相差很多。

　　為了激勵士氣，織田信長對著大家說道：「敵軍昨夜將兵糧送入大高城，又經過丸根砦、鷲津砦的徹夜戰鬥，已經是疲憊不堪。我軍方才抵達戰場，士氣高昂。有句話說得好，『不要因為兵力少，就害怕兵力多的敵人，勝敗都是由上天注定的。』敵進我退，敵退我進，如此反覆即可擊敗敵人，就是這麼簡單的事。另外，敵人的武器等戰利品，通通都丟掉。此戰若是能夠取得勝利，將是在場的各位能夠流傳至末世的榮耀，務必一心奮戰！」

　　中島砦已經是距離敵人最近的一座付城了，此時的織田軍深入戰場，已經退無可退。在這個時候，先前因為斬殺同僚被信長流放的前田利家帶著首級前來參陣，為了重新得到信長的起用，他以浪人的身分參加了佐佐政次的突襲，戰敗後又來到了中島砦與信長會合，一同前來的還有不少首戰失利的敗兵。

　　從織田信長的喊話來看，所謂「昨夜將兵糧送入大高城，又經過丸根砦、鷲津砦的徹夜戰鬥，已經是疲憊不堪」的敵人，指的乃是今川軍的前鋒松平元康等人。這說明此時織田信長的目標仍舊不是今川義元的本陣，而是經過一夜戰鬥的今川軍前鋒，織田信長試圖透過擊敗今川軍前鋒來取得合戰的勝利。

　　這在現在的人看來似乎有些不可思議，即便信長擊敗了松平軍，僅僅是前鋒戰敗就能讓人數眾多的今川軍撤退？實際上，前鋒戰敗雖然並不一

定就會全軍戰敗，但是確實會影響戰局。例如後來的三方原合戰，武田軍前鋒被擊敗以後，差點止不住潰勢，逼得武田信玄將本陣旗本也派上戰場。經過武田勝賴、馬場信春的奮戰以後，武田軍才逐漸將陣腳穩住，以人數優勢擊敗了強弩之末的敵軍。

織田軍不知道今川軍的具體人數，同樣今川軍也不知道織田軍的具體人數，戰場上的人們沒有「敵人十個人打贏我們五個人，但是我們還有五十個人」的上帝視角思維，士兵們只有「贏了」和「輸了」兩個概念。

另外，因為時代的局限性，織田信長並沒有後世創作中那樣優秀的情報機構，他不知道此時的松平軍已經因為過於疲勞，在攻取丸根砦、鷲津砦後返回大高城休整了，沒有繼續北上。所以織田信長的作戰計畫其實是落空了，他揮出的拳頭沒有打中今川軍的前鋒，而是打在另外一支同樣在備戰中的今川軍。這支軍勢應該就是前頭擊敗佐佐政次、千秋四郎的那支今川軍，而織田信長不知道的是，在這支今川軍的背後便是位於桶狹間山的今川義元本陣。

按照《信長公記》的記載，今川義元在丸根砦、鷲津砦陷落後立即將全軍的陣型朝著西北布陣，而按照《三河物語》的說法，今川義元是朝著大高城的方向進軍，想要視察奪取的丸根砦，才會來到這個地方。當然，考慮到畢竟是站在不同立場上的記載，應該是作為今川軍參戰一方的《三河物語》更可靠一些。

大概是從會合的敗軍口中獲知了與佐佐政次交戰的今川軍位置，織田信長誤以為這支軍勢就是松平元康率領的松平軍，便離開了中島砦，從低地朝著東邊的山上進軍。如果今川義元沒有讓松平元康回大高城摸魚的話，織田信長還是很有可能在這時與他們遭遇的。

（十）桶狹間合戰

　　登上山後，織田軍於山路間行軍時，突然下起了夾雜著巨大冰雹的傾盆大雨，冰雹與大風的風向恰好是自西向東，擊中的是進軍的織田軍的後背，朝西北布陣的今川軍的正臉。恐怖的雨勢與狂風將一棵約二、三人才能抱住的楠木吹倒，士兵們紛紛覺得是不吉之兆，只有織田信長還樂呵呵地表示這是前面的祈禱生效了，熱田大明神在顯神蹟保佑我們。

　　確實，狂風暴雨替織田軍的行動提供了非常好的掩護，當天氣放晴以後，織田軍猶如天降一般突然出現在了今川軍的面前。大概是因為先前與佐佐政次交戰取勝而有了輕敵之心，加上剛下過冰雹的緣故，今川軍沒有料到有敵人已經摸到近前，毫無防備被織田信長打了個措手不及，沒多久全軍就開始潰敗。

　　在被攻擊時，大多數人都會向自己人求救，這支敗退的今川軍也是如此。遭到織田軍的攻擊後，他們朝著距離自己不遠處的桶狹間山潰敗，而這裡正是今川義元的本陣。潰敗的軍勢引起了今川軍本陣的混亂，今川軍的旗指物、弓箭、鐵炮、長槍也丟得滿地都是，這讓織田信長與今川義元本陣的交戰直接變成了一場對潰軍的追擊戰。

　　就在這時候，織田信長發現了被今川軍士兵丟棄的一頂塗著朱漆的轎子，意識到自己誤打誤撞遇到了今川義元的本陣，便對著士兵們大喊道：「那些是今川義元的旗本武士，朝著那裡進攻！」

　　今川義元此時在三百名旗本武士的護衛下後撤，但是因為剛下過大雨的緣故，附近又都是農田，行動非常不便。在遭到織田信長麾下精銳的馬廻眾的五六波攻擊以後，今川義元身邊倖存的旗本不足五十人，陣型也被打散。

　　因為道路泥濘不適合騎馬，織田信長也下馬作戰，信長身邊的年輕武士們更是爭先恐後地撲向敵軍，戰場亂作一團，大家只能透過背旗的顏色

來區分敵我。今川義元雖然戰敗，但是仍然英勇無比，織田軍的服部小平太與今川義元單挑，被今川義元砍中膝蓋倒地，不過專心迎敵的今川義元卻被毛利良勝給偷襲，丟掉了腦袋。

在桶狹間山附近，今川軍的潰兵們陷在了深田之中，紛紛被織田軍討取，大家在戰場上就將首級送到了織田信長的本陣處，信長則下令讓眾人先將首級帶回清洲城。在見到毛利良勝獻上的今川義元首級以後，織田信長欣喜不已，當即下令撤軍返回清洲城。

從《信長公記》記載的交戰過程來看，在中島砦時織田信長的攻擊對象仍然是今川軍前鋒，而不是今川義元的本陣。結合《三河物語》的內容，桶狹間合戰的交戰過程也是「與今川軍交戰→今川軍崩潰→潰軍退向本陣→本陣受影響潰敗→信長發現今川義元→討取今川義元」。

按這樣的脈絡來看，至少在參戰的織田信長的家臣、德川家康的家臣口中敘述的作戰過程並非是奇襲，而是一場正面交戰。只是冰雹掩蓋了織田軍的進軍，使得織田軍從山林間出現時才有了奇襲一樣的效果。

順便一提，今川義元的愛刀宗三左文字在這一戰被織田信長繳獲，宗三左文字後來也被織田信長視作象徵好運的愛刀，經常攜帶在身邊。

梁田政綱之謎

別著急，我知道肯定有人要提出梁田政綱在桶狹間合戰後獲得「最高賞賜」的疑問，所以在這裡好好地說說這件事。

通說中的桶狹間奇襲之所以成功，是因為織田信長在善照寺砦收到了梁田政綱的「今川義元在桶狹間」的情報，所以在戰後梁田政綱獲得了最

（十）桶狹間合戰

高的賞賜，甚至比殺死今川義元的毛利良勝還要豐厚。

梁田政綱，在史料裡一般被稱為「梁田出羽守」，在桶狹間合戰後受封沓掛城。根據《甫庵信長記》的記載，梁田出羽守在桶狹間合戰時向織田信長報告了今川軍的布陣情況以及今川義元本陣的位置，建議織田信長偷襲今川軍的後軍，討取其大將。

到了江戶時代，在《備前老人物語》一書中提到，梁田出羽守在桶狹間合戰後，因為戰時的「良言（並未具體指出是什麼良言）」受封沓掛城三千貫的領地，封賞比毛利新介（即毛利良勝）還要高。等到了明治時代時，《日本戰史》系列叢書將《甫庵信長記》和《備前老人物語》的內容結合，就變成了如今的通說。

不過，真的如此嗎？

前文提到，在太田牛一所寫的《信長公記》裡，壓根就沒有提到今川義元本陣背後奇襲的事情，同樣也沒有提到梁田出羽守這個人。但是《信長公記》卻提到了織田信長在桶狹間合戰的次日在清洲城舉行了「首實檢」，就是根據首級主人的地位、討取的數量確定參戰者的功勞大小，再根據功勞進行賞賜的活動。織田軍一共討殺了共三千人左右的今川軍武士。

如果《甫庵信長記》、《備前老人物語》的內容屬實，梁田出羽守受封沓掛城應該也是在這一天。從歷史記載來看，沓掛城城主近藤景春跟著今川義元一起在桶狹間合戰戰死，沓掛城在戰後也落入了織田家的手中，梁田氏也確實成為了沓掛城的城主。

可是需要注意的一點是，在首實檢的這天沓掛城依舊在今川家的麾下，織田信長怎麼可能將敵人的領地賞賜給自己的家臣，這樣的空頭支票又算什麼「最高功勳」呢？

梁田政綱之謎

在《信長公記》中的元龜元年（1570年）六月二十二日的記載中，太田牛一提到織田軍從小谷城撤軍之際，殿後的殿軍由三位奉行指揮，其中一人為「梁田左衛門太郎」。根據學者谷口克廣的推測，梁田左衛門與梁田政綱應該是父子關係，所以梁田氏在織田家中的地位應該不算低，至少也算是中級家臣中的一員。

因此，真正的事實可能與《日本戰史》的記載大相逕庭：梁田出羽守是織田信長的家臣、尾張國的豪族，率領一族參加了合戰。在桶狹間合戰後，織田信長收復了沓掛城，為了對當地的豪族、地侍進行再編，任命了領地在附近的家臣梁田出羽守出任沓掛城城主。

雖然少了梁田出羽守出色的情報工作，少了桶狹間的「奇襲」神話，將使得歷史變得乏味了許多，但要是對歷史不加修飾的話，很多事件確實只能用「僅此而已」來形容。

織田信長也是個活生生的人，僅此而已。

（十）桶狹間合戰

（十一）
東國驟變

■ 尾三同盟的真相

桶狹間合戰後，相繼又發生了兩件事。

一件是先前提到的割據海西郡的反信長武裝首腦服部左京亮，他在得知今川軍來襲後便率軍走水路想與今川軍會合，走到半路上得知今川軍戰敗，便不得不撤軍。在回程途中服部左京亮還在熱田附近登陸，想趁機撈一把再走，結果被當地的住民擊敗，丟下幾十顆腦袋灰溜溜地逃走了。

另外一件事就是，三河國的國眾松平家再度冒出頭了。在今川義元戰死以後，今川家家臣出逃，岡崎城變成了一座空城，松平元康隨後率軍進入此城，返回了父祖時代的居城。

松平元康就是幼年在織田家當過人質的松平竹千代，很多書裡都說他在年少時與織田信長關係很好，所以在織田信長取得桶狹間合戰的勝利以後，松平元康從今川家獨立，與織田信長交好。

這段故事每本小說裡都有。

按照前文的敘述，松平元康小時候應該是沒有見過織田信長的，甚至有可能壓根就沒去過尾張國，自然也不會對織田家抱有多大好感。並且，此時的松平元康並未想著要獨立，他退回岡崎城的原因很簡單，那就是保

(十一) 東國驟變

障松平家西三河的領地不被織田、水野兩家攻擊。

而在今川義元戰死以後，今川家在西三河的統治搖搖欲墜，此時必須要派遣一位重臣前往維持大局，身為今川家「準一門」的松平元康自然成為了不二人選。因此，元康返回岡崎城一事，其實是得到今川氏真的認可的，今川家在不久之後將身在駿府的元康妻子築山殿送還岡崎城，僅按照慣例扣留元康的幼子竹千代（後來的信康）留在駿府。

桶狹間合戰的四天之後，即永祿三年（1560年）五月二十三日，鳴海城城主岡部元信率軍出陣攻打刈谷城，討取了許多水野氏的士兵首級。按照《譜牒餘錄》的記載，松平元康也參與了這場合戰，松平家與織田家的戰爭也一直持續到了次年為止。

永祿四年（1561年）四月，織田軍侵入三河國，攻打梅坪城等地，在城下割取稻苗、踐踏農田，同時還與三河國的軍勢發生合戰。織田信長的攻擊對松平家造成了極大的威脅，松平元康不得不向駿府派去使者，請求今川氏真的援軍。然而，此時的今川氏真重心卻沒有放在三河國上，今川家非但沒有為三河國派去援軍，氏真反而還親自率軍前往關東，支援盟友北條家與上杉家的戰爭，這樣的做法導致松平元康感到心寒。

今川氏真的做法雖然有爭議，但是從他的角度出發也並不算是什麼大錯特錯的決定。在今川義元戰死以後，今川家大受打擊，為了與織田信長對抗，氏真不得不尋求盟友武田家、北條家的支援。今川氏真之所以如此重視關東的局勢，就是想透過支援盟友的方式，換取盟友也支援自己與織田家作戰。

可是在日本戰國時代，主君與家臣形成的分封關係之中，主君是有義務保障家臣的生命、財產安全的，反之家臣在得到主君保護以後，有責任

平時納貢、戰時出兵。今川氏真沒有支援西三河的做法，宣告著今川家與西三河國眾們的君臣關係的瓦解。

　　為了保障松平家的存亡，松平元康在沒有得到今川家許可的情況下與織田家進行和談。恰好織田信長此時也處於與美濃齋藤家的戰爭之中，不想在三河國開闢第二戰線，雙方立即達成了共識。兩家和談的中間人，則分別有舅舅水野信元牽線或者織田家臣瀧川一益主動找到松平家臣石川數正兩種說法。

　　到了六月時，今川氏真在寫給奧平貞勝的書信裡提到了松平元康有反心，所以松平元康與織田信長和解應該是在這兩個月期間的事。雙方對各自的領地進行「國分」（劃分疆界），達成協議，不過需要注意的是，此時松平元康的嫡子竹千代在駿府當人質，這時的兩家只是約定互不侵犯，並沒有達成軍事同盟。

　　因為今川家拒絕支援松平家，這才使得松平元康有了獨立的理由。此後，松平元康以岡崎城為據點，走上統一三河國的道路。而對於織田信長來說，對三河國的攻擊更多是帶有報復的性質，此時織田家的敵人還有海西郡的服部左京亮、美濃國的齋藤利尚，三線作戰明顯是不現實的。

　　按照通說，永祿五年（1562年）正月松平元康親自奔赴清洲城與織田信長結盟，然而此事並不見於記載，並且此時的松平元康對領地的支配還不穩定，前往清洲締結同盟之事應當是虛構的。這和武田、今川、北條三家的「甲相駿三國同盟」一樣，雖然後世的作品裡經常喜歡讓三家的家督武田信玄、今川義元、北條氏康會面，但是歷史上這個同盟是由家臣完成的，三人並沒有見面。

　　松平元康與織田信長的同盟並沒有一個確切的具體時間，但可以確定

(十一) 東國驟變

是在之後的一段時間內逐步轉變並得到完善的。儘管尾三同盟是戰國時代非常罕見的沒有任何一方破盟的同盟，但是實際上在織田信長晚年，松平家（德川家）已經從盟友逐漸向家臣轉變了，兩家的關係也是從「敵對→互不侵犯→同盟→家臣」轉變的。

越後之龍

在桶狹間合戰時的日本東國，甲斐武田家、相模北條家、駿河今川家三家因為各自的不同利益走到了一起，締結了「甲相駿三國同盟」：今川家朝著西邊的三河國、尾張國發展，武田家北進信濃國，北條家則向制霸關東發展。

然而，隨著今川義元在桶狹間合戰戰死，「甲相駿三國同盟」大受打擊，而三家的敵人也士氣大振，開始針對三家進行反擊。除了織田信長不斷地對今川家勢力衰退的三河國發起攻擊以外，還有一個人也對三國同盟做著動作，並且他的膽子比織田信長還大，敢直接去摸武田信玄、北條氏康這兩隻老虎的屁股。

此人便是越後國的戰國大名，被後世人們稱為「軍神」、「越後之龍」的上杉謙信。在桶狹間合戰時，上杉謙信的名字還叫長尾景虎，後來繼承山內上杉家後相繼改名叫上杉政虎、上杉輝虎，元龜元年（1570年）出家後的戒名為「不識院殿真光謙信」，自此才以「上杉謙信」聞名。不過為了方便閱讀，本文統一稱他為上杉謙信。

山內上杉家原本出自藤原氏勸修寺流。在鎌倉幕府時期，因為源氏幕府將軍絕嗣、藤原氏出身的將軍與幕府執權北條氏不和，朝廷最終派遣了

親王前往鎌倉出任幕府將軍。當時，公卿勸修寺清房之子勸修寺重房與出任第六代將軍的宗尊親王一同前往鎌倉，因為這個緣故，勸修寺重房受封丹波國上杉莊為領地，從此他和他的子孫便以「上杉」為苗字。

上杉重房的孫女上杉清子在鎌倉時代末期嫁給了足利家的家督足利貞氏為側室，並生下了足利尊氏（高氏）、足利直義兄弟。足利尊氏建立室町幕府以後，上杉家相繼分為山內家、犬懸家、扇谷家、宅間家、越後家等幾個分家，其中又以山內家為嫡流，山內、犬懸兩家輪流出任「關東公方」的副職「關東管領」。

室町幕府時期，關東爆發了「上杉禪秀之亂」，犬懸上杉家隨後沒落，關東管領由山內上杉家獨占。到了戰國時代，新崛起的扇谷上杉家與山內上杉家發生了內訌，使得伊勢盛時（北條早雲）趁虛而入，經過後北條氏三代人的努力，北條家擊敗了虎踞關東百餘年的上杉家，扇谷上杉家滅亡，山內家的家督上杉憲政不得不前往越後國尋求長尾氏的庇護。

長尾氏本是上杉家的家臣，在上杉家的一支出任越後國守護後，長尾氏的其中一支也跟隨上杉家來到了越後國，在越後扎根。只是長尾家來到越後國後也分成了幾支，我們現在一般說的「越後長尾氏」指的都是上杉謙信出身的「府中長尾氏」。

上杉謙信的爺爺長尾能景在永正元年（1504 年）時曾經響應山內家的號召，率軍前往關東攻打與山內家敵對的扇谷家。然而後來長尾能景在出兵越中國協助畠山尚順征討一向一揆時不幸戰死。

長尾能景之子長尾為景繼承家督以後，殺死了主君、越後守護上杉房能，擁戴上杉房能的堂兄弟上杉定實出任守護。長尾能景的舉動引起了山內家的不悅，一度被上杉家流放到佐渡島，後來又返回越後國奪取了實權。

(十一) 東國驟變

在這之後，長尾為景積極與室町幕府來往，當時的幕府將軍足利義晴被逐出京都，為了獲得長尾家的支持，便認可了長尾為景的越後國主地位（不是守護）。

等到長尾為景去世後，繼承者長尾晴景體弱多病，越後上杉家的勢力捲土重來。在這樣的情況下，長尾晴景召回了已經被送去出家的弟弟上杉謙信，命他還俗協助處理政務，而能力出眾上杉謙信很快就獲得了家臣們的支持，奪取了家督之位。

圍攻小田原城

永祿三年（1560 年）五月，北條軍包圍了上總里見氏的主城久留里城，不過沒多久就傳來了今川義元在桶狹間戰死的消息。

與此同時，里見氏向上杉謙信發去求援信，希望上杉謙信能夠侵入關東，攻擊北條家的後方，以緩解自己的壓力。上杉謙信也想趁著今川義元剛死打擊北條家的士氣，便在八月末擁戴上杉憲政為主將，率軍從越後國侵入關東。在關東管領的大義旗幟下，上野國、下野國的國眾們望風歸降，紛紛投入上杉謙信麾下，北條軍不得不解除了對久留里城的包圍，撤軍準備反擊上杉謙信。

永祿四年（1561 年），上杉謙信在新奪取的廄橋城度過了新年以後，於二月率軍南下，目標直指北條家的主城小田原城。上杉謙信的這次圍攻小田原城，可以說是他生平指揮的最大規模的一場合戰了。關東的豪強們，諸如上野國的箕輪長野氏、白井長尾氏、總社長尾氏、新田橫瀨氏、桐生佐野氏，下野國的足利長尾氏、佐野氏、小山氏、宇都宮氏，武藏國

的忍城成田氏、巖付太田氏、深谷上杉氏、羽生眾、藤田眾，下總國的小金高城氏、古河眾，上總國的里見氏、酒井氏，常陸國的小田氏、真壁氏，許多原本臣服於北條家的豪強們紛紛參陣上杉軍。

上杉謙信命令太田資正攻打松山城，里見義堯攻打葛西城，自己則率軍包圍了小田原城。然而此時的北條家早就布置好了防線，圍攻北條家的聯軍基本上沒有取得什麼戰果。上杉謙信也只能在閏三月解除了對小田原城的包圍，在撤軍途中，他前往鎌倉的鶴岡八幡宮參拜，在此地身為上杉憲政的養子正式繼承了山內上杉家的家督，受賜上杉憲政名字裡的「政」字，改名上杉政虎。

從這以後，關東的大名們對上杉謙信的稱呼也從「長尾殿」改為「山內殿」，而上杉家的家臣們則正式開始稱呼上杉謙信為「御屋形樣」。值得一提的是，上杉謙信繼承山內家並不被北條家認可，北條家在這以後依舊稱呼上杉謙信為「長尾氏」，上杉謙信也罵罵咧咧，不承認北條家的苗字，稱呼北條家為「伊勢氏」，各自否定對方對關東的合法統治權。

四月，上杉謙信歸陣廐橋城，並在六月率軍返回了越後國。上杉軍撤軍後，北條家立即對各地發起反擊，報復投入上杉謙信麾下的豪族，收復了許多先前失去的地盤。

甲斐武田家

上杉謙信之所以這麼著急撤軍，是因為「甲相駿三國同盟」的另外一家甲斐武田氏在上杉軍包圍小田原城期間出陣上野國以及北信濃，甚至威脅到了上杉謙信的本城春日山城。

（十一）東國驟變

　　永祿四年（1561年）八月，僅僅歸陣兩個月左右後，上杉謙信再度率領上杉軍自越後國的春日山城出發，朝著信濃國的川中島進軍，報復武田家的侵入行動。

　　甲斐武田氏出自河內源氏源義光之後，源義光便是名將源義家的弟弟。源義光的後人大多數居住在常陸國，武田家一開始也是居住在常陸國武田鄉，便以此為苗字，後來武田家又遷到了甲斐國居住，成為當地的豪強。

　　「治承・壽永內亂（源平合戰）」期間，武田家一門總領武田信義起兵反抗平家的統治，於富士川合戰中擊敗了平家的大軍。後來武田家投入鎌倉源賴朝的麾下，在鎌倉幕府時期武田家家督武田信光因為在「承久之亂」時立下戰功，被授予安藝國守護的職役。武田家的宗家從這以後便遷到了安藝國，留在甲斐國的則是庶流石和武田氏。

　　室町幕府建立後，因為石和武田氏衰弱，幕府將軍足利尊氏便讓安藝國的武田宗家重返甲斐國出任守護，武田家獨占甲斐國守護頭銜便是從室町時代開始的。室町幕府中期，因為守護武田信滿參加了上杉禪秀之亂，在天目山自盡。甲斐國失去了守護，一時陷入了動亂之中，守護代跡部氏趁機崛起，武田家的命運似乎和其他守護家族一樣，地位逐漸被守護代取代，最終消亡在歷史中。

　　好在這時的武田家出了一個中興之祖武田信昌，重新鞏固了武田家在甲斐國的地位。武田信昌消滅了守護代跡部氏重掌守護大權，因為武田信昌的影響實在太大，直到武田信玄、武田勝賴時期，武田家仍然會賞賜給家臣們武田信昌名字裡的「昌」字作為榮譽。

　　武田信昌統治甲斐國時期，日本爆發「應仁・文明之亂」，進入了戰國時代，但是甲斐國山高皇帝遠，並沒有被捲入這場讓日本分裂的大亂中。

甲斐武田家

甲斐國的穩定一直持續到了明應元年（1592年），因為武田信繩與油川信惠兄弟倆爭奪家督之位爆發了內戰，甲斐國方才算是進入了戰國時代。

在這場內戰中，武田信繩與山內上杉家結盟，而武田信昌、信惠父子則與伊勢盛時（北條早雲）、今川氏親結盟，甲斐國內也分裂成了兩股勢力不斷內鬥。武田家與今川家、北條家的仇恨也是在這場內戰中結下的。

明應七年（1498年），在太平洋板塊與亞歐板塊交界處的海底發生了地震，隨後地震引發的海嘯襲擊了東日本。這場被稱為「明應大地震」的災難讓甲斐國大受打擊，兄弟二人再也無力繼續戰爭，甲斐國的國人們也認為這是上天對兄弟之爭降下的「天罰」，最終兄弟和解。

永正四年（1507年），正當壯年的武田信繩去世，其子武田信直繼承家督時年僅十歲。油川信惠欺侮姪子年幼，再度興兵與主家敵對，想要爭奪家督。沒想到武田信直年紀雖小，本事卻不小，繼承家督的次年便討伐了油川信惠一族，隨後著手統一甲斐國。

這位統一甲斐國的武田信直，便是武田信玄的父親武田信虎，武田信虎是他為了紀念統一甲斐而取的名字。

武田信虎統治武田家時期，武田家才開始走向戰國大名化。然而，在武田家蒸蒸日上之際，因為甲斐國連年遭受天災，而武田信虎又窮兵黷武不斷出征他國，逐漸引起了家臣們的不滿。天文十年（1541年），武田信虎被武田信玄（當時還叫武田晴信）流放，但是武田家卻並沒有因此分裂，說明這是一場上下一心的政變。

武田信玄時期的武田家不斷地繼續著擴張，先後戰勝了以信濃國守護小笠原氏為首的諏方氏、高遠氏、村上氏等國眾，甚至在天文二十二年（1553年）時將勢力發展到了美濃國，降服了東美濃的領主遠山氏。

（十一）東國驟變

武田氏的擴張，自然引起了上杉謙信的警惕。上杉謙信每年在看地圖時，發現武田家的勢力越來越大，甚至直逼越後國而來，雙方也因此敵對。

▌第四次川中島合戰

弘治三年（1557年）正月二十日，一個年輕人的身影站在信濃國更級郡的八幡宮神像前祈願：「這個名為武田晴信的逆臣，侵入信州，逐個消滅當地的家族，破壞神社與寺院，讓民眾陷入苦境。為了幫助信濃住民，守護自己的領國，景虎決定要與武田晴信爭鬥到底。」

雖然話說得很好聽，但是實際上的潛臺詞依然是「你不要動我的利益」。

武田家與上杉家在信濃交戰多次，最為著名的就是永祿四年（1561年）的「第四次川中島合戰」了。當然，主要還是拜織田信長擊殺了今川義元所賜，上杉謙信才敢做出這麼大的動作。

這年的八月十四日，上杉謙信任命長尾政景為春日山城守將，自己則率領大軍朝著信濃國出發。另外一方面，武田信玄得知上杉謙信來襲，為了支援在川中島的海津城也率軍出陣北信濃，在八月二十九日進入海津城。

第四次川中島合戰的具體過程並不見於良質史料的記載，只知道兩軍在九月十日於川中島展開激戰，傷亡頗多。根據軍記物語《甲陽軍鑑》的記載：九月九日夜裡，武田軍決定將將軍勢二分，別動隊奇襲在妻女山布陣的上杉謙信，本隊則在八幡原伏擊遭到攻擊後下山的上杉軍，隨後兩軍前後包夾，將上杉軍擊敗。然而武田軍的動向早已被上杉謙信發覺，他趁

著武田軍行動的同時在夜裡率軍下山，留下了一座空營。上杉謙信渡過千曲川後，來到八幡原等候武田軍本隊的到來。

九月十日清晨，濃霧逐漸散去，武田信玄的本隊在濃霧背後發現了早就來到八幡原布陣的上杉軍，隨後上杉謙信下令對武田軍本隊發起總攻。亂戰中，武田信玄的弟弟武田信繁、家臣兩角虎光、初鹿野源五郎、三枝新十郎、油川彥三郎戰死，武田信玄的嫡子武田義信也身負重傷。

此時上杉軍的攻勢直逼武田信玄的本陣，上杉謙信本人也單騎突入陣中，向武田信玄砍了三刀。武田信玄面對來襲的上杉謙信來不及拔刀迎戰，只能用手中指揮作戰的軍配擋下了這三下攻擊。幸而武田軍前往妻女山的別動隊發覺了上杉軍留下的是空營，迅速率軍下山來到了八幡原增援本隊，這才扭轉了戰局。上杉軍面對武田軍前後夾擊的攻勢，也不得不朝著善光寺後撤。

這是江戶時代甲州流兵法家創作的《甲陽軍鑑》裡的內容，而在越後流兵法家創作的《川中島五箇度合戰之次第》裡，合戰的過程則稍有些不同。

在越後流兵法家的描述中：九月九日夜裡，武田信玄率軍祕密離開海津城，越過千曲川來到了川中島。上杉謙信察覺到了武田軍的動向，便也祕密率軍前往川中島迎戰，同時還留下了一支軍勢在千曲川邊，守備海津城的武田軍。上杉軍在渡河時遇到了武田軍的十七個斥候，由於上杉軍立即就殺死了他們，所以上杉軍的行動沒有被武田軍發覺。

九月十日上午，上杉軍吹響法螺、敲著太鼓對武田軍發起攻擊。武田軍突然遭遇上杉軍，大驚失色，立即布陣迎戰，首戰由上杉軍前鋒柿崎景家與武田軍前鋒飯富昌景（山縣昌景）打響。

因為遭到突襲的緣故，武田軍很快就發生了潰敗，上杉謙信親自領著

（十一）東國驟變

旗本武士追擊武田信玄，在千曲川與武田信玄的旗本交戰，上杉謙信本人也與武田信玄在川中揮舞太刀交戰。就在此時，武田信玄的嫡子武田義信率領兩千軍勢攻來，與越後軍交戰，隨後被宇佐美定滿擊敗。然而當上杉軍在川中島休整時，再度遭到了武田義信率領的八百人的攻擊，因為經過一上午的激戰過於疲憊有些鬆懈，許多人來不及上馬就被擊殺。上杉謙信本人也揮舞著長槍作戰，最後仍舊是長尾藤景與宇佐美定滿率軍來援才趕跑了武田義信。

這天晚上，上杉謙信背對著犀川布陣，家臣向上杉謙信建議趁虛攻打海津城，但是沒有被接受。次日，上杉謙信率軍朝著妻女山移動，隨後又在善光寺停留了三日，再轉移到了長沼，於此地逗留二三日後返回了越後國。

其實無論是《甲陽軍鑑》也好，《川中島五箇度合戰之次第》也好，交戰的過程都是後世站在不同立場上創作的。武田軍的「啄木鳥戰法」、武田信玄與上杉謙信的「一騎討」故事也正是誕生在軍記物語盛行的江戶時代，並不足為信。

織田信長大概也沒想到，自己打贏的桶狹間合戰，看似是一場區域衝突，實際上卻改變了整個東日本的局勢。

（十二）

美濃的動向

▎一色家與近江國

　　美濃國的大名齋藤家原本與近江國的淺井氏是姻親關係，但是在永祿三年（1560 年）時，兩家進入了戰爭狀態。

　　齋藤利尚在這一年前往佐和山城與南近江國的大名六角義弼締結了盟約，將女兒嫁給了義弼，背棄了與淺井家的盟約。佐和山城乃是淺井家的軍事重地，此時卻落入了六角家的手中。這年的十二月，齋藤利尚從關原侵入近江國，開始在伊吹山的山腳下修築刈安尾城。值得一提的是，六角義弼與齋藤利尚的同盟並未經過父親義賢的同意，這使得義賢極為不悅。

　　永祿四年（1561 年）三月，因為淺井長政（又名淺井賢政，在這年六月才改名長政，本文統一稱為淺井長政）想要奪回佐和山城的緣故，齋藤利尚動員起了國內的軍勢，派遣竹中遠江守作為前鋒侵入近江國與淺井長政交戰，支援六角家。

　　有意思的是，被齋藤道三流放的美濃國守護土岐賴藝之子賴次此時在美濃國居住，他也響應了齋藤利尚的動員率軍出陣，最後得到了齋藤利尚的嘉獎。齋藤利尚在書信中承諾，因為土岐賴次支持自己，齋藤家也將會保護土岐賴次在美濃國的領地。從這一點來看，當時美濃國守護土岐氏的

137

（十二）美濃的動向

後人，雖然並不完全算是齋藤家的家臣，但是領地卻需要齋藤家的保護。土岐氏已經從一國守護，開始向竊國者齋藤家的家臣轉變，這也是戰國時代傳統守護勢力衰弱的典型例子之一。

齋藤利尚在永祿四年春季介入近江國的戰爭，使得六角家在面對淺井家時占據了上風，然而在這年的五月十一日，齋藤利尚突然在稻葉山城暴斃，使得齋藤軍不得不撤軍回國。若是齋藤利尚能夠再多活幾年，想必淺井家的前途也是凶多吉少。

▌一色義龍改宗

在齋藤利尚死前的這段時間，美濃國還發生了另外一件大事，即被稱為「永祿別傳之亂」的國主與寺院對立的事件。在這次事件中上場的兩個選手分別是美濃國的國主齋藤利尚，以及以快川紹喜為首的佛教禪宗中的臨濟宗妙心寺派的僧人。

快川紹喜據說是美濃土岐氏出身，自幼就進入寺院出家，後來被武田信玄召到了甲斐國惠林寺出任住持。雖然快川紹喜是個和尚，但是卻和戰國時代的許多僧人一樣是個政治好手，他先是身為中間人讓武田家與齋藤家結盟，後來又活躍於武田家的外交舞臺上，連武田信玄的葬禮都是快川紹喜主持的。

等到武田家滅亡時，快川紹喜將許多織田信長的敵人收留進了惠林寺，並拒絕了織田信忠的引渡要求，導致惠林寺最終遭到了織田軍的攻擊燒毀。快川紹喜也和很多僧人一起寧死不屈，與這間武田家的菩提寺一同消亡在織田軍的鐵蹄之下。

一色義龍改宗

　　永祿四年（1561年）二月，齋藤利尚出任了左京大夫的官職，大約就是在這段時間裡齋藤利尚將自己的名字改為「一色義龍」（下文統稱齋藤利尚為一色義龍，美濃齋藤家也按照歷史稱為美濃一色家）。一色義龍自先祖長井新左衛門尉開始代代都信仰佛教的日蓮宗，齋藤道三也在居城稻葉山城下修築了日蓮宗的寺院常在寺作為家族的菩提寺。然而，一色義龍將家系改為清和源氏出身的一色氏以後，按照室町時代的習慣就需要改信源氏信仰的禪宗，因此便需要再建一座禪宗的菩提寺。

　　一色義龍選中的是禪宗臨濟宗裡的妙心寺派，並且他還與當時在美濃國崇福寺出任住持，十分有名望的名僧快川紹喜進行商談。順便一說，崇福寺的寺前便是一色義龍殺死父親的長良川合戰的發生地。

　　可是，也不知道一色義龍怎麼想的，在他與快川紹喜商議的同時，他還透過同為妙心寺派的僧人龍谷與另一個老僧龜年禪愉進行討論。最後一色義龍無視快川紹喜，按照龜年禪愉的建議，命令龜年禪愉的弟子別傳宗龜在稻葉山城下建立妙心寺派的寺院「傳燈護國寺」。

　　當時日本的佛教分為很多宗派，除了禪宗、天台宗、淨土宗、日蓮宗等幾個大派以外，大派內還分成許多小派。比如快川紹喜就是禪宗下的臨濟宗的門徒，並且今川義元、太原雪齋等人甚至包括當時的幕府將軍足利家也都是臨濟宗的信仰者。在臨濟宗下，又按照寺院分為不同的派系，快川紹喜是臨濟宗下的妙心寺為首的妙心寺派僧人。妙心寺派再往下分，分為東海、龍泉、聖澤、靈雲四個分派，上文出現的龍谷與快川紹喜都是東海派的，而龜年禪愉、別傳宗龜則是四派裡實力最弱的靈雲派。

　　在室町時代，若是能夠成為大名家的菩提寺住持，不光能收穫宗教名聲，還能為寺社爭取到許多稅賦的豁免權，再加上大名們時不時地奉納土地，菩提寺可以說是一個大名領內最為富裕的幾個寺院之一。而寺院富裕

（十二）美濃的動向

起來以後呢，住持便可以招收徒弟，發展自己的派系，擴大影響，最終形成一股不可忽視的宗教勢力。別看日本當時那麼多口唸阿彌陀佛的和尚，為了發展自己的宗派，他們殺起人來一點也不輸給當時的戰國大名。

與快川紹喜同宗的龍谷之所以願意把建立美濃一色家菩提寺這樣的美事讓給靈雲派，其實說白了就是嫉妒快川紹喜的名聲，不想讓快川紹喜再在美濃國發展勢力。

永祿別傳之亂

一色義龍建立起妙心寺靈雲派的傳燈寺以後，便下令將傳燈寺作為妙心寺在美濃國的總寺。也就是說，連崇福寺的快川紹喜也得拜在別傳宗龜的門下。這自然讓以名僧自居的快川紹喜感到不滿，很快有了嫌隙。

在快川紹喜的串聯下，原本是美濃國妙心寺派的頭號大寺院瑞龍寺表示支持快川紹喜，其餘分寺也紛紛響應，只有大龍寺的住持龍谷表示大龍寺不參與這件事。快川紹喜這才發現，自己的同門裡出了一個叛徒。一色義龍很快就獲知了快川紹喜在自己眼皮子底下進行串聯的消息，他派人去命令這些和尚們盡快散會別鬧事。

永祿四年（1561年）二月八日，快川紹喜並沒有因為一色義龍的命令就放棄抗議，他獨自離開美濃國，前往尾張國的瑞泉寺暫住。瑞泉寺被稱為是妙心寺派的「田舍本山」，通俗點來說就是京都的妙心寺是城裡的總寺，瑞泉寺就是鄉下的總寺。隨著快川紹喜的出走，瑞龍寺的許多僧人也紛紛出逃，進入瑞泉寺以表抗議。

永祿別傳之亂

　　見到這樣的情況，一色家的家臣們再也坐不住了。在家臣們的建議下，一色義龍派出使者前往瑞龍寺與崇福寺，威脅留守的和尚盡快召回出走的僧人，這樣傳燈寺住持的任命之事還有商量的餘地，否則一色家就要廢掉這幾座寺院。在一色義龍的威逼利誘下，出走的僧人們被迫返回了美濃國，但是他們也向一色家提出要求，要向妙心寺本寺彙報此次事件，並懲罰別傳宗龜，不然大家就要再度出走。

　　一色義龍大概不清楚佛教裡的宗派鬥爭，很不理解這群和尚的思維，大家都是妙心寺派的和尚，為什麼非得鬥個你死我活？況且得饒人處且饒人，希望大家放過別傳宗龜一馬，至於幾個長老想離開寺院的事，一色義龍還表示自己會向將軍大人請命，讓將軍親自裁決此事。

　　一色義龍的表態很快又傳到了快川紹喜等人的耳朵裡，和尚們憤怒地在二月二十八日再度出走瑞泉寺。一色家的家臣們送去書信給快川紹喜，表示主公只是暫時聽不進建言而已，不要因為這樣就出走，弄得大家都沒臺階下，還是快快返回本寺。

　　結果快川紹喜這回倒是霸氣，直接回信給一色家的家臣道：「一色義龍不過是一國之主而已，我乃是三界的法師，和三界比起來，區區一國不過是盈尺之地罷了。」最後，快川紹喜還重重地在末尾寫了幾個字：「我們不回！」

　　一色義龍知道和尚們和自己槓上了，便不再理會他們，而是直接寫信給妙心寺，表示希望妙心寺能將快川紹喜的僧籍削去，從今往後美濃國只認可妙心寺的靈雲派，其他的派系通通滾蛋。

　　快川紹喜是什麼人？後來可是武田信玄的外交僧！要是沒點真本事或者可靠的後臺，哪裡敢在武田家的手下混？很快，妙心寺就送來回信給一

(十二) 美濃的動向

色義龍，表示快川紹喜名聲在外，削去僧籍恐怕有點難，總寺會盡快調解快川紹喜與別傳宗龜的矛盾，讓他們各自返回寺院，請勿擔心。不過，畢竟不管哪個派系建起一色家的菩提寺，都能給總寺帶來好處，妙心寺也擔心萬一一色義龍氣急敗壞改找其他派系建寺，那就有些不妙了。為此，妙心寺提出一個替代方案，建議可以先削掉瑞龍寺住持的僧籍。

讓一色義龍沒想到的是，快川紹喜的影響實在是太大了。美濃國的事件經過僧人們的互相傳播傳到了日本各處，結果很多寺院都表示自己支持快川紹喜，甚至駿河國的清見寺、臨濟寺等靈雲派的寺院都送來書信表示自己會站在快川紹喜的一方。

當然，一色義龍畢竟是個連父親都敢殺的人，自己有兵有糧，和尚們頂多造造謠在路邊誹謗一下自己（似乎用不著誹謗就很黑了），不敢真怎麼樣。因此，一色義龍決定強硬到底。

永祿四年（1561 年）四月二十四日，為了貫徹「朕給你的你才能要，朕不給你不能搶」的信念，宣示自己身為美濃國國主的權威，一色義龍透過京都和朝廷的關係將傳燈寺晉升為和京都南禪寺同寺格的寺院，再度挑釁快川紹喜等人。

▎森部合戰

不知是不是因為得罪了和尚們遭到詛咒，在傳燈寺晉升寺格後不滿一個月，一色義龍便突然在稻葉山城暴斃。一色義龍去世時不過三十三歲而已，繼承家督的乃是其子一色龍興（永祿八年左右龍興改名為一色義棟、後又改為一色義糺，本文統一稱為龍興），時年十五歲。

森部合戰

　　一色龍興繼位後，因為主君年幼的關係，美濃一色氏（齋藤氏）的政權開始由一元統治轉向了主君與重臣之間的合議制。在一色龍興的政權下，武井夕庵、氏家直元、延永弘就（日根野弘就）、野村越中守、伊賀守就（安藤守就）、成吉尚光六人成為一色家的支柱家臣。

　　五月十三日，一色義龍去世僅僅兩天，織田信長聞訊而來，率軍渡過木曾川與飛驒川來到了美濃國西部布陣。織田信長的行動之所以這麼迅速，主要還是因為他在三月份的時候就得知一色義龍不行了，隨後一直關注著局勢，日日夜夜都盼著義龍掛掉，自己好趁機攻打美濃國。

　　次日，一色龍興派出軍勢，由長井甲斐守、日比野下野守為大將，冒著大雨從墨俣城朝著森部進軍。織田信長得知一色軍的動向以後便渡過榆俁川北上，朝著森部的敵軍攻去。兩軍經過數個時辰的激戰以後，以逸待勞的織田軍擊敗了一色軍，大將長井甲斐守、日比野下野守以下共一百七十餘人被織田軍斬殺。

　　值得一提的是，前幾年從近江國到美濃國的猿樂藝人團中，有兩個年輕的藝人因為男色關係分別出仕了長井甲斐守與日比野下野守，這兩人也在這次合戰中共同赴死。依靠男色關係締結起的主從關係，也是中世紀日本的一大特色。

　　另外，前田利家雖然在前一年參加桶狹間合戰討取了三個首級，但是仍舊沒有得到赦免。在這一戰中前田利家再度以浪人身分參戰，討取了兩個首級，終於得到了織田信長的認可，准許他回歸織田家。

（十二）美濃的動向

▎十四條合戰

　　森部合戰取勝以後，織田信長一路乘勝追擊，在附近的村落燒殺一番後攻取了墨俁城，並在此地駐守。顯然，因為主君剛死，一色軍士氣低落，織田信長的進攻取得了一定的成效。

　　長井甲斐守、日比野下野守出陣的起點墨俁城，以及織田信長攻取、滯留的墨俁城，即是現代非常有名的故事「墨俁一夜城」的發生地。不過，有關墨俁城的故事，我們放在下面的章節再說，因為這時候的織田信長真的很忙。

　　五月二十三日，森部合戰失利的九天之後，一色龍興再度派遣大軍來到墨俁城北部的十四條布陣，織田信長隨後率軍從墨俁城出陣迎戰。此次一色龍興動員的軍隊戰鬥力要比上次臨時徵集的強得多，因而織田軍小敗以後只能撤軍，向西迂迴後全軍北進至西輕海附近。一色軍自然不會放任織田信長北上，隨後便跟著織田軍的腳步來到北面的北輕海布陣，與織田軍對峙。

　　兩軍的交戰一直持續到了夜裡，一色軍中的武將稻葉又右衛門被池田恆興、佐佐成政二人合力殺死後，一色軍方才退去。可是，一色軍的驍勇讓織田信長不敢放鬆警惕，織田信長徹夜都坐在陣中留守，不敢入眠。直到第二天上午，織田軍才在信長的指揮下撤回了墨俁城守備。而後，織田信長在墨俁城留下了一部分軍勢，便撤軍回國了。

甲濃交涉

　　一色龍興繼承家督之後，第一件事就是召回快川紹喜，希望藉助快川紹喜的影響力和鄰國的大名武田信玄交好，共同抵擋織田信長的攻擊。

　　因為一色龍興一反其父的政策，傳燈寺的住持別傳宗龜認為自己可能會大難臨頭，便在寺內放火，想趁亂逃走，結果被手下逮捕。大龍寺的住持龍谷隨後也被妙心寺逐出了寺院。傳燈寺作為一色義龍修建的菩提寺，在戰國時代裡可以說是最短命的菩提寺了，僅僅在次年即永祿五年（1562年）三月，傳燈寺就被不知名人士放火燒毀。別傳宗龜最後不知所蹤，龍谷則在前往京都妙心寺以後，被敵對派系的人給殺死了。

　　自父親去世後，一色龍興自認不足以擔起重任，面對織田家的進攻時急需一個盟友相助，為此，之前一直蟄伏的一門眾長井道利又登上了舞臺。長井道利在蟄居期間，一直與快川紹喜保持著良好的關係，快川紹喜又與武田信玄關係甚好，因此一色龍興命長井道利負責建構一色家與武田家的同盟。

　　在森部合戰、十四條合戰期間，長井道利曾寫信給武田信玄請求援軍，不過最後織田軍在五月二十四日退去，武田軍也沒有出陣。武田信玄在六月六日時寫信給長井道利，表示上次收到援軍請求後立即命令信濃眾出陣支援，但是因為太過匆忙再加上敵人僅僅十日後就撤軍了，所以沒能趕上。同時武田信玄還信誓旦旦地表示，下一次一定提前做好準備，隨時支援一色家抵禦織田信長的攻擊。

　　不過，好歹一色家與武田家也算是透過快川紹喜的搭橋開始了同盟交涉，儘管武田信玄是戰國時代最不可靠的幾個盟友之一。為了感謝快川紹

（十二）美濃的動向

　　喜，一色龍興先是命令家臣延遲舉喪，再任命快川紹喜在十月十一日主持一色義龍的葬禮。快川紹喜也在這次葬禮上再度展示了自己的號召力，將美濃國及附近的「五山寺院」的名僧以及妙心寺的名僧都召到了新修建的一色家菩提寺國清寺裡，為一色義龍祈求冥福。

　　在一色義龍的葬禮舉行的同時，織田信長那裡也可以說是鑼鼓喧天、鞭炮齊鳴。因為在信長眼裡，外甥一色龍興不過是個小屁孩，美濃國簡直是唾手可得。然而，人總是會在志得意滿的時候產生更進一步的錯覺，今川義元是這樣，織田信長也是這樣。

（十三）

秀吉與墨俁城

■ 木下秀吉的父親

　　上文有提到，在永祿四年（1561年）的森部合戰時，織田信長率軍占領了墨俁城一帶，當時這裡可能是一色家的一個軍事據點，織田信長隨即在此地築城。

　　然而在通說之中，墨俁城卻並不是在這一年修築的，築城之人也並非織田信長，而是織田信長的家臣木下秀吉。木下秀吉不是武士出身，甚至他的出身要比齋藤道三的父親長井新左衛門尉、武田家的家臣春日虎綱都要低。

　　現在的小說以及一般的歷史書中，對木下秀吉的人設都是這樣的：木下秀吉是尾張國中中村一個叫木下彌右衛門的人的孩子，木下彌右衛門是織田信秀軍隊裡的一個鐵炮足輕，後來不幸在戰鬥中負傷，返回村裡不久後死了。可是，既然說秀吉是低賤的農民出身，為何又替他冠上一個「木下」苗字，這樣豈不是很矛盾？

　　實際上現代對木下秀吉的人設主要是參考自江戶時代成書的《太閤素生記》一書，但是這本書對秀吉的記載卻非常不可靠。例如，該書中木下彌右衛門去世於天文十二年（1543年），然而這年鐵炮才剛傳到日本，在此之

(十三) 秀吉與墨俁城

前織田信秀麾下又怎麼會有鐵炮足輕,還能在戰鬥中受傷?

同書還提到在彌右衛門死後,秀吉的母親改嫁給了搬到中中村居住的織田信秀的朋友眾築阿彌,秀吉的弟弟木下秀長就是築阿彌的兒子。可是,書裡還記載著,木下秀長出生於彌右衛門死前的天文九年。也就是說,要麼《太閣素生記》是一本隱藏了一個關於三角戀和家庭倫理的悲情故事的書,要麼就是木下彌右衛門這個人壓根是為了抬高秀吉出身而編造的一個角色,才會出現這樣混亂的記載。

那麼,木下秀吉真正的父親是誰呢?按照小瀨甫庵的《甫庵太閣記》裡的記載,木下秀吉是出仕清洲織田家的中中村的住民築阿彌之子,在他出仕了織田信長以後被信長稱為「小築」。

如果真的有木下彌右衛門這個人的話,把《甫庵太閣記》和《太閣素生記》兩本書一結合,我不禁有些開始同情他了,到底哪個才是他的兒子?

根據《甫庵太閣記》和《太閣素生記》兩書的記載,秀吉的出身其實也不算是非常低賤,畢竟《太閣素生記》裡秀吉的生父和養父都是出仕織田信秀的人,而《甫庵太閣記》裡秀吉的父親更是直接出仕彈正忠家的主家清洲織田家的人。因此,木下秀吉能夠子承父業出仕織田信長,也不是什麼奇怪的事情。

■ 秀吉出身的真相

除了上述的兩本書以外,還有很多書對木下秀吉的出身均有不同的記載,下面我們來列舉一下:

竹中半兵衛的兒子竹中重門所寫的《豐鑑》:「秀吉是尾張國中中村出

身,但是他的父親與母親都不知道是什麼人⋯⋯」

秀吉的家臣大村由己所寫的秀吉傳記《天正記》:「秀吉的母親是一個名叫萩中納言的公卿的女兒,曾經侍奉過天皇,後來因為讒言被流放到了尾張國居住(暗示秀吉其實可能是天皇的後代)⋯⋯」

山科言經(山科言繼的兒子)的日記《言經卿記》裡,秀吉對北條家宣戰時的自稱:「我秀吉自年幼時起就一個人長大⋯⋯」

《毛利家文書》裡收錄的安國寺惠瓊的書信:「(秀吉)年輕時不過是一個連雜魚都算不上的一個要飯的人⋯⋯」

島津家家臣上井覺兼的日記《上井覺兼日記》裡,秀吉對九州下達總無事令時島津家的反應:「羽柴不過是個來路不明的傢伙,我們島津家乃是源賴朝時代以來的名門⋯⋯」

大村由己的《天正記》完全是為了吹捧秀吉所寫的,裡面的內容自然不足為信。根據剩下的幾個人留下的紀錄來看,秀吉曾自稱「自年幼時起就一個人長大」,而竹中重門、安國寺惠瓊的形容裡秀吉也是個孤兒的形象,如果這個屬實的話,甚至連大政所是不是秀吉的親生母親也都存疑。

實際上,在傳教士弗洛伊斯所寫的《日本史》裡提到過這麼兩件事:

一件發生於天正十五年(1587年)正月,有一個穿著豪華服飾的年輕人帶著二、三十個隨從武士進入大阪城。這個年輕人來自伊勢國,自稱是關白大人的親兄弟。

當時,秀吉用輕蔑的口吻質問母親大政所:「妳記得有這麼個兒子嗎?」

大政所則害怕地撒謊說:「不記得生過這麼個兒子。」

隨後,這個年輕人與隨從都被逮捕,送到了秀吉面前斬首,他們的首級也被擺在京都的路邊展示。

(十三) 秀吉與墨俁城

另外一件事則發生於三、四個月後，秀吉聽說自己在尾張國還有一個沒有認親的妹妹，這個妹妹現在仍舊是貧困的農民。秀吉假裝將妹妹召入京都，許諾會給她相應的待遇。妹妹並不知道秀吉的本意為何，在女性親屬的帶領下進入了京都，最終一行人全部都被秀吉逮捕斬首。

從弗洛伊斯的記載來看，秀吉只認可秀長、瑞龍院、南明院三人為自己的兄弟姐妹，其他的則都被他殺害。如果結合上述的史料來推測，很有可能秀吉的母親大政所在年輕時或者因為工作關係、或者因為私生活混亂，導致秀吉自己都不知道誰才是親生父親、誰才是同胞兄弟姐妹。而秀吉身為大政所眾多來歷不明的兒女之一，自然不會被重視，所以年幼時的秀吉有過獨自長大、要飯的經歷，也就不奇怪了。

另外，除了《太閣素生記》等編纂史料的記載以外，並沒有「木下」為秀吉家族苗字的相關紀錄。根據學者桑田親忠在《豐臣秀吉研究》一書中的推測，甚至「木下」這個苗字，也有可能是秀吉的妻子北政所寧寧的母家先自稱的苗字，秀吉迎娶了寧寧以後，才以岳家的苗字自稱為「木下」秀吉。

▍墨俁一夜城的傳說

通說裡織田信長對美濃國的戰爭一直持續到了永祿九年（1566年）時都沒有取得進展，為了打倒一色家，織田信長下令在墨俁修築城池，作為攻打美濃國的橋頭堡。

不過，織田家的家臣佐久間信盛、柴田勝家相繼前往墨俁築城，都因為遭到一色軍的攻擊而失敗。墨俁城雖然是個軍事要地，但是對織田家來

說要深入敵人領地修築一座能夠長期駐守的城池實在是太難了。

當信長準備放棄時,一個新出仕的家臣木下秀吉表示自己可以試試。最後,木下秀吉與當地的富豪蜂須賀小六等合作,在一夜之間修築起了墨俁城。

織田信長十分欣賞秀吉的能力,任命秀吉出任墨俁城的城主,而墨俁城的建成,也成為了次年能夠攻陷稻葉山城的重要原因。

墨俁一夜城在日本非常有名,因為日本人都認為這是日後的「豐臣秀吉」第一次在織田信長的麾下大展神威。然而拋棄通說以後,墨俁一夜城的故事又疑點重重,因為這件事並未出現在良質史料的記載當中。

墨俁城築城之事的原型,應當就是《信長公記》裡記載的發生於永祿四年(1561年)的森部合戰的紀錄。當時織田信長奪取了墨俁城(一色家占據時期可能僅僅是砦的規模,被信長改築),在此地築起了墨俁城,十天之後,織田信長從墨俁城出陣,與一色家之間發生了十四條合戰。《信長公記》的紀錄應當是屬實的,因為在妙心寺的文書裡確實有提到織田軍趁著一色義龍去世侵入美濃之事。

可是,到了小瀨甫庵所創作的《甫庵信長記》裡,卻誤把十四條合戰當成了永祿五年(1562年)發生的事情,所以在小瀨甫庵的敘述中,墨俁城築城變成了永祿五年發生的事情。後來江戶時代成書的《總見記》、明治時代前中期成書的《真書太閤記》裡的記載也與《甫庵太閤記》相同。

然而,到了明治四十年(1907年)成書的《安土桃山時代史》中,作者參考了《甫庵太閤記》與《豐臣秀吉譜》的內容,將秀吉修築墨俁城之事推到了永祿九年(1566年)。也就是說,從二十世紀開始,豐臣秀吉在永祿九年修築墨俁一夜城的故事才逐漸流傳開來,並最終成為現在的通說。

(十三)秀吉與墨俣城

▌小瀨甫庵的矛盾

　　小瀨甫庵在寫成《甫庵信長記》之後，又心血來潮創作了《甫庵太閤記》一書，而小瀨甫庵的好友林羅山又參考《甫庵太閤記》寫出了《豐臣秀吉譜》。追根溯源，小瀨甫庵才是散播「永祿九年築城」的罪魁禍首。

　　然而，前文也提到《甫庵信長記》裡墨俣城的築城時間在永祿五年，為何到了《甫庵太閤記》裡墨俣城的築城事件變成了永祿九年呢？同樣的一個作者，為什麼在自己創作的兩本書裡出現了這樣的矛盾呢？

　　說到底，小瀨甫庵可能是個不錯的文學家，但是絕對不是個合格的歷史學家。我們先來看看《甫庵太閤記》是怎麼記錄墨俣城築城之事的吧。

　　內容大致如下：織田信長說想在美濃國築城，秀吉請求出任這座城的城主（不是築城工頭而是城主），信長答應了他。永祿九年七月五日，信長下令負責工事的奉行要在八月二十日以前將木材等築城材料準備齊全。九月一日，織田信長下令家臣將築城材料送到河對岸。四日織田信長從小牧山城出陣，次日率軍侵入美濃國，開始築城。因為在這時齋藤方攻來，信長下令加快築城，城池修築完以後（沒有提到建了多久），信長命令秀吉在此防守，秀吉也在九月二十四日擊退了來犯的齋藤軍。

　　《甫庵太閤記》裡並沒有提到這座由秀吉擔任城主，在美濃國新修的城池在哪裡，這段內容所指的是墨俣城，也是後來的人們進行推測後得出的結論。

　　不僅如此，永祿九年乃是閏年，這一年有十三個月，這一年的八月之後緊接著的是閏八月而不是九月。閏八月畢竟不是年年都有的月份，如果小瀨甫庵真的是從可靠的人那裡探聽到墨俣城築城的故事的話，怎麼可能

小瀨甫庵的矛盾

會把日期也搞錯了呢？

也就是說，小瀨甫庵在創作《甫庵信長記》時，誤讀了《信長公記》的內容，把墨俁城築城時間放到了永祿五年。到了寫《甫庵太閣記》時，大概是發覺了自己之前的錯誤，但是又無從了解過程，最後只能自己靈光一閃創作出「永祿九年墨俁城築城」的故事。

然而即便在罪魁禍首小瀨甫庵的創作中，墨俁城也不是木下秀吉在一夜裡建成的，而是織田信長先準備好材料，再率領大軍出陣，一邊與一色家作戰一邊修築而成的，秀吉只是城池建成以後的城主罷了。

真正讓秀吉成為獨占「墨俁一夜城」功勞的，是江戶時代後期成書的《繪本太閣記》。在這本書裡木下秀吉不僅僅是墨俁城的城主，還是修築墨俁城的首要功臣。同時，為了襯托木下秀吉的功績，《繪本太閣記》還把佐久間信盛和柴田勝家二人也拉出來當配角，說二人在墨俁努力了半天都沒有動靜，最後靠著秀吉的計謀才建成了墨俁城。後來《繪本太閣記》的這段內容被收錄進許多講述豐臣秀吉的書中，「墨俁一夜城」的神話才一步一步地徹底形成。

（十三）秀吉與墨俁城

（十四）

尾張統一

▍與淺井、德川的同盟

　　按照通說，織田信長與淺井家的同盟是在攻陷稻葉山城後的永祿十年至永祿十一年（1567～1568年）之間，主要目的是為了上洛。近年來也有新說認為，淺井長政早在織田家對美濃國發起侵攻時就多次配合織田信長侵入美濃國。因而織田家與淺井長政的盟約可能早在永祿二年至永祿六年就已經締結，目的自然是因為共同的敵人──美濃一色家，而不是因為上洛。

　　淺井家原本與一色家交好，一色義龍的妻子「近江之方」便是淺井久政的女兒、淺井長政的姐妹。不過，近江之方在永祿年初期就去世了，隨後在永祿二年（1559年）時淺井長政與妻子離婚，他的這個妻子是六角氏的重臣的女兒，淺井長政的離婚也象徵著淺井家與六角家的關係開始惡化。

　　再後來，就是上文提到過的一色義龍與六角家一同對淺井家發起的侵攻，差點使得淺井家滅亡之事。隨著一色義龍的去世，淺井長政與織田信長交好，迎娶了信長的妹妹市姬，捨棄了從六角義賢那裡拜領來的名字「賢政」，從織田信長處拜領「長」字，改名為淺井長政，締結了盟約。

　　在通說裡，織田信長上洛以前與淺井家結盟時，淺井家提出要求不得

(十四)尾張統一

與越前朝倉家敵對,否則就拒絕與信長同盟,顯得好像是織田信長跪求淺井家與自己同盟一樣。可是在新說中,永祿二年時淺井家與織田家協議同盟時,淺井家才是急需解決困境的一方,自然也就否定了通說。當然通說裡還有另外一個問題,這個我們放在下文再說。

從織田信長對淺井長政下賜的名字來看,至少織田信長並不怎麼高看淺井長政。要知道,織田信長在為地位較高的盟友下賜名字時,通常都是賜予「信」字,例如德川信康、長宗我部信親,反而在為家臣賜字時才會賜予「長」字,例如丹羽長秀。

另外,織田家在永祿六年(1563年)三月時,為了增進織田、松平兩家的關係,雙方在先前和議的基礎上再度締結了姻親關係,約定將織田信長的女兒五德嫁給松平元康的長子竹千代。不過此時五德和竹千代都只有五歲,所以二人的婚約直到四年後才正式完成。同時織田信長還將名字裡的「信」字賜給了竹千代,取名為德川信康(此時已不姓松平)。

從織田信長下賜名字給德川信康來看,至少在織田信長眼裡,織田與松平的同盟絕對不是通常的那種對等的同盟關係。

移居小牧山城

永祿四年(1561年),織田信長要與松平家劃分尾張國、三河國的領地,因為此事名義上需要兩國守護的認可,因而尾張國守護斯波義銀與一直以來以三河國守護自居的吉良義昭展開了會談。二人在斯波氏同族的石橋義忠的住處會面,不過這三人著實狡猾,趁著這個機會想要與海西郡的服部友貞勾結,將服部、今川的軍勢從海上引入尾張國,最終陰謀敗露被

移居小牧山城

信長流放。

永祿六年（1563年）二月，在織田、松平兩家結親的前一個月，織田信長召集了家臣們一同前往尾張國的二之宮山登山。二之宮山位於現在的犬山市一帶，海拔兩百九十多公尺，在這裡能夠將尾張國的諸多景色與城池盡收眼底。

織田信長嘖嘖嘴，問身邊的家臣們風景如何。

家臣們紛紛表示很美麗。

織田信長又問：「那你們想不想天天看到這麼美麗的風景呀？」

家臣們表示這裡簡直是神仙居住的地方啊，有誰不喜歡天天看美景呢？

織田信長點了點頭：「那麼，就在此地修築新的居城吧。」隨後甩甩手便走了，留下一臉錯愕的家臣們。

織田信長想要將主城遷到二之宮山去的消息很快就在織田家傳開來了，許多家臣們住慣了清洲城，並不想跑到二之宮山居住。再說了，二之宮山海拔那麼高，要是需要進城開會的話可就太不方便了，年輕的家臣們還可以當做強身健體，年紀大的家臣們估計開個幾次會，登上幾個來回就一口氣喘不過來，先垮了。

織田信長聽到家臣們反對在二之宮山建城時並沒有表態，而是狡黠地笑了笑。家臣們會反對遷移到二之宮山之事，信長早就料到了，他要的也正是這個效果。第二天，織田信長又將家臣們召集到了清洲城，商議遷移主城之事，家臣們立刻和機關槍一樣噠噠噠噠噠地向信長開火，說著遷居二之宮山的壞處。

織田信長靜靜地聽著家臣們的不滿，等到大家都說完以後，他故作為難地對大家說道：「那既然大家都嫌棄二之宮山太高，不願意到那裡去，

(十四) 尾張統一

不如我們就在小牧山建城怎麼樣?那裡的地勢總比二之宮山要低許多。」

家臣們見織田信長開竅了,不再強行讓大夥去鍛鍊身體了,紛紛表示主公英明。信長要的就是這個結果,他早就知道這幫老油條不好對付,不管把主城遷到哪裡去這夥人都會有意見,所以他才來了一招明修棧道暗度陳倉。先是聲稱要把主城遷到大家絕對不會同意的二之宮山去,隨後又假意妥協地遷移到小牧山。

不得不說,信長這招玩得十分高明,在中國的南北朝時代有個皇帝也這麼玩過,即北魏孝文帝遷都洛陽之事。織田信長之所以遷居小牧山城,歷來的原因都是說想要攻略美濃國,然而實際上並非如此。在攻打稻葉山城之前,織田信長還有一個敵人要解決。

▌包圍犬山城

犬山城的織田信清乃是織田信長的堂兄弟,早年曾與織田信秀敵對,在織田信長與巖倉家交戰時又站在了織田信長的一方。然而,隨著織田信長的勢力一步一步壯大,犬山家的地位越來越尷尬,是從屬信長呢?還是繼續保持同盟?

兩家實力對比懸殊,後者明顯是不太可能的,可是織田信清又不想就這樣臣服於信長,二者對巖倉家的地盤瓜分也起了衝突。最終,在一色龍興的干涉下,犬山家站到了美濃一色家的一方。

小牧山城位於清洲城與犬山城之間,距離犬山城非常之近。織田信長將主城遷移到此地,無疑就是在向織田信清示威,讓他盡快棄暗投明,不要跟尾張國作對。

在織田家的壓迫下，犬山家的黑田城城主和田新介、於久地城城主中島豐前守相繼在丹羽長秀的策略下投入了織田信長的懷抱。這兩座城均是為了護衛犬山城修築的支城，二地的失陷，使得犬山城變成了一座孤城，直接暴露於信長的攻擊之下。

犬山城位於尾張國和美濃國交界的要地，其背後就是中美濃的鵜沼城、猿啄城、加治田城、堂洞城。織田信長想要占據中美濃，就必須先拿下犬山城。於是，在黑田城、於久地城投降以後，織田軍迅速包圍了犬山城。

半兵衛奪取稻葉山城

織田信長圍攻犬山城期間，美濃國發生了一件讓人跌破眼鏡的事情——織田信長朝思暮想的稻葉山城被攻陷了，城主一色龍興出逃。奪取稻葉山城的是美濃國不破郡菩提山城的城主竹中重虎。當然，大家可能對竹中半兵衛這個稱呼更為熟悉，那麼下文就還是稱呼他為竹中半兵衛吧。

根據《美濃明細記》、《寬政重修諸家譜》的記載，因為一色龍興寵信奸佞，竹中半兵衛與岳父安藤守就一同前往稻葉山城覲見，勸說主公要「親賢臣、遠小人」。但是忠言逆耳，一色龍興不但不理睬他們，還把他們趕了出來。

永祿七年（1564年）二月六日，竹中半兵衛忍無可忍，率領弟弟竹中重矩在內的十五名家臣，趁一色龍興不備奪取了稻葉山城，將一色龍興趕出了居城。當時織田信長得知稻葉山城被竹中半兵衛奪取，便派出使者前來交涉，表示只要竹中半兵衛肯交出稻葉山城，就允諾將美濃國的一半賞賜給他。

（十四）尾張統一

然而，竹中半兵衛卻義正辭嚴地拒絕了織田信長的提議，表示自己對一色家並無反意，奪取稻葉山城的目的只是為了警醒主公罷了。在這之後，竹中半兵衛又將稻葉山城原封不動地交還給了一色龍興，因為曾經與主公敵對的緣故，半兵衛最後不再出仕一色家，而是跑到淺井家做了一回客將。

此即日本戰國時代著名的「十六人智取稻葉山城」事件，竹中半兵衛因為這件事被後世的日本人稱為「今孔明」，如今只要一談到戰國時代的軍師，就必然會出現竹中半兵衛的身影。竹中半兵衛的後裔後來混得蠻不錯的，一直身為江戶幕府的旗本武士出仕德川家混到了幕末。而這個故事正是竹中家的後裔吹噓出來的，不得不說，在當時混得好不如生個好兒子。

從歷史來看，竹中半兵衛奪取稻葉山城的原因與過程並沒有像現在流傳的通說那麼傳奇，竹中半兵衛在稻葉山城內的軍勢人數有多少也是不詳。因為別說是十六人了，就算人數翻個幾倍，想奪取稻葉山城也是件不可能完成的任務。

實際上，當時竹中半兵衛能夠以極少數的人奪取稻葉山城，並非是這十六人勇猛無敵，而是因為突然出現在稻葉山城下的安藤守就率領的兩千人的軍勢。一色龍興沒有防備自己會遭到家臣的背叛，再加上城內的竹中半兵衛已是安藤守就的內應，因而才決定棄城逃亡。也就是說，竹中半兵衛的這十六個人根本就不是來奪城的，單純地就只是發揮了一個開門的作用。

竹中半兵衛奪取稻葉山城以後所做的第一件事，就是殺死一色龍興的側近齋藤飛驒守等六人，這六個人應該就是安藤守就和竹中半兵衛口中的

「奸佞」。在前文曾提到過，一色龍興繼位時一色家的內部開始向重臣合議制轉變。大概是因為隨著年齡的增長，一色龍興想要奪回本來屬於自己的權力，因而開始培養親信，疏遠參加合議制的重臣，這才會遭到安藤守就與竹中半兵衛的嫉恨，引發了此次事變。

竹中半兵衛奪取稻葉山城以後，織田信長派使者前來交涉之事更是無稽之談，純粹是後代為了美化竹中半兵衛捏造的故事。此時的織田信長尚且在攻打犬山城，美濃國仍然處於一色家的統治之下，織田信長又怎麼會慷他人之慨，允諾美濃國半國的封地呢？

在這一年的七月二十九日，竹中半兵衛對稻葉山城附近的西莊寶林坊下發了禁制，說明在奪城事件的半年以後，稻葉山城仍舊處於竹中半兵衛的控制之下，並且竹中半兵衛還以國主的姿態下發禁制，儼然一副下克上的嘴臉。

在快川紹喜寫給別人的書信中提到：「先前六日的白天時，菩提城主竹中遠江守之子半兵衛奪取了金華山城（稻葉山城）。隨後與伊賀守（安藤守就）一同領有一國。奪城之時，齋藤飛驒守等六人被殺害。太守在備中守（日根野弘就）、攝津守（竹腰尚光）、青木等人的護衛下，一箭未發就離開了，前往鵜飼、祐向、揖斐籠城。金華山城的城下町在備中守離開時被放火燒毀。美濃國中，不知羞恥、毫無義理的人參加了半兵衛一方，知恥且重視義理的人加入了太守麾下……」

從快川紹喜的書信中也可以看出，在當時的人們眼中，竹中半兵衛奪取稻葉山城是件非常為人所不齒的事情。況且竹中半兵衛占據稻葉山城至少半年以上，這次所謂的「智取稻葉山城」不過是一場家臣想取代一色家成為美濃國國主的叛亂罷了。

(十四) 尾張統一

　　最後，因為美濃國的勢力仍舊支持一色家，竹中半兵衛與安藤守就無法在稻葉山城駐留太久，一色龍興又奪回了稻葉山城。從事後竹中半兵衛、安藤守就的勢力仍在美濃國存留的情況來看，一色龍興回歸稻葉山城時很可能沒有發生合戰，而是和他們二人達成了和解，和平接手的城池。

▍犬山城陷落

　　奪取犬山城對織田信長來說是統一尾張國的最後一個步驟，儘管此時尾張國的海西郡仍舊在一向宗勢力的控制下，但是他們嚴格來說不能算是一股獨立的勢力，只是動亂罷了。

　　根據《武功夜話》的記載，犬山城陷落乃是在永祿七年（1564 年）。不過從快川紹喜的書信裡看，犬山城陷落乃是永祿八年（1565 年）七月之事。另外，快川紹喜等人先前依附過的瑞泉寺在犬山城陷落時被燒毀，按照天正元年（1573 年）時瑞泉寺的住持所言，瑞泉寺是在犬山城陷落的永祿八年二月被燒毀的。

　　而依照《武功夜話》補卷裡收錄的〈千代女書留〉所言，永祿八年二月左右，織田信長派遣柴田勝家、佐久間信盛等率領一千五百人的軍勢從犬山城出陣，在城下町放火。犬山城方面也向鵜沼城邀請了援軍，但是鵜沼軍卻在木曾川被蜂須賀小六、前野長康率領的鐵炮隊阻擊，造成一些傷亡後逃去。見到援軍戰敗，城主織田信清僅僅帶著五、六騎家臣突圍。

　　後來，織田信清前往甲斐武田家請求庇護，在武田信玄的弟弟一條信龍處居住，法號犬山哲齋（或鐵齋）。武田家滅亡以後，織田信清前往贊岐國的高松生駒家當食客，高松生駒家的家祖生駒道壽曾經是犬山家的家

臣，生駒家也沒有虧待昔日主公，讓織田信清在贊岐國安度了晚年。

而當初嫁給織田信清的信長的姐姐，在織田信清逃亡後被織田軍帶回了小牧山城，後來被稱為「犬山殿」。天正十三年（1585年）時，織田信雄將尾張國的彌勒寺鄉一百八十貫的領地賜給了她，作為姑姑養老的開銷。

犬山城的陷落雖然讓織田信長統一了尾張國，但是織田信長卻沒有因為這個階段性的勝利而停下自己的腳步。占領犬山城以後，織田信長很快地就對犬山城背後的中美濃地區發起攻擊，最終目標直指稻葉山城。

(十四）尾張統一

（十五）美濃攻略

與上杉謙信的交涉

　　永祿七年（1564年）時，上杉謙信正在與武田信玄爭奪信濃國、飛驒國的領地。六月，武田信玄派遣美濃國苗木城的遠山直廉出陣飛驒國，攻打上杉謙信的盟友三木直賴。上杉謙信為了支援盟友，來了一招圍魏救趙，在七月率軍出陣信濃國，與武田信玄再度在川中島對峙，是為「第五次川中島合戰」。

　　當時美濃國的一色家與武田家是同盟關係，為此，有著共同敵人的上杉謙信便與織田信長交好，上杉謙信甚至提出想要收養一個信長的兒子為上杉家的養子。雖然織田信長對送兒子之事沒有做出實際回應，但是兩家的關係卻一直保持得很好。

　　直到後來織田信長攻取犬山城、中美濃以後，武田信玄發現織田家的崛起已無法避免，便不再理會快川紹喜的進言，拋棄了盟友一色家，轉而與織田家修好。永祿九年開始，織田家與上杉家便暫時斷絕了往來。

(十五)美濃攻略

中美濃的合戰

　　越過尾張國與美濃國邊界的木曾川,便是美濃國的中美濃地區,織田信長在攻陷犬山城之後,立即揮師渡過木曾川,奪取了伊木山砦與鵜沼城。鵜沼城僅位於木曾川對岸不足兩公里的位置,算是織田家在濃尾邊界的第一個據點,所以鵜沼城的陷落讓加治田城、猿啄城、堂洞城都感到惶恐不已。

　　當時加治田城的守將乃是佐藤紀伊守、佐藤右近右衛門父子。不過,佐藤右近右衛門並非佐藤紀伊守的親生兒子,他原來是桑名氏出身,因為長良川合戰時站在一色義龍一方,最後受封了四千貫領地,同時成為佐藤紀伊守的養子。

　　永祿八年(1565年)的五、六月左右,佐藤右近右衛門感覺到織田信長的攻勢勢不可擋,於是他便慫恿養父投靠信長,暗地裡與信長的家臣丹羽長秀內通,答應做織田家的內應。織田信長允諾事成之後將美濃國的三個郡賜給佐藤父子,在雙方達成約定以後,信長還賞賜給佐藤父子五十枚黃金大判。不過,後來因為佐藤右近右衛門在攻打堂洞城時戰死,所以封地的約定便不再算數了。

　　緊跟著加治田城,美濃國的猿啄城城主多治見修理也認為無法與織田信長對抗,便棄城逃亡。織田信長無血開城後,將猿啄城改名為「勝山城」,賜給了家臣河尻秀隆。

　　中美濃諸城在織田信長的威勢之下紛紛開城,織田信長幾乎沒有遇上什麼像樣的抵抗。就在這時,被信長派往堂洞城勸降的金森長近回來了,同時還帶回了一個不怎麼好的消息——堂洞城城主岸信周拒絕投降,還

中美濃的合戰

殺死了佐藤紀伊守在堂洞城的人質。

岸信周是一色家重臣長井道利的親信，堂洞城則阻攔在織田信長奪取的鵜沼城與加治田城之間。此時一色家的重臣長井道利的居城金山城也被織田信長攻陷，他正率軍在堂洞城西邊布陣，準備奪回中美濃地區。也就是說，如果織田信長不攻取堂洞城，加治田城等城很可能就會再度被一色家奪回。

在這樣的情況下，九月二十八日，織田信長率軍攻打堂洞城，加治田城的佐藤父子也趕來參戰。

按照《信長公記》的敘述，因為這天狂風大作，織田信長見狀便命令部隊強攻到堂洞城的城下，在城下點燃火把擲入城中，引燃了堂洞城的二之丸。此時長井道利已經率軍來援，織田軍不得不加快攻城的速度，好在火勢在強風的作用下越來越大，二之丸的防禦很快就被火攻給擊破了。織田軍在正午時分攻入二之丸，而後又在下午六時左右攻入本丸，堂洞城的守軍一直抵抗到了最後一刻，自城主岸信周以下大部分守軍都寧死不降。

值得一提的是，《信長公記》的作者太田牛一也參加了這一場合戰，同時還在首卷中記錄了自己的武勛：

「在二之丸的入口處，太田又助獨自一人站在位於高處的建築上，箭無虛發地射殺敵軍。織田信長見狀，三次派遣使者褒獎太田又助，增加他的知行地。」

當然，現在也有人認為首卷中的「太田又助」指的並不是太田牛一，而是他的哥哥。

在這天夜裡，織田信長前往加治田城留宿，佐藤父子因為織田信長的信任感激涕零，表示一定會忠於信長。第二天，織田信長回到了堂洞城，

(十五)美濃攻略

在山下的城下町進行首實檢，但是此時的織田軍卻遭到了長井道利、一色龍興共三千人的軍勢攻擊。織田軍的人數不過七八百人，很快就敗下陣來，連佐藤右近右衛門也在此戰中跌落下馬戰死。

好在織田軍的背後是廣闊的平原，便於撤退，再加上織田軍人數雖少，但是戰鬥力卻很強。織田信長命令軍勢調整陣型，留下精銳部隊抗敵，先讓受傷的士兵與後勤人員撤退，等到這些人都撤退完畢後，信長再下令讓精銳部隊騎馬快速從平原撤退。

一色軍眼看著織田軍騎著馬從平原撤離，無奈自己都是步兵為主，也只能望洋興嘆了。

美濃遠山氏

天文二十四年（1555 年，弘治元年），武田信玄征服信濃國下伊那郡以後，便將勢力滲透進了美濃國的惠那郡，遠山氏正是在這個時候降服於武田家的。武田信玄沒有改封遠山氏的地盤，只是將武田家的據點設在了巖村城，任命秋山虎繁為美濃國的大將。

在當時的日本，許多位於邊境地區的勢力都處於一種「兩屬」的狀態，美濃遠山氏就是如此。不過因為武田家直接控制當地的原因，與從屬齋藤家相比，遠山氏作為武田家的家臣的色彩則更強一些。

當時，齋藤道三和織田信長仍舊是同盟，二者一同與今川家敵對，巖村城城主遠山景前的妻子是織田信長的姑母，而苗木城城主遠山直廉（遠山景前之子、入嗣苗木遠山氏）的妻子又是織田信長的妹妹，因而武田信玄對遠山氏仍然有些猜忌。

美濃遠山氏

　　值得一提的是，遠山景前在弘治二年（1556年）去世，其妻子在這一年為四十歲左右，到了傳聞中秋山虎繁迎娶遠山景前遺孀入駐巖村城的天正元年（1573年）時已經接近六十歲了，所以逸聞終究只是逸聞罷了。

　　永祿元年（1558年），遠山氏曾一度入侵今川家的領地三河國，與今川家方面的奧平貞勝交戰。當時三國同盟還未解除，武田軍的舉動未免有些令人感到意味深長，同時，武田信玄還偷偷派遣家臣秋山虎繁接近織田信長，其心機之深沉可以說是暴露無遺。

　　不過，另外一方面也可以看出武田信玄這隻老狐狸真不是蓋的，要知道這時候今川義元還尚在人世，今川家面對織田家時也沒有落入下風，武田信玄卻已經意識到了織田信長將來可能崛起，與之通好。大概在這時候武田信玄就已經想好了將來要怎麼和織田信長瓜分美濃國與今川家的地盤了吧！終武田信玄一生，能把除了敵對的上杉謙信以外的領國周邊大名全都背叛一遍，武田家也算是創造了個紀錄了。

　　永祿八年（1565年）八月，因為原本與武田家的聯繫要地金山城等地的淪陷，一色家與武田家的來往逐漸開始減少。快川紹喜、長井道利與一色家的四奉行（安藤守就、日根野弘就、竹腰尚光、氏家直元）努力建構的甲濃同盟開始崩壞。

　　到了永祿九年（1566年）七月、八月、閏八月的三個月期間，遠山氏再也沒有向兩屬之一的主公一色龍興遞交誓書。在這期間，織田信長迎接姪女、遠山直廉之女為自己的養女嫁入武田家，與武田信玄的四子武田勝賴聯姻。武田信玄就這樣拋棄了盟友一色龍興，轉而與織田家結成了同盟。

　　武田家與織田家的同盟之後一直持續，不過織田信長的養女在兩年後

(十五) 美濃攻略

就因為生產武田勝賴的嫡子武田信勝難產而死。在這以後，兩家曾交涉讓武田信玄的女兒嫁給織田信長的長子織田信忠繼續聯姻，但是此時兩人都還小，所以沒有這麼快結親，後來武田信玄與織田信長敵對，婚約自然就不了了之了。

稻葉山城陷落

永祿九年（1566年）四月，織田信長響應足利義昭的號召，率軍侵入美濃國，想打通尾張國到近江國的通路，不過在虛晃一槍後便立即撤軍（這個下文會詳細說明）。

八月二十九日，織田信長假意再次接受足利義昭的號召，從小牧山城出陣，朝著墨俣城、關原的方向前進，隨後又突然率軍向河野島進軍準備攻打稻葉山城。

織田信長在四月的進攻並沒有對一色家做出明顯的敵對行為，讓人誤以為他是真的想上洛。所以這次出陣時，信長想瞞天過海，中途掉頭攻打沒有防備的稻葉山城。然而，一色家早就對不按常理出牌的織田信長有所防備，一色龍興也率領軍勢在新迦納城布下本陣，並派出軍勢前往木曾川迎戰。

不過，因為當時的暴風雨天氣，第二天開始木曾川的水位上漲，使得兩軍無法交戰，只能隔岸對峙。到了閏八月八日時，木曾川的水位略微減少，熟知地利的一色軍在凌晨奇襲了織田軍，打了織田信長一個措手不及，織田軍中的許多人都落入木曾川中溺死。

這一次合戰中，織田信長雖然落敗，但是並未遭受多大損失，同時他

也意識到了，一色家在美濃國還有許多支持者，想要正面擊垮一色家還是有些難度的。於是，在這之後，織田信長對美濃國的擴張策略逐漸改變，不再以強攻為主。

永祿十年（1567年）八月一日，一色家的重要支持者、有著「美濃三人眾」之稱的稻葉一鐵、氏家直元、安藤守就被織田信長策反，隨後三家分別向尾張國送出人質。

織田信長得知三家臣服後，在人質尚未到達時就火急火燎地率軍出陣，在稻葉山城南面的瑞龍寺山布陣。趁著一色家還未辨清敵我時，織田信長命令麾下軍勢攻到城下，在井口町縱火。次日，織田軍在城下布下了工事，將稻葉山城包圍，隨後美濃三人眾也趕來參陣。

因為織田信長的突然行動，再加上美濃三人眾的背叛，稻葉山城士氣低下。根據九月十日織田信長在美濃國頒布的禁制以及龍福寺的《瑞龍山紫衣輪番世代牒》的內容推測，在九月六日至九月十日之間，一色龍興開城投降，與長井道利等人共同退往伊勢國的長島。

長島侵攻

在《信長公記》的記載裡，稻葉山城陷落的時間並非是九月六日，而是八月十五日。然而，此處應當是太田牛一的誤記，因為八月十五日這天織田信長並不在美濃國。

按照連歌師里村紹巴的《富士見道記》記錄：永祿十年的春天，里村紹巴前往富士山遊玩。八月十五日返程之時，里村紹巴路過津島，隨後想要乘船前往伊勢的桑名渡。然而在這時，他聽說「尾州太守（織田信長）」

（十五）美濃攻略

正在出陣伊勢國攻打長島的一向宗勢力，於是里村紹巴便離開了津島返回熱田，又在八月十八日進入大高城。在這天半夜，里村紹巴望見西方起火，火光將海面映照得像白天一樣，紹巴推測是長島被織田信長攻陷，織田軍在當地縱火。二十日，里村紹巴乘船前往伊勢國的楠，發現此地因為前幾日織田軍的侵攻而處於騷亂之中。

織田軍在這年對伊勢長島的攻擊並未見於《信長公記》中，因而織田信長出兵長島的原因並不得而知。可以看出，織田軍的作戰並非是真正的侵攻，而是在長島至楠的沿途縱火，具有一定的示威成分在裡面。

伊勢國的長島原本是伊藤氏的領地，明應十年（1501年）一向宗在當地興建了願證寺，隨後領主伊藤重晴被一向宗驅逐，此地成為了一向宗的地盤。海西郡的服部友貞之所以敢與織田信長叫板，也正是因為背後有著長島一向宗的支持。

在永祿三年的桶狹間合戰時，服部友貞動員了近千艘戰船想與今川義元會合，最終因為今川義元戰死而不了了之。即便這一千艘戰船都是小破船，區區一個服部友貞，想要獨自動員起這麼大的船隊，還是有相當大的難度的，所以其背後一定是得到了一向宗的支持。

不過在這一年前後，長島並沒有對織田信長表現出明顯的敵對，稻葉山城尚未陷落，織田信長似乎不是那麼有必要進攻長島。而最後織田軍確實也只是放了把火就撤軍了，所以這一年織田信長的軍事行動，很可能是接受被一向宗驅逐的伊藤氏的委託，進行了一次支援伊藤氏復歸舊領的作戰，同時織田信長大概也想藉此警告一下一向宗，防止他們的勢力滲透進尾張國。

（十六）

永祿之變

▌「麒麟來了」

在織田信長攻打稻葉山城期間，日本京都發生了一件震驚全國的大事——永祿八年（1565 年），幕府將軍足利義輝被三好家的家臣「三好三人眾」以及松永久通殺害，史書裡將這次政變稱為「永祿之變」。

織田信長曾經上洛覲見過足利義輝，先前尚且威風凜凜的將軍遇害，使得織田信長倍受打擊，在足利義輝遇害後，他將自己在文書上署名的花押改成了「麟花押」。

花押相當於當時的防偽記號，特點就是複雜、好看。每個武將的花押都不相同，像織田信長這樣的還有過好多個花押。只不過，織田信長平日更改花押大多數是為了防止有人偽造信件，而這一次則是受將軍被害的影響。

「麟花押」裡的「麟」，指的就是「麒麟」。「麒麟」是中國人幻想中誕生的動物，是一種長著獅頭、鹿角、虎眼、麋身、龍鱗、牛尾的祥瑞之物，代表著吉祥與太平。在當時受中國文化影響很深的日本人眼中，麒麟的降臨也代表著太平盛世的到來。

織田信長之所以將自己的花押改成「麒麟」，正是在向世人們表示自

(十六) 永祿之變

己迫切地想迎來太平治世的願望。後來信長確實也差點做到了，而他的後繼者們更是開創了一個近三百年的太平年代，因此織田信長也被日本人稱為「戰國的麒麟兒」。

▍「半將軍」細川政元

要介紹當時京畿的局勢，就不得不從日本戰國時代統治京畿的京兆細川體制開始說起。

自從「應仁・文明之亂」爆發以後，原本有權出任幕府「管領」之職的三個家族中，金吾畠山家、武衛斯波家相繼沒落，無力處理幕政，幕府中只剩下京兆細川家一家獨大，管領職役也由京兆細川家一家獨占。

京兆細川家的家督乃是「應仁之亂」爆發時的東軍主帥細川勝元之子細川政元，此人年紀輕輕，政治手段卻不一般。在細川政元的帶領下，應仁之亂以西軍投降而結束，細川政元隨後又與日野富子、伊勢貞宗等人在「明應政變」（明應三年，1492 年）裡廢黜了十代將軍足利義材，擁立了足利義澄為新任幕府將軍。

當時的細川家勢力龐大，在京畿隻手遮天，細川政元本人更是被稱為「半將軍」。只是，凡事都有個盛極必衰，京兆細川家也是如此

延德三年（1491 年），細川政元因為痴心於宗教，在率領家臣去北陸巡遊時，為了防止發生意外，沒有子嗣的細川政元迎接了公卿裡「攝關家」家格的九條家出身的男孩為自己的繼承人，即後來的細川澄之。

「半將軍」細川政元

不過，細川政元迎接這個養子只是作為預防作用，他並不想將家督真的傳給公卿家族出身的細川澄之。他之所以從公卿家族中選養子而不從庶流中選養子，是擔心庶流出身的養子會讓庶流的權勢蓋過本家京兆家。可是，在巡遊結束以後，雖然細川政元還是沒有誕下子嗣，仍舊讓細川澄之作為養子存在，卻又從分家阿波細川家迎接了細川澄元為養子。

阿波細川家畢竟是京兆家的庶流，雙方有著血緣關係，再加上阿波細川家實力雄厚，是最有資格與京兆家爭奪一族「總領」的分家。細川政元收養細川澄元，一方面是想將家督傳給自己人，另一方面則是懷柔阿波細川家，不至於讓細川一族分裂。

通說裡細川政元還有一個養子細川高國，細川高國出身野州細川家，成為細川政元養子的時期並不明確，按照名字來看應當是在細川澄之、細川澄元之前（元服時習慣會從幕府將軍處拜領一個字放在自己的名字裡，而當時的幕府將軍原名足利義高、後來改名足利義澄）。之後細川高國可能回歸原家族繼承野州家的家督，所以沒有京兆家的繼承權，當然，也不排除細川高國的「養子身分」是他成為細川家的一門總領後編造的。

話說回來，細川政元千算萬算，最終還是人算不如天算。當細川澄元被立為京兆家的繼承人後，細川澄元將阿波細川家的重臣三好之長也帶到了京畿。三好家出自清和源氏的小笠原氏的支流，在室町時代作為阿波國的守護代出仕阿波細川家。阿波出身的三好家在京兆家內部崛起，使得京兆家在京畿的一門、家臣都感到非常不滿，最後，一部分對細川澄元繼承家督感到不滿的家臣們聚集到了被廢掉繼承權的細川澄之身邊。

(十六) 永祿之變

永正錯亂

永正四年（1507年）六月二十三日，細川澄之一黨趁著細川政元入浴時殺害了細川政元，隨後驅逐了細川澄元，擁立細川澄之為京兆家的家督。

細川政元之死在京畿掀起了軒然大波，雖然細川澄之自立為京兆家的家督，但是許多京兆家的家臣、一門均不認可此事。相反，大家紛紛磨刀霍霍，準備組成聯軍討伐細川澄之。

細川澄之本就是九條家出身，再加上戰國時代雖然是個「下克上」的年代，但是大家都不想背上不義之名，像細川政元、齋藤道三這樣的頂多也就流放主君，沒有幾個人真的敢弒主。因而雖然京兆家的重臣們也不想讓阿波家的細川澄元繼承家督，但是卻依舊拒絕加入細川澄之一黨，反而聚集到了細川高國麾下。

八月一日，野州家家督細川高國率領細川一門攻打細川澄之，很快就擊敗了這支叛軍，細川澄之也兵敗而死。在這之後，細川澄元率軍返回了京都，繼承京兆家的家督。

細川政元、細川澄之之死，並未宣告著細川家內訌的結束，反而僅僅只是個開始。細川澄元繼承家督以後，京兆家的內部矛盾依舊存在，對阿波家不滿的家臣們與一門眾聚集到了細川高國的麾下，與細川澄元對立。最後，細川高國與大內義興、畠山尚順、畠山義元結盟，迎回了先前被廢的將軍足利義材，將細川澄元與足利義澄都給逐出了京都。

三好家崛起

　　細川高國與細川澄元在京畿鏖戰多年，最後，因為大內義興、畠山義元返回領國，細川澄元派在爭鬥中占據了上風。幕府將軍足利義稙（足利義材改名）也立刻見風使舵投入了細川澄元的懷抱裡，將細川高國逐出京都。

　　永正十七年（1519年）三月二十七日，細川澄元派遣家臣三好之長率軍兩萬上洛，作為自己在京都的代官。不過，因為細川高國得到了近江國大名六角定賴的支持，率領著約四、五萬人的軍勢捲土重來。在京都的三好軍聽聞細川高國攻來，要麼背叛，要麼逃亡，最終三好之長麾下僅剩餘四五千人左右，兵敗後與兩個兒子一同被俘，隨後被送到京都的街市中斬首。

　　三好之長死後，細川澄元恰好在病中，聽聞己方兵敗，於悲憤交加中去世，年僅三十二歲。細川澄元死後，京兆家的家督由其子細川晴元繼承，而三好家的家督則讓三好之長的孫子三好元長出任。

　　大永元年（1521年），因為先前足利義稙曾與細川澄元結盟的緣故，細川高國、足利義稙二人關係惡化，足利義稙在近臣的護衛下流亡淡路國。細川高國則擁戴了前將軍足利義澄之子足利義晴就任新任征夷大將軍。不過，細川高國的統治不得人心，在幾年後就被家臣們逐出了京都，細川晴元、三好元長率領阿波家的軍勢，擁戴足利義稙的養子足利義維上洛，殺死了細川高國。

　　此時的三好家已經具備了相當強大的實力了，三好元長想要擁戴足利義維為主，廢掉足利義晴，可是細川晴元卻主張仍讓足利義晴出任將軍。

（十六）永祿之變

二者的矛盾也讓主從關係惡化，享祿五年（1532年）時，三好元長遭到細川晴元的暗算，被突然爆發的一向一揆軍包圍，被迫自盡。

■「天下人」三好長慶

三好長慶是三好元長的嫡子，在父親自盡時年僅十歲。為了復興三好家，三好長慶明知攻擊父親的一向一揆是受細川晴元的指使，卻依舊忍辱負重，向主君示弱。

直到天文十八年（1549年），三好長慶才與有著殺父之仇的主君細川晴元、三好政長對立，兩軍在攝津國的江口城交戰，最終三好長慶取得了勝利。細川晴元被三好長慶逐出京都，離開之時，細川晴元帶走了幕府將軍足利義晴、足利義輝父子，前往近江國的坂本蟄伏。

儘管三好長慶在戰後擁戴細川氏綱為主君，表面上仍舊是細川家的家臣，但是實際上此時的三好長慶已經將京兆細川家的政體完全打散，著手在京畿建立一個新的政權。

三好長慶在之後的一段時間裡一度與細川晴元、足利義輝（足利義晴在天文十九年就去世了）和談，但是大部分時間內，三好長慶都在獨自對抗著幕府將軍與幕府管領。足利義輝一直到永祿元年（1558年）才與三好長慶和解，重新返回京都。

為了再興幕府，削弱三好家的權勢，足利義輝積極參與各地的政務，調停地方大名的戰爭。前文提到的織田信長、一色義龍、上杉謙信的上洛也是發生在這個期間。然而，將軍權威的復活，引起了三好家的警覺，在

三好家的脅迫之下，足利義輝甚至不得不向三好家的家臣松永久秀送出自己八歲的女兒作為人質。

此時三好家的勢力遍及京畿至四國一帶，讓幕府將軍交出人質的行為又無疑是明目張膽地將將軍置於三好家的下位。不僅如此，三好家發出的關於土地訴訟的「裁許狀」在畿內甚至要比幕府發出的裁決書要更有用，這表明三好家的權威已經超過了室町幕府，以至於當時的人們都稱三好長慶為「天下人」。

值得一提的是，在室町時代的「天下」指的並非是全日本，而是指京畿一帶，三好長慶的「天下人」僅限於此，織田信長的「天下布武」同樣也僅局限於京畿。另外，足利義輝向三好家遞交人質的行為，說明了此時的幕府將軍雖然勢力衰弱，但是與三好家是一種微妙的保持平衡的同盟關係，幕府將軍依舊擁有很多權力，而非傳統意義上的傀儡。當然，也正是因為幕府將軍並非完全的傀儡，才最終釀成了「永祿之變」。

三好義興之死

三好義興是三好長慶之子，出生於天文十一年（1542年），在永祿二年（1559年）時被足利義輝接見，受賜名字為「三好義長」，後又改名為「三好義興」。身為三好家的繼承人，三好義興不但驍勇善戰，自小在京都長大的他也不似其他鄉下大名，接受了良好的貴族教育，非常有教養。足利義輝與公卿們都非常喜愛這個傑出的青年。

此時的三好家正如日中天，三好一族猶如當初的細川一族圍繞在京兆

(十六)永祿之變

家周圍一樣，也圍繞在三好長慶的身邊，建構起了一個統治京畿的三好政權。然而，上天沒有特別眷顧三好家，三好家的衰敗甚至比京兆細川家還要快。

永祿四年（1561年）四月，三好長慶的弟弟、猛將十河一存病死。永祿五年三月，三好長慶的另一個弟弟三好實休戰死。永祿六年八月，備受大家看好的繼承人三好義興在居城芥川城突然暴斃。

接連的打擊令三好長慶猝不及防，尤其是三好義興之死徹底擊垮了這個天下人。永祿七年，精神狀態不穩定的三好長慶將最後一個弟弟安宅冬康殺死，兩個月後他自己也在迷茫中去世，年僅四十六歲。

三好長慶、三好義興以及三好一族的宿老、名將在四年內相繼死去，三好家的家督最終由三好長慶的養子、十河一存的長子三好義繼（當時還不叫三好義繼）繼承。而三好家的大權也落到了家臣松永久秀以及有著「三好三人眾」之稱的三好長逸、巖成友通、三好政康三人的手中。

永祿之變

永祿八年（1565年）五月一日，三好義繼帶著家臣三好長逸、松永久通上洛，正式身為三好家的家督出仕幕府將軍足利義輝。足利義輝也表示會給予三好家室町幕府時期的「四職家（有權出任侍所所司的山名氏、一色氏、京極氏、赤松氏四家）」待遇，同時還讓當時名為「三好重存」的三好義繼改名為「三好義重」，松永久通身為三好家的重臣也受賜了「義」字，改名為「松永義久」。

永祿之變

　　即便是三好家的家臣松永氏，足利義輝也下賜了幕府將軍的通字「義」字。與之相比，地方上的大名諸如上杉謙信（輝虎）、毛利輝元、伊達輝宗等人，僅僅只接受了偏諱「輝」字。從下賜名字這件事也足以看出，三好家在當時是多麼的權勢熏天。

　　然而，五月十八日，僅僅距離出仕足利義輝兩個星期而已，三好義繼再度率領一萬大軍上洛，三好軍於次日上午八時進攻了足利義輝的將軍御所。自幕府將軍足利義輝以下，母親慶壽院、弟弟鹿苑寺周暠以及一眾幕府將軍的側近、奉公眾均被殺害。

　　雖然先前早有室町幕府的六代將軍足利義教被暗殺的例子，但是當時足利義教也只是被騙到了赤松滿祐的家裡殺害的，像三好義繼這樣直接攻打將軍御所之事絕對是首例。山科言繼在聽說此事之後，更是將三好義繼在大白天殺害足利義輝之事評為「先代未聞」之事。

　　從明應政變開始，幕府將軍的威勢就已經悄然發生了變化。從那時開始，幕府將軍變成了一個需要有力大名的軍事支持才能夠在京都立足的「武家棟梁」。「永祿之變」時的幕府將軍早就不如當年的威風，所以足利義輝死後三日不到，京都就復歸於平靜，連奉公眾都沒有對三好家做出敵對行為。相反京都裡還出現了批判足利義輝的聲音，例如什麼怠慢朝廷，多次破壞將軍家與三好家之間的和睦關係等等。

　　三好家為什麼要殺害幕府將軍呢？有一種說法是，三好義繼包圍足利義輝的御所，是室町幕府自建立以來就非常常見的被稱為「御所卷」的行為。通俗點說就是兵諫，脅迫幕府將軍答應家臣的要求。最早在初代幕府將軍足利尊氏時期，足利尊氏的御所就曾遭到家臣高師直的包圍。

　　在三好長慶死後，三好家對外隱瞞了死訊，畢竟當時很多大名都在壯

（十六）永祿之變

年隱居，並非什麼奇怪的事情。大概是因為三好長慶的死訊洩漏，三好義繼等人才想透過武力威脅，逼迫足利義輝將側近流放，防止將來可能出現的敵對情況，並非是想直接殺害幕府將軍。但是，足利義輝的強硬出乎三好義繼的預料，最終才發展成武力衝突，足利義輝也在事變中遇害。不過，當三好軍攻打御所時，並未殺死足利義輝重用的政所執事攝津晴門，所以三好家想透過「御所卷」流放將軍側近之事，恐怕並非是事實。

在《信長公記》的記載中，太田牛一說三好義繼殺死足利義輝是想奪取天下，取代足利家。這種說法看似離譜，但是卻有一定的道理。

在天文末年至永祿年間，三好家的地位逐漸上升，甚至受賜使用皇室的紋章「五三桐」，享有足利氏一門家格的待遇。三好家的勢力遍及京畿、四國，三好義繼的母親又是公卿九條家出身，地位比足利將軍的外戚日野家要高，因而才會產生取代足利家之心。

在足利義輝遇害後，三好義繼沒有擁戴其他的足利一族出任幕府將軍，而是將自己的名字從「三好義重」改為「三好義繼」。「義」是清和源氏河內流嫡傳的通字，「繼」則表示三好家想繼承足利家，成為「武家棟梁」。同時，松永久通也把兩週前才改的名字「松永義久」改回了「松永久通」，拋棄了足利義輝下賜的偏諱。

■ 松永久秀的動向

在通說中，發起「永祿之變」殺害幕府將軍足利義輝的人，乃是松永久秀與三好三人眾，然而實際上並非如此。「永祿之變」時，松永久秀並未率軍出陣，甚至完全不知道松永久通參與了殺害足利義輝之事。

松永久秀的動向

　　在足利義輝遇害後，松永久秀立即向身在興福寺一乘院的足利義昭上交誓書，表示自己絕對不會謀害足利義昭的性命，同時還阻止了松永久通殺害足利義昭。當時，各地的大名都承認足利義晴、足利義輝父子為正統的幕府將軍，幕府將軍依靠地方大名復興權勢，讓三好義繼感到不安，因而才生了取而代之的野心。

　　松永久秀也看出來了，幕府將軍雖然權勢衰弱，但是在各地大名的心中依舊擁有分量，保護好足利義昭，將來就可以擁戴足利義昭為主，號召各地大名一同討伐弒主的三好義繼。這樣一來，獲得大義名分的松永家，在事成之後就可以取代三好家的地位也說不定。

　　因此，松永久秀在永祿之變後將足利義昭保護了起來。不過很快地，永祿八年（1565年）七月，足利義昭在細川藤孝等人的協助下從奈良出逃，打亂了松永久秀的計畫。

(十六）永祿之變

（十七）

義昭、光秀的登場

▌足利義昭的上洛指令

前文提到，幕府將軍足利義輝死後，在奈良興福寺出家的弟弟一乘院覺慶（即足利義昭，還俗後改名為足利義秋，後又改名足利義昭，下文統稱為足利義昭）被松永久秀以保護名義軟禁，後來在奉公眾細川藤孝的幫助下出逃，前往近江國的矢島城暫住。次年，一乘院覺慶在此地還俗，取名為足利義秋。

矢島城的領主，乃是近江國的「甲賀五十三家」裡的二十一家名門之一的和田氏，家督和田惟政也是幕府將軍的御供眾之一。同時，足利義昭的支持者還有近江國的六角承禎、越前國的朝倉義景，但是這兩家此時都有各自的敵人要對付，保護足利義昭尚可，想上洛與三好家敵對就比較難了。

永祿九年（1566 年）二月，三好家的家督三好義繼不滿家臣「三好三人眾」的專權，與松永久秀、紀伊國的根來寺、河內國的畠山高政結盟，掀起了與家臣「三好三人眾」的戰爭。作為家臣的一方，「三好三人眾」得到了三好家發家之地阿波國的家臣筱原長房的支持，因而有足夠實力對付京畿的聯盟。這場讓三好家分裂的戰爭持續了兩年之久，給了織田信長上洛一個非常好的機會，直到信長上洛後方才結束。

（十七）義昭、光秀的登場

為了替哥哥報仇，足利義昭以幕府將軍繼承人自居，向各地發去了請求協助上洛的書信，收到書信的人裡有尾張國的織田信長，也有三河國的德川家康、越後國的上杉謙信、相模國的北條氏政等等。然而此時的織田信長正在與一色龍興作戰，上杉謙信也在和武田、北條兩家拉鋸，並沒有餘力替足利義昭報仇。北條氏政更是在得到足利義昭的「相甲駿三國和睦」的命令後，消極地表示自己要看盟友武田信玄的態度再做出決定。

三月十日，足利義昭的叔叔大覺寺義俊寫信給上杉謙信，提到為了讓美濃國與尾張國和睦，足利義昭已經派出使者前往調解，之後二者便會率軍上洛。

身為使者被派遣到織田家的便是奉公眾細川藤孝。二月二十八日，足利義昭讓大覺寺義俊命和田惟政向尾張和美濃傳達進獻駿馬的消息，到了四月十一日，收到命令的織田信長便向朝廷和足利義昭分別獻上了駿馬、太刀以及銅錢。

不過，織田信長能做的也僅有這麼多了。在小牧山城裡，織田信長不斷地對細川藤孝、和田惟政兩人保證，自己絕對會上洛討逆，但是卻遲遲做不出行動，足利義昭便一而再再而三地催促，要求信長遞交何時上洛的保證書。

▍流亡若狹國

在足利義昭的催促下，織田信長在永祿九年（1566年）四月出陣，準備經過美濃國前往近江國，但是這次的出陣被一色家影響，並沒有成功。

此時的三好三人眾擁護了早年被驅逐的幕府將軍足利義稙的孫子足利

義榮（其父實為足利義稙養子）為新任幕府將軍，但是足利義昭卻在這年春天出任左馬頭的官職，要與足利義榮爭奪將軍之位。感到危機的三好三人眾與美濃一色家聯繫，想讓一色龍興拖住織田信長，防止信長上洛。織田信長在出陣途中獲知了此事，因而才匆忙撤軍。

足利義昭並不知道濃尾的和睦是一個假象，他在七月送去了御內書給若狹武田家、大和十市家，表示尾張和美濃已經和睦，決定出陣上洛，希望這兩家在次月中旬也能率軍參陣。然而，八月二十九日，三好三人眾派出了三千人的軍勢進軍近江國，威脅到了足利義昭的安危，無法抵抗的足利義昭最終只能流亡若狹國，依附妹夫武田義統去了。

在現在的通說裡，織田信長非常瞧不起室町幕府，然而歷史上卻與通說相反，織田信長早年確實是室町幕府的忠臣。因為受一色龍興的威脅上洛失敗的信長，在八月二十九日假意上洛，實則半路折返，回頭攻打稻葉山城，但是最終落敗，只得撤軍回國（前文所述永祿九年的合戰）。

看到這裡，很多人也許發現了通說與歷史的不同。通說裡足利義昭直到朝倉家無力上洛時方才想起了統一濃尾的織田信長，然而歷史上二者的關聯卻要早了許多。

值得一提的是，在通說裡身為足利義昭與織田信長之間搭線人的並非上文提到的細川藤孝、和田惟政，而是一個出身於美濃土岐氏支流的一個叫明智光秀的人。

（十七）義昭、光秀的登場

土岐明智氏

　　明智光秀便是後來在本能寺之變裡害死織田信長的罪魁禍首，在通說之中明智光秀被視為是美濃國土岐氏的支流明智氏出身。也正是因為這個緣故，後世才會牽強附會地認為在本能寺之變前，明智光秀與連歌師里村紹巴的連歌裡，出現了土岐氏欲取得天下的諧音的故事。

　　當然，這個故事的可信度其實並不高。

　　土岐氏是美濃國的源氏名門，自平安時代起就在美濃國的土岐郡安家落戶，遂以「土岐」為苗字。日本進入南北朝以後，土岐氏跟隨足利尊氏南征北戰，土岐賴貞也從足利尊氏處獲得了美濃國守護的職役。到了三代土岐賴康時，土岐氏的領國更是增加了尾張國、伊勢國三國，牢牢掌握著東海道、東山道的三個分國，將東西日本切割開來。

　　顯赫的土岐氏衍生出了許多支流，例如明智氏、石谷氏、蜂屋氏、池田氏等等，這些支流與各地守護的庶流一樣，在室町幕府時期是幕府將軍奉公眾的主要來源。

　　值得一提的是，美濃國被稱為「明智」的地方有兩個，一個在可兒郡，另一個在惠那郡，惠那郡是美濃國名門遠山氏的領地，因而惠那郡的明智氏實際上是遠山氏的支流。一般認為可兒郡的「明智」才是土岐明智氏的根據地。

　　按照《續群書類從》中收錄的〈明智系圖〉來看，在室町幕府建立之後，守護土岐賴貞之孫土岐賴重受領土岐郡（誤，土岐郡並無此地）明智鄉，因而以明智為苗字。土岐賴重以下傳了七代以後，在文龜二年（1502年）時，第八代土岐賴尚因為嫡子土岐賴典不孝，與父親敵對，被土岐賴

尚剝奪了繼承權，領地全部傳給了弟弟土岐賴明，而這個被剝奪繼承權的土岐賴典，就是明智光秀的爺爺。

在《寬政重修諸家譜》的記載裡，弟弟土岐賴明的後裔曾因為明智光秀是叛徒的緣故，一度改苗字為外祖父家的菅沼氏出仕德川家康，後來方才複姓土岐氏，在江戶時代成為了上野國沼田藩的藩主。

然而根據〈明智系圖〉去考證的話，卻發現並沒有切實的證據表明明智系圖中的這支土岐氏曾經受領過可兒郡的明智鄉。在文龜二年土岐賴尚讓渡給土岐賴明的土地中，能確定的也僅有土岐郡的妻木村、笠原村、馱智村半村、細野村半村，因而這份系圖的真偽，便又有待考證了。

明智光秀的出身

根據《美濃國諸舊記》與《明智軍記》中的記載，明智光秀在父親明智光綱去世後繼承了家督，領有明智城，叔父明智光安則身為他的輔政人。

弘治二年（1556年）時，美濃國的國主齋藤道三與兒子義龍敵對，明智光秀、明智光安從屬於齋藤道三的一方。長良川合戰以後，齋藤道三戰死，明智城也遭到了一色義龍的清算。

八月，一色義龍派出了三千軍勢將明智城圍得水洩不通，相比之下城內的守軍僅有三百八十人。僅僅一個月不到，寡不敵眾的明智城宣告城破，明智光秀的叔父明智光安、明智光久均在城內戰死。明智光秀原本也準備一齊戰死，卻被叔父阻止，明智光安將自己以及弟弟的兒子託付給了明智光秀後，讓明智光秀逃出城，以便日後復興明智家。

可以看出在軍記物語裡，明智光秀是土岐明智氏的嫡流，領有美濃國

（十七）義昭、光秀的登場

的明智城，在長良川合戰後才丟失了領地成為浪人。不過這樣一來，便與之前的〈明智系圖〉有了很大的出入了。

現今記載明智光秀出身的史料，有上文提到的《續群書類從‧明智系圖》、還有《續群書類從‧土岐系圖》、《系圖纂要‧明智系圖》、《尊卑分脈‧土岐系圖》、《美濃明細記‧土岐系圖》、《明智氏一族宮城家相傳系圖書》、《美濃國諸舊記》、《明智軍記》等等。雖然這些書對明智光秀父祖的記錄有所不同，例如明智光秀的父親就有明智光國、明智光隆、明智光綱等多個名字，但是卻都記載了明智光秀是土岐明智氏出身。

然而，真的是如此嗎？

上述的這些史料均成書於江戶時代，若是從一次史料裡來看，戰國時代的明智光秀彷彿是橫空出世一般，其父親的事蹟不詳，也沒有在當時活動的書信存留。也就是說，除了明智光秀的前半生成謎以外，其父親的動向也其實也是個謎團，並沒有實質性的證據證明明智光秀是土岐明智氏的出身。

▎奉公眾明智氏

在《續群書類從》所收錄的《立入左京亮入道隆佐記》裡提到：「（明智是）美濃國的住人土岐的隨分眾也。明智十兵衛尉，受上樣（織田信長）的賞識，成為了惟任日向守。」立入左京亮即立入宗繼，是與明智光秀同年代的人，但是這本《立入左京亮入道隆佐記》卻是其子孫編纂的，雖然有參考祖先的遺談，依然是後世的史料。

在同書中還記錄了這麼一件事：「根據信長的朱印狀，惟任日向守獲

奉公眾明智氏

得了丹波一國的領地,簡直是前代都沒有聽說過的幸運的大將。」按照該書前文所述,明智光秀是美濃土岐氏的隨分眾,這說明光秀是有一定地位的土岐氏庶流出身,但是後文卻說明智光秀受封丹波一國是「前代都沒有聽說過」的事,這就有些矛盾了。

土岐氏自室町時代以來就代代相傳美濃國的守護,鼎盛時期甚至領有三國的領地,明智光秀要是土岐氏後裔,領有一國之地其實也不算什麼,怎麼會是「前代都沒有聽說過」呢?按邏輯推論,立入宗繼本人可能並不知曉明智光秀的具體出身,前文中的土岐明智氏的後裔其實也只是他道聽塗說的,所以在後來才會對出身不明的明智光秀也能在織田信長手下領有一國感到詫異。

除了美濃國在地的土岐明智氏以外,室町幕府的奉公眾的名單〈文安年中御番帳〉裡,也有一支出仕幕府將軍成為奉公眾的土岐明智氏,即幕府奉公眾的外樣眾中的一個叫「土岐明智中務少輔」的人。不過,奉公眾的成員通常都是武家的庶流,因而即便明智光秀是這支明智氏出身,也絕非是嫡流。

另外,外樣眾在幕府奉公眾裡尚且算是家格比較高的武士,然而在〈永祿六年諸役人附〉中記錄的出仕幕府的人員之中,卻又有一個以明智為苗字的武士,被劃分在了「足輕眾」裡。

這份〈永祿六年諸役人附〉其實分為兩部分,上半部分作成於十三代幕府將軍足利義輝時期,下半部分作成於永祿十年至永祿十一年,而叫「明智」的足輕眾正是出現在該文件的下半部分。

這位明智仁兄是否就是明智光秀不得而知,但是他明顯也和之前的明智中務少輔一樣是幕府將軍的家臣,甚至可能是一家人。然而,在室町幕府中期至戰國時代初期還處於奉公眾中上層「外樣眾」的明智,為何會淪

(十七)義昭、光秀的登場

落到「足輕眾」呢？

真相並不得而知，但是也不排除這個「明智」與外樣眾土岐明智氏其實並沒有親戚關係的可能性。有可能這個「足輕眾」明智氏，只是另外的以明智為苗字的武士，或者是當初奉公眾裡的土岐明智氏絕嗣，被其他地位較低的武士繼承，因而家格也往下降的緣故。

▍卑賤的「瓦礫之輩」

除了上述的內容，在葡萄牙傳教士路易斯・弗洛伊斯於天正十年（1582年）追加的《耶穌會日本年報》裡，提到明智光秀的出身是「低賤的步卒」、「（明智光秀）並非高貴出身，在信長治世初期，不過是侍奉公方大人（幕府將軍）家臣裡一稱為兵部太輔（細川藤孝）的貴人（家臣）」。

在德川家的創業記《當代記》的記載中，明智光秀原本是個「沒有家來、連朝夕的飲食都成問題」的人。而在另外一本名為《校合雜記》的逸聞合集中，說光秀是「細川藤孝的家臣，但是並非是騎馬的上級武士，而是個身分卑微的步卒，轉仕織田信長以後，明智光秀依舊是從步卒做起」。

史料《棉考輯錄》中記載，明智光秀早年落難時曾經因為擅長「大筒妙術」而出仕朝倉家，從朝倉義景處受封了五百貫的知行地。所謂大筒就是大砲，不過這時候大筒出現在日本未免有些過早了，不符合歷史，所以在現在的大河劇或遊戲裡，都將明智光秀擅長的「大筒」偷偷改為了「鐵炮」。

看完了旁人眼中的明智光秀，就來看看光秀是怎麼評價自己的吧！按照明智光秀自己的說法，其先祖曾經因為追隨過足利尊氏而被封賞領地，

後來他們家失去了這些土地（《戒和上昔今祿》）。並且，在《明智光秀家中軍法》裡，也記錄了明智光秀曾有過這麼一句話：「（信長）將像沉淪的瓦礫一樣的我登用，並讓我率領莫大的軍勢」。從這些話來看，明智光秀的祖先似乎是有一定的領地的，並非雜兵出身。在戰國時代光秀一家失去了領地，成為了沒落的浪人，後來被織田信長重用方才擺脫了困境。

明智光秀的出身的說法大致便是以上幾種，即美濃土岐明智氏、奉公眾明智氏、來路不明冒認或繼承明智氏的武士……也就是說，通說中的土岐明智氏出身，相對於其他說法其實是來源最不可靠的（後世創作的系圖與軍記物語）。不過，如果想要確認明智光秀真正的出身，只怕還得等待學界發掘更多的史料了。

「醫生」明智光秀

近年，在前熊本藩的次席家老米田氏家傳的文書中，發現了明智光秀在歷史上最早露臉的一次史料。熊本藩的藩祖細川忠興是明智光秀的女婿，其父細川藤孝也與明智光秀的私交甚好，兩家頗有淵源。

米田氏的家祖米田貞能醫術精湛，曾經侍奉過足利義輝、義昭兩代幕府將軍。足利義昭出任幕府將軍以後，米田貞能成為細川藤孝的部下。等到幕府滅亡之後，米田貞能成為細川家的家臣，此後代代出仕細川家。

米田貞能在永祿九年（1566 年）十月二十日時記錄了一個「針藥方」。在藥方的末尾米田貞能提到，這個藥方是一個叫沼田勘解由左衛門的人在田中城守城時，由明智光秀口述傳授給他的。如果從這個「針藥方」的紀錄來看，明智光秀似乎也是個醫術精湛的人。

(十七) 義昭、光秀的登場

　　田中城是北近江以朽木氏、高島氏為首的「高島七頭」之一的田中氏的軍事據點，當時正處於南近江的六角家統治之下，正與淺井家爆發著戰爭。在「針藥方」作成的兩個月前，足利義昭因為三好家的威脅被迫離開了近江國，前往若狹國依附妹夫武田義統。近江國在當時已經成為幕府將軍的重要財源與支柱，或許就在這一時期，足利義昭命令明智光秀進入了田中城守城，防止田中城落入敵手。而沼田勘解由左衛門則是若狹國的豪強，也是足利義輝的奉公眾沼田氏一族出身。

　　不過，明智光秀在田中城守城的紀錄並無旁證，所以該說法還有待學界更多的考證與新史料的佐證。

▎明智光秀的虛像

　　通說之中的明智光秀是一個儒雅傳統的武士，忠於朝廷、忠於幕府，與「麒麟兒」織田信長的個性截然不同，只是因為自己想讓天下和平的理念才出仕了織田信長。

　　實際上，織田信長並非是後世創作的一個「革命家」，織田信長的個人形象，在明治維新以後一直都在變化。早先的織田信長被塑造成一個尊王的忠臣，其奉行的自然是軍國主義時期日本狂熱的「忠君思想」。而在第二次世界大戰以後，大概是由於需要一個重振日本人心的「偶像」，織田信長又被塑造成了一個輕視天皇、幕府，想要建構一個全新日本國的革命者。

　　自然，這樣的革命者需要有其他「保守者」來襯托，於是織田信長年

輕時的「保守者」角色便由弟弟織田信勝扮演，晚年的「保守者」則是明智光秀。

其實，明智光秀的出身如上文所述極有可能非常低賤，自然就不會是什麼飽讀詩書、文武雙全的「儒雅的文化人」。與之相反，明智光秀實則是一個毫無節操可言，不擇手段的殘暴之人。

在織田信長與足利義昭交好時，明智光秀的本性就已經暴露。當時織田信長與有著「北嶺」之稱的天台宗比叡山延曆寺敵對，明智光秀就對家臣下令對延曆寺領內的住民不分男女老幼格殺勿論。後來明智光秀還因為在攻打延曆寺時的出色表現，受封了近江國的坂本城。

織田信長與足利義昭敵對以後，織田軍在京都縱火燒討，恫嚇據城以守的足利義昭。明智光秀身為織田家、足利家的兩屬家臣，卻毅然決然地背叛了足利家，投入織田信長麾下，參加了這次縱火行動。

因為出色的能力和不擇手段的上位方式，明智光秀很快就在織田家取得了極高的地位。然而到了天正年間，也就是織田信長統治的後期，因為織田信長沒有理睬明智光秀的進言，決定征伐曾讓光秀出任外交取次的四國長宗我部家，使得明智光秀誤認為自己將要在織田家中失勢，這才不顧舊日恩情趁機襲殺了在本能寺夜宿的織田信長。

可以說，如果對日本戰國時代的武將評價裡有個「人渣排行榜」的話，明智光秀是一定會名列前茅的。

(十七）義昭、光秀的登場

（十八）

信長上洛

▍「天下布武」

　　奪取稻葉山城以後，織田信長的領地橫跨尾張國、美濃國、北伊勢等地，同時三河國的德川家康、北近江的淺井長政都是織田信長的盟友，織田家成為了中部日本最強大的勢力。誰也沒有想到，當初那個傾奇者打扮的年輕人，會走到如今這個地步。

　　為了能夠完成自己的上洛志願，織田信長將居城從小牧山城遷到了稻葉山的井口，這裡曾是稻葉山城的一部分。織田信長命人在稻葉山城的基礎上進行改建，並將稻葉山城下的井口地區改名為「岐阜」。

　　根據《安土創業錄》的記載，織田信長改名時曾徵求平手政秀的菩提寺政秀寺住持澤彥宗恩的意見，澤彥宗恩按照中國古代周文王「鳳鳴岐山」的典故，一共給了「岐山」、「岐陽」、「岐阜」三個名字供信長選擇，最終信長選擇了「岐阜」。

　　不過，在永祿四年（1561年）一色家為一色義龍操辦喪事時，當時在超度的經文裡就有提到一色義龍是「岐阜稻葉城主一色左京大夫義龍公」。另外，快川紹喜在美濃期間，也曾以「護阜快川」之名在文書內署名，因而「岐阜」之名，應該是在奪取稻葉山城之前就已經有的稱呼，澤彥宗恩

（十八）信長上洛

改名之事應當是後世的創作。

永祿十年（1567年）十一月九日，正親町天皇頒布了一封綸旨給織田信長，祝賀織田家成功平定美濃國，順便向信長討點錢花。當然，天皇是不可能親自向織田信長討錢的，因此綸旨裡只是表彰信長是「古今無雙的名將」，討錢的部分主要在公卿萬里小路惟房寫的綸旨附帶的「副狀」裡。

公卿寫的信就不要臉一些了，大致內容是誠仁親王要元服了、皇宮又要大修了、在尾張國、美濃國的原本朝廷的御料所能不能快點歸還給天皇啊什麼的。

身為朝廷的忠臣，織田信長當然是全盤答應了下來。另外，在同一個月，織田信長開始使用刻有「天下布武」的印判。織田信長早年尚未平定美濃時，只能使用「麟」花押來表達自己平定天下的意願，而在這時已經有能力上洛的織田信長卻開始表達自己想要平定天下的野心了。

值得一提的是，織田信長的「天下布武」裡的「天下」指的並非是全日本，而是指日本的京畿地區（一說京都）。按照最近幾十年的研究，織田信長想擁戴足利義昭上洛，平定「天下（京畿）」，以武力支持幕府恢復日本舊日的秩序。

織田信長的願望在當時並不少見，尤其是進入戰國時代以後，室町幕府的幕府將軍失去了各地的御料所，再加上將軍直屬武裝奉公眾的衰弱、幕府將軍足利家的分裂，使得當時想要出任幕府將軍的足利氏一門，都必須仰賴有力大名的軍事支持。

例如前文提到的第十一代幕府將軍足利義澄，就是靠細川政元的軍事支持驅逐了十代將軍足利義材。後來足利義材返回京都奪回幕府將軍之位，靠的也是細川高國、大內義興等有力大名的武裝力量。

所以，織田信長的目標其實只是平定京畿，支持足利義昭復興幕府而已。在足利義昭、織田信長上洛前，二人拉攏六角承禎時，也曾允諾如果上洛成功，將任命六角承禎為「天下所司代」，如果這個「天下」指的是全日本，那未免這個承諾也太浮誇了。因而，「天下」指的自然是京都或京畿地區。

上洛準備

足利義昭在逃出奈良以後，相繼在近江國、若狹國、越前國流浪，猶如一隻喪家之犬一般，四處為家。

一開始，足利義昭想到的可以幫助自己復興幕府的人並非是織田信長，而是越後國的上杉謙信。畢竟上杉謙信在永祿初年就曾上洛，拜見過當時的幕府將軍足利義輝，向幕府宣誓效忠，同時被幕府承認了關東管領的職役。然而在這兩年間，上杉謙信確實非常忙，又是武田信玄又是北條氏康的，再加上領地內的叛亂此起彼伏，根本就沒有餘力上洛。

足利義昭想到的第二個人是越前國的大名朝倉義景，因而才會從若狹國溜到了越前國。朝倉家原本只是越前國的一國人，在應仁之亂後才奪取了越前國，前家督朝倉孝景（即十代家督宗淳孝景，七代家督一般稱為英林孝景）時期獲得了御相伴眾的地位，被認可為越前國主。可惜的是，曾接受幕府恩惠的朝倉義景顯然沒有閒心上洛，此刻的他把重心放在了統治越前國以及向若狹國擴張朝倉家的勢力上，不想在這個節骨眼得罪三好家。

永祿十一年（1568年）二月，在三好三人眾的操控下，足利義榮出任了幕府將軍，此時的足利義昭雖然敘任左馬頭，但是卻依舊著急，想要盡

（十八）信長上洛

快返回京都。恰好此時前幾年聯繫過的織田信長拋來了橄欖枝，表示自己已經平定美濃國，下一步可以奉將軍上洛了，足利義昭這才盯上了織田家。

七月十三日，足利義昭與朝倉義景約定，日後絕對不會拋棄對方，隨後便離開了一乘谷的朝倉氏居館。途中，足利義昭還在織田信長的盟友淺井長政的小谷城小歇了幾晚，於二十五日抵達岐阜城。

織田信長早在岐阜城外的立政寺準備好了生活用品，讓足利義昭暫住其中，隨後便開始著手準備上洛的各項事宜。

六角家的背叛

此時，京都的大門對織田信長來說只能算是半開半掩著。越前國的朝倉家與織田家是舊日盟友，此次也算是支持足利義昭的少數勢力之一，即便不出兵支援，好歹是不會在背後捅刀子的，北近江的淺井長政也是織田家的盟友，路過北近江自然無事。不過，南近江的大名六角承禎的動向就有些曖昧不明了，六角家曾是織田信長的敵人美濃一色家的盟友，雖然曾經庇護過足利義昭，但是在這時候卻遲遲沒有表態。

八月七日，淺井長政命令小谷城支城佐和山城城主磯野員昌做好城內的清潔工作，隨後親自前往迎接織田信長的到來。二人在次日會晤，織田信長帶來了許多禮物送給淺井長政、淺井久政父子。九日，因為織田信長提出想要見見妹妹，所以淺井長政特意從小谷城將市姬接到了佐和山城與信長相見。

在佐和山城滯留期間，織田信長派出家臣作為副使，跟隨足利義昭的使者前往觀音寺城遊說六角承禎，希望六角承禎能夠向足利義昭交出人質，並在此次的上洛行動中予以支持，事後幕府將任命六角家出任「天下所司代」。

然而，足利義昭的敵人三好三人眾早已搶先一步與六角承禎結盟。交涉無果的織田信長無可奈何，只能決定討伐南近江的六角家，打通上洛的道路。

信長的官途

前文有提到，在桶狹間合戰以前織田信長曾經自稱過「上總守」的官職，四天之後又改為了「上總介」。桶狹間合戰以後，織田信長便開始使用位於上總介之上的「三介」自稱（當時今川氏從朝廷敘任上總介）。而在永祿九年（1566年）六月前，織田信長又自稱「尾張守」（私稱，並無朝廷認可），這大概是受德川家康從朝廷買來了「三河守」的影響。

到了永祿十一年（1568年）八月時，織田信長已經決定上洛，再度將官位變更為「彈正忠」。彈正忠在律令制體制內是維持京都治安以及風紀的官職，織田信長想透過將官職由地方官員「尾張守」改為京官「彈正忠」，來獲得些許名分。

另外，織田信長的父親織田信秀雖然曾從朝廷買到過「三河守」的官職，但是在早年向朝廷獻上四千貫獻金時，卻以自稱的官職「彈正忠」自居，織田信長藉此也在向朝廷表達自己是當年那個富豪的繼承人，將會繼續與朝廷保持良好關係。

（十八）信長上洛

■ 攻取觀音寺城

　　九月七日，織田信長奉足利義昭為主從岐阜城出陣，率軍上洛。織田軍於九月八日來到了近江國的高宮地區，盟友淺井長政也率軍前來參陣。

　　此次織田軍的軍勢包含了織田信長麾下的尾張國、美濃國的武士，以及在這年二月攻下的北伊勢豪族神戶具盛（織田信孝養父）、關氏一族的軍勢。同時，德川家康雖然因為三河國的不穩定沒有親自出陣，但是仍舊任命松平信一為大將，率軍一千人前來參陣，織田軍的總勢達到了五萬人左右。

　　值得一提的是，德川家康派出軍勢不僅僅是在履行與織田家的盟約，他也是受到足利義昭御內書召喚的地方大名之一。因而從名義上來說，此次德川家康與織田信長的地位其實是對等的，都是奉足利義昭的命令才上洛的。

　　此時，六角家在近江國的據點主要有沿著琵琶湖畔和中山道走勢的和田山城，在和田山城的背後便是主城觀音寺城。觀音寺城的東南方向為支城箕作城與鯰江城，背後的西南方向則是長光寺城。幾座城池對觀音寺城形成了拱衛之勢，既可以互相支援，又可以獨自據城以守，非常易守難攻。

　　因為和田山城位於交戰的最前線，因而六角家將大部分兵力都部署在和田山城。家臣蒲生賢秀向六角承禎進言不能放著箕作城不管，應該也為箕作城增加守軍，但是六角承禎卻認為這是杞人憂天。

　　九月十二日，織田信長派遣稻葉一鐵、氏家直元、安藤守就等率領美濃眾攻打和田山城，但是到了傍晚時，織田軍的佐久間信盛、木下秀吉、

攻取觀音寺城

丹羽長秀、淺井信廣（尾張淺井氏）等軍勢突然出現在箕作城下，出其不意地對箕作城發起攻擊。

太田牛一在《信長公記》中的記載如下：

「前年，信長平定美濃國，此次合戰理應以美濃眾作為先鋒，美濃眾也有此覺悟。然而，此戰信長並未派遣美濃眾出戰，僅僅以自身的馬廻眾攻打箕作城。美濃國的稻葉一鐵、氏家直元、安藤守就三人都對此感到意外。」

在日本戰國時代，戰國大名在合戰中往往會派遣領地距離戰場最近的豪族或者國眾作為先鋒出戰，一方面是因為當地人熟悉戰場的地形，另一方面則是這些地方新參眾基本上都是炮灰一樣的存在，死多少自己都不會心疼。

例如武田信玄在侵攻信濃國時，就將信濃國的國眾編成了「信濃先方眾」在信濃國作戰，後來的三方原合戰時，也是以山縣昌景麾下的「三河先方眾」作為前鋒攻打德川家康。織田信長也不例外，長筱合戰時作為兩軍前鋒、作戰最賣力的也正是德川家康率領的德川軍，隨後才是織田家的軍勢。

然而，此次織田信長在上洛之戰中刻意避開了美濃眾使用尾張國的舊部作為先鋒，其實正是其戰術高明的體現。讓尾張眾深入敵後攻取箕作城，可以發揮出其不意的效果，打擊敵方守軍的士氣。

另外一方面，此次織田信長的上洛計畫用後世比較流行的詞彙來說就是想進行「閃電戰」，即不在近江國過多停留，想迅速擊潰近江國的六角家，不給京畿的三好三人眾來援的時間。因而相對於前年才剛收服的美濃眾來說，織田信長對尾張眾的戰鬥力有著相當的自信，指揮起來更加得心

(十八) 信長上洛

應手,施行計策時成功率也更高一些。為了保證這次兵出奇招不出差錯,織田信長在戰鬥的前一天還親自騎馬來到箕作城附近觀察敵情。

果然,箕作城的守軍對突然出現在城下的織田軍感到意外不已,因為按照他們的情報,織田軍的先鋒美濃三人眾此時正在圍攻和田山城。下午四時左右,織田軍對箕作城發起猛攻,戰鬥持續了數小時,到了夜裡箕作城再也支撐不住,被織田軍攻陷。

箕作城淪陷後,為了對觀音寺城施加壓力,織田信長特意率本陣進駐了箕作城,在此地威脅觀音寺城。隨後,信長又切斷了觀音寺城與鯰江城之間的聯繫,防止南近江的國眾對觀音寺城進行增援。

在織田軍的層層包圍下,觀音寺城逐漸被剪去枝葉,只剩下了光禿禿的光桿司令一枚。織田信長在次日派遣柴田勝家、池田恆興、森可成、坂井政尚等人朝著觀音寺城進軍,抵達觀音寺城後才發現此地已經變成了一座空城。原來,早在十二日夜裡,戰意全無的六角承禎父子就已經拋棄了居城,在部分近江國眾的護衛下逃往甲賀郡藏匿了。

▍南近江眾的歸降

六角氏身為數百年以來在近江國扎根的近江源氏・佐佐木氏的嫡流,曾經在近江國有著強大的實力,甚至連室町幕府時期顯赫一時的「四職家」之一的京極氏也不過是六角氏的庶流罷了。

在前家督六角定賴時期,六角家甚至一度成為幕府將軍的有力支持者,被任命為「管領代」(代理管領),擁立十二代將軍足利義晴與三好長慶對抗。除了介入幕府的政治以外,六角定賴還在近江國內降服了北近江

的淺井氏，一度將其收為家臣。

然而，正是這麼顯赫的一個家族，卻在一天之內迅速被織田信長給擊潰，這是任何人都沒有想到的事情。六角家之所以在織田信長的侵攻下顯得如此脆弱不堪，除了織田軍人多勢眾、來勢洶洶、織田信長指揮有方以外，還和前幾年發生的「觀音寺騷動」有些關聯。

信長上洛時六角家的實權雖然掌握在六角承禎手上，但是六角家的家督乃是六角承禎之子六角義定。早年六角承禎將家督之位傳給長子六角義弼，但是後來隱居的六角承禎也與兒子出現了矛盾（和齋藤道三父子類似），因而六角義弼在永祿六年（1563年）十月時，於觀音寺城暗殺了父祖時代的老臣、在六角家中十分有威望的後藤但馬守父子，想在家中立威。

六角義弼無端殺害老臣的行為引起了廣大家臣們的不滿，恰好此時淺井家也藉機再度與六角家對立，一些家臣便將六角承禎、六角義弼父子給驅逐出了觀音寺城。後來在蒲生賢秀的支持下，六角承禎、六角義弼父子才重返觀音寺城。因為家臣們不信任六角義弼的緣故，父子返回的同時還將家督轉交給六角義弼的弟弟六角義定。

雖然「觀音寺騷動」在一個月內就解決了，但是這件事的餘波卻時不時地還會爆發出來，箕作城陷落以後，六角承禎父子並不信任這些曾經與自己敵對的國眾，擔心會遭到他們的背叛，因而才會放棄堅城觀音寺城出逃。否則就算箕作城被織田家攻取，依靠觀音寺城的防禦，六角家還是有可能堅守到三好三人眾派出援軍的。

按照山科言繼在《言經卿記》裡的記載，觀音寺城陷落以後，南近江的許多國眾都降服於織田信長，其中有「後藤（後藤高治）、長田（永田景弘，長田、永田讀音相同）、進藤（進藤賢盛）、永原（永原實治）、池田（池田景雄）、平井（平井某）、九里（九里三郎左衛門）七人，與敵人同

（十八）信長上洛

心」。上述的七名國眾，在「觀音寺騷動」時無一不是站在了六角家的對立面，因此他們才會在六角家落敗後歸順織田家。另外，從山科言繼的角度來看，當時處於三好三人眾控制的京都之下的他，自然是將織田信長等人視為「敵人」。

除了這些本就有舊仇的人外，「觀音寺騷動」時站在六角家一方的蒲生賢秀也在織田軍切斷觀音寺城與鯰江城聯繫之後，藉口擔心自家領地的安危率軍從觀音寺城出逃，返回了居城日野城。

蒲生賢秀在織田軍進攻以前曾向六角承禎進言加固箕作城的防守，但是六角承禎卻充耳不聞。在箕作城陷落後，蒲生賢秀對六角家感到寒心，不願做六角家滅亡的陪葬品，這才逃離了觀音寺城。

身為擁有一千軍力的南近江有力國眾，織田信長判斷蒲生賢秀既然拋棄了六角父子，必然也無意抵抗織田軍，便派出了蒲生賢秀的妹婿、當時也在織田軍中的神戶具盛前往日野城勸降。蒲生賢秀歸降以後，立即前往觀音寺城覲見織田信長，織田信長也對其下發了安堵領地的朱印狀。出於臣服的誠意，蒲生賢秀將嫡子鶴千代送到了岐阜城作為人質。

值得一提的是，永祿十二年（1569年）時鶴千代在岐阜城元服，取名為浦生忠三郎賦秀（後來改名為蒲生氏鄉）。織田信長十分喜歡蒲生氏鄉，還將自己的女兒嫁給了他，與浦生家結為了親家。

▎芥川城入城

九月十三日，織田信長擊潰六角家以後，立即派遣使者前往美濃國的立政寺迎接足利義昭。足利義昭隨後動身，於九月二十二日進入了觀音寺

芥川城入城

城邊的桑實寺裡。

　　身為占據京都的勢力，三好三人眾在九月十日時就曾派遣其中的一人巖成友通率軍前往近江國的坂本，準備支援六角家。但是，巖成友通在次日下午就率軍返回了京都，表示織田信長的軍勢過於龐大，自己這點人跑去近江不過是杯水車薪，替織田軍增加經驗值而已。隨後巖成友通就躲進了勝龍寺城裡據守，打死也不出城了。

　　三人眾之一的三好政康在九月十三日至十四日期間，於木津城召集了三千人的軍勢，但是大概連他自己也感到兵力不足以與織田信長對抗，便率軍前往奈良暫避鋒芒。三好一族的長老三好康長此時恰好也率軍三千人在當地與松永久秀交戰，二人會合之後，直接逃亡阿波國躲避織田軍的攻擊。

　　九月二十六日，織田信長在勢多乘船橫渡琵琶湖，登陸後於三井寺的極樂院布陣。隨後信長派遣柴田勝家、坂井政尚、森可成、蜂屋賴隆等人為前鋒，率軍越過桂川，攻打巖成友通所在的勝龍寺城。二十八日，織田信長進入京都附近的東山東福寺，於次日親自出陣勝龍寺城。巖成友通見到織田信長的本陣來到城下，完全喪失了抵抗意志，開城投降了織田軍。

　　三好三人眾的最後一人三好長逸，擁立著京兆細川家的繼承人細川信良在三好氏的居城攝津國芥川城守城。九月二十九日，織田信長並沒有急著進京，而是越過了京都率領織田軍的前鋒來到了芥川城附近的天神馬場布陣，隨後在城下町縱火。這天晚上，因為恐懼織田軍的實力，三好長逸也趁著夜色逃出了芥川城。三十日，織田信長擁戴著足利義昭進入了芥川城，在三好一族的根據地宣告京畿的新任統治者的到來。

　　在這以後，織田信長陸續派出軍勢掃蕩殘留在京畿的三好殘黨。在攝津國瀧山城防守的三好氏家臣筱原長房棄城逃跑，溜回了老家阿波國，池田城的城主池田勝正也在被織田軍攻城以後不敵投降。曾在大和國奈良與

(十八) 信長上洛

三好三人眾對抗的松永久秀，在十月帶著知名茶具「九十九髮茄子」前來歸降，面見了足利義昭與織田信長以後，松永久秀獲得了大和國的安堵許可。三好義繼身為三好家的家督，歸降織田信長以後被授以河內國若江城以及半國的領地。

三好一族沒想到自家的內訌最終使得鷸蚌相爭，漁翁得利，織田信長藉此機會順利上洛，擊敗四分五裂的昔日霸主三好家。三好家的領地，也從曾經橫跨京畿、四國的數國，變成了小小的河內國半國，不得不說是一種諷刺。

另外，堺的商人今井宗久也向芥川城的織田信長獻上了著名的茶具松島以及紹鷗茄子，今井宗久在這時候率先投靠了織田信長，使得後來他們一家在堺受到了織田信長極大的厚遇。

▌織田軍入洛

織田信長橫掃京畿時，京都已經炸鍋了。大家萬萬沒有想到曾經強大無比的三好家與六角家會這麼不堪一擊。在公卿們的眼裡，織田信長仍舊還是當初那個帶著「異形之人」上洛的一個不可靠的鄉下大名罷了，這次率軍上洛，說不準會為京都帶來多少騷亂。

山科言繼在他的日記《言經卿記》裡記錄了織田軍上洛期間京都的景象：

「十二日，昨天箕作城陷落，據說觀音寺城也被攻陷。我將畫箱、太刀箱各一個，送往皇宮內御所保管。」

「十四日，尾張的士兵在明天天明時會進入京都似乎可以確定了。我委託友人，將剩下的物品也都送往了內御所。」

織田軍入洛

「二十日，織田軍出陣，洛中洛外都陷入了騷動之中。大概就在一兩日內就可進入京都，今天早上開始，騷動更加厲害了。」

在日本戰國時代京都曾經多次淪為戰場，而位於戰場中的京都住民們的財物便成為了士兵們可以掠奪的「戰利品」，無論你是百姓，還是公卿貴族，都無法倖免於難。山科言繼擔心織田軍是鄉下來的武士，也會像盜賊一樣不改惡習，這才將自己的財產都轉移到相對安全的皇宮裡面去。

在織田信長上洛作戰期間的九月十四日，擔心京都會再度遭受戰爭劫掠的正親町天皇向織田信長送去詔書，命令他要護衛皇宮的安全以及維持京畿的治安。

幸運的是，織田信長確實與曾經率軍上洛的大名們不一樣。織田信長來到京畿後所做的第一件事就是頒布禁制給各地寺院、領地，維持秩序，防止出現騷動。同時，織田信長非常重視對皇宮的警衛，不允許任何一名織田軍的士兵在京都內擾民或者掠奪財物，對京都的住民們秋毫無犯。

公卿們一直懸著的一顆心這才放了下來，同時他們也意識到久久期盼的「麒麟兒」終於來了。

十月十四日，織田信長護送足利義昭進入本國寺，自己則率軍進入清水寺紮營。終於回到京都的足利義昭激動地命令細川藤孝、和田惟政送去感謝信給織田信長（按照《信長公記》為二十四日）。足利義昭在信中稱呼信長為「御父織田彈正忠」，感謝信長再興幕府，稱讚信長「武勇天下第一」，總之要多肉麻就有多肉麻。同時，足利義昭還許可織田信長使用足利家的家紋五三桐以及二引兩。

五三桐其實是皇室的紋章，在足利尊氏時期足利家因功受封了五三桐的使用權，在這時足利義昭又將桐紋賜給了織田信長。後來，織田信長將

（十八）信長上洛

　　桐紋賜給了家臣羽柴秀吉，這便是秀吉使用桐紋的由來（後來秀吉奪取天下後，桐紋升級為五七桐，織田信長同樣也有五七桐的使用權，所以現在流傳的信長畫像裡，衣服上並非是木瓜紋而是桐紋）。

　　織田信長的這次上洛之戰，以意想不到的強大軍勢摧枯拉朽一般摧垮了曾經京畿的霸主，這次行動之迅速，按照太田牛一在《信長公記》裡的描述：

　　「畿內抵抗信長公的人在各地籠城，但是猶如草木隨風飄搖一樣，十餘日內盡皆退散，天下為信長所有。」

（十九）
信長與洛中諸事

將軍宣下

　　永祿十一年（1568年）十月十八日，朝廷下發了任命足利義昭為征夷大將軍的「將軍宣下」，除就任將軍以外，足利義昭還敘任從四位下，獲得禁色（服裝顏色）、升殿等許可。

　　此時的足利義昭已經將御所遷到了京兆細川家的家督細川昭元的宅邸裡。十月二十三日，足利義昭想要在御所裡舉辦能樂演出，慶祝自己就任幕府將軍，但是織田信長卻以「鄰國還未平定，干戈還未止息」為由，將十三個節目削減為五個。

　　與上洛成功得意洋洋的眾人相比，織田信長對當下的局勢異常冷靜，他判斷在京畿盤踞多年的三好三人眾不會這麼輕易就被打敗，真正的困難不在上洛，而在如何立足。因為這次上洛攜帶的軍勢過於龐大，織田家無力長期維持在京的開銷，因而在十月二十六日，織田信長留下了部分家臣，自己則率軍返回了領地。

　　值得一提的是，足利義昭在就任將軍以後，想任命織田信長為「副將軍」或者「管領」，這兩個職役都算是幕府的副職，然而織田信長卻拒絕了這項提議。太田牛一在《信長公記》裡說這是「稀世少有的事情，舉國上

（十九）信長與洛中諸事

下都感到敬佩」。

織田信長為什麼不出任幕府的職役呢？

在很多文藝作品裡都說：「織田信長不屑出任幕府的職役，想建立一個新的政權。」這就是純粹的胡說八道了，織田信長如果不屑室町幕府的話，那麼信長上洛還有什麼意義？信長完全可以對京畿的局勢聽之任之，任其自生自滅，沒有必要在這個時候去蹚渾水。

按照學者山田康弘的意見，對當時日本的大名們來說幕府一共有兩種意思，一種是狹義的幕府，即以幕府將軍為首的那個機構，另一種便是廣義上的幕府，即以將軍為首的機構與各地的大名組成的一個共同體。織田信長之所以拒絕了足利義昭的好意，是不願意進入狹義幕府的體制中去，也就是留在京都。

這其實並非是一件奇怪的事情，自從「應仁・文明之亂」以後，日本的戰爭模式已經悄然發生了變化。要知道，在應仁之亂前日本也有過許多戰亂，但是在那時候的大名們進行的合戰只是以爭霸為目的而已。而之所以會把應仁之亂以後的歷史劃為「戰國時代」，是因為在這期間大名之間的戰爭已經從爭權爭霸演變為以擴張領土、建立獨立王國為目的的戰爭。也正是因為這個緣故，許多原本在京都侍奉幕府的大名們再也無心參與幕政，紛紛返回了自己的領地處理政務，室町幕府原本的「守護在京制度」在戰國時代開始解體。

比如稱霸一時的京兆細川家，雖然當主大部分時候都在京都，但是也沒有過多插手幕政，更多的是在京都處理自家領地的政務。足利義稙時期的大內義興也是如此，遠離領地十年，在京期間依舊對自家領地念念不忘，最終也還是率軍歸國。

此時的織田信長與這些大名們一樣，雖然他想恢復室町幕府作為最高公儀的武家秩序，但是自己的重心仍舊是需要放在織田家的領地上，並不想進入狹義的幕府之中去。另外，織田信長一直以來都是個實用主義者，並不在意虛職。

　其次，與通說裡不同，此時的室町幕府也不是織田信長的傀儡，足利義昭身為幕府將軍還是具有自己的獨立許可權的。比如織田信長的上洛，雖然主要靠的是織田信長的軍力，但是名義上仍舊是織田信長、德川家康、淺井長政等大名率軍來足利義昭處參陣，上洛軍隊的主帥仍為足利義昭。

　而守護在京制度解體以後，幕府的一些公職職位空出，這些職位自然就由幕府將軍的直臣補任，奉公眾們也得以在狹義幕府中崛起，成為了支撐狹義幕府的主力。

　所以，綜上所述，在戰國時代所謂的幕府體制已經與先前的截然不同，乃是幕府將軍與有力大名二重政權體制。室町幕府有權獨立施行政務，一些諸如洛中洛外的經濟糾紛、刑事案件、領地糾紛，還有與各地大名聯繫，補任守護等等，都是由室町幕府處理，支援幕府將軍在京的有力大名通常也不會過多干涉，但是會下發自己的朱印狀作為幕府文書的副狀。

六條合戰

　永祿十二年（1569 年）正月三日，得知織田信長返回岐阜城以後，三好三人眾的勢力捲土重來。在與被信長驅逐的一色龍興、長井道利聯繫後，三好軍從阿波國渡海，在和泉國的堺登陸。

（十九）信長與洛中諸事

三好三人眾進軍以前並沒有與京畿的諸勢力聯繫，這大概是因為他們想對京都發起奇襲的緣故。然而，畢竟阿波國距離京都過於遙遠，從三好軍渡海開始京畿的大名們就都知道了消息，紛紛開始召集軍勢上洛，支援足利義昭。

正月四日，三好軍抵達京都，原本一些降服於足利義昭的勢力再度反叛，足利義輝曾經的居城勝軍山城遭到了三好軍的劫掠與焚毀。五日，三好軍對位於六條的足利義昭居所本國寺發起強攻。

按照《當代記》的記載，攻打本國寺的三好軍共有一萬餘人，而《坂原家文書》中則是說只有五千餘。不過，此時的三好軍除了從阿波國渡海而來的軍勢以外，還有諸如山本實尚、一色龍興等京畿勢力或反信長勢力參陣，因而他們的具體人數無法確定。

守衛本國寺的軍勢有足利義昭的奉公眾、還有若狹武田家的家臣以及織田信長留下的駐守軍勢，總勢不過兩千人。值得一提的是，根據《信長公記》卷二的記載，尚且名叫「明智十兵衛」的明智光秀也在本國寺的守軍行列中，不過這時的明智光秀究竟是以足利義昭的家臣身分參陣，還是以織田信長的家臣身分參陣，並不清楚。根據前文關於明智光秀出身的推測，此時他身為足利義昭直臣奉公眾裡的「足輕眾」之一參戰較為合理。

合戰於正午時分開始，三好軍在寺門前縱火，隨後攻入本國寺之中。本國寺內的守軍抱著必死的決心抵抗三好軍的進攻，連足利義昭都親自穿上鎧甲舉起太刀與敵軍作戰，反覆拉鋸之後，守軍將三好軍擊潰。

此時足利義昭方的大名們，例如河內國的三好義繼（三好家的家督，與家臣三好三人眾對立）、山城國的細川藤孝、攝津國池田勝正、伊丹忠親、荒木村重等人得知三好三人眾攻打京都的消息以後，立即率軍來援。

三好三人眾方的軍勢擔心會受到各路勤王人馬的夾擊，不得不率軍撤至七條防守。

正月六日，足利義昭的援軍抵達京都，雙方在桂川邊展開合戰。按照山科言繼的記錄，桂川的北面為足利義昭率領的奉公眾，南面是河內國上洛的三好義繼，西邊則是池田勝正、伊丹忠親等攝津眾。三好三人眾的軍勢遭受了三面夾擊，在下午四時全軍奔潰。

是役，三好軍戰死一千餘人，巖成友通逃亡北野的松梅院，三好長逸則逃往八幡藏匿。

織田信長單騎來援

正月六日，正在岐阜城過新年的織田信長得知了三好三人眾來襲的消息，然而此時上洛之路因為大雪阻塞，來不及召集軍勢。九日，心急火燎的織田信長單騎衝出了岐阜城，往京都的方向奔去。織田信長在雪中疾馳，跟隨的僅有趕上來的十騎家臣，因為強行軍的緣故，途中甚至有人凍死。

當然，織田信長也不是傻子，不可能只靠幾個人去和三好軍作戰，不然說不定還沒衝到敵人跟前就被射成刺蝟了。信長之所以敢帶著這麼少人進京，是因為他知道織田家與足利家此時在京畿有許多盟友，與其等待織田軍集結，不如親自前往京畿，利用京畿的軍勢作戰。

正月十日，織田信長抵達京都，前往本國寺面見足利義昭，見到幕府將軍無事以後信長才放下了心，同時還褒獎了在本國寺之變中奮力作戰的武士。

（十九）信長與洛中諸事

▎十六條殿中掟書

　　正月十四日，織田信長向幕府指定了「九條殿中掟書」，在兩日後又追加了七條，變為總數十六條的「殿中掟書」。這個所謂的「殿中掟書」，其實就是規定足利義昭治理的狹義幕府，在行政時該做的事與不該做的事，其中包括要維持秩序、審斷案件要公正等等。

　　另外，足利義昭的幕臣組成成分非常複雜，既有哥哥足利義輝的舊臣，又有追隨自己流落各地的家臣，還有一些在上洛時來參陣的地方勢力。這些幕臣們在京都立足以後，便開始像他們的室町前輩一樣，開始侵占皇族、公家、寺社的領地。在織田信長制定的「殿中掟書」中，第一條就是要制止這樣的行為。

　　雖然以往的通說認為足利義昭正是因為這次的十六條殿中掟書而記恨織田信長，但是要是將兩人的仇恨拉到這時候未免有些過早。實際上，織田信長指定的掟書雖然限制了足利義昭身為將軍的許可權，但是從廣義的幕府來看，這些掟書的內容都是針對狹義幕府制定的公正施政的忠言，並不是在針對足利義昭。足利義昭在十六條殿中掟書下簽署了自己的名字，說明他也認可這些內容。

　　從織田軍上洛時織田信長禁止士兵劫掠與擾民就可以看出，織田信長是想讓自己擁立的足利義昭擁有最合法的「公儀」與口碑，因而這時才會制定這些法令約束不規矩的武士們。

營建二條御所

　　三好軍襲擊將軍御所本國寺的事件，讓織田信長覺得有一些沒面子，另外足利義昭也擔心自己會像哥哥一樣遭到別人的暗殺。在這樣的背景下，織田家開始著手在京都修築更堅固的將軍御所。

　　織田信長選中的地方是前幕府將軍足利義輝居住過的被稱為「武衛陣跡」的地方，這裡是「應仁・文明之亂」時從屬西軍的斯波武衛家家督斯波義廉的住處舊址。在應仁之亂期間，許多在京作戰的大名都把自己的宅邸修築成一個個小型的平地城堡，在修築土壘、挖掘壕溝以後非常易守難攻，這也是為什麼應仁之亂能夠在京都持續十年之久的緣故。這場看似是城市巷戰的戰爭，實際上是一場場艱苦卓絕的攻城戰。

　　正月二十七日，織田信長調集了萬餘至兩萬左右的工匠，任命村井貞勝、島田秀滿為奉行重修武衛陣跡，這便是後來的二條御所。因為茲事體大，織田信長甚至親自穿著粗糙的工作服，手持采配在工地指揮工匠們工作。這樣的稀奇景象可以說是古今罕見，但是發生在織田信長的身上，卻一點也不奇怪，從他青年時代開始，無論是合戰、還是抓捕蛇妖、或者是和尾張的居民們一起跳舞，他都經常親自出馬混跡在下層人民之間。

　　只能說，這麼多年過去了，織田信長的性格一點都沒有變。

信長與天皇

　　正月十九日，正親町天皇召見織田信長，因為信長無官無位的緣故，不能正式觀見天皇，所以最後公卿們商議了一下，反正條條大路通羅馬，

（十九）信長與洛中諸事

就讓天皇和信長在不那麼正規的小御所庭裡見面，對外就說是不小心偶遇的。

按照山科言繼的記載，這一天正好是宮中舉辦「三毬打」祭典的時候。三毬打又稱為「左義長」，是日本古時候的一種在正月裡舉辦的驅邪儀式，人們將一根根竹束編成圓錐體形狀，再將它們點燃。據說吃了用三毬打的火烤出來的食物，在將來的一年裡就會無災無病。

織田信長在這天率領著五百名馬廻眾來到小御所庭外，信長隻身進入小御所。在「三毬打」儀式以後，於庭院被正親町天皇接見。不過，在這次會面時，雖然天皇將酒杯賜給了信長，但是天杯卻遲遲沒有端上，隨後織田信長便提前離開了。

從山科言繼的視角來看，織田信長似乎有些不太高興。

這件事被後世的許多人大做文章，用來說明織田信長輕視朝廷，蔑視天皇，在這麼莊嚴光榮的情況下居然敢提前離開。

不過，其實在小御所庭賞賜「天杯」喝酒並非是個例，上一個在這裡被賞賜的，是殺死足利義輝以後的三好三人眾之一的三好長逸，所以天皇賜酒其實也沒有那麼稀奇。織田信長之所以提前離開，大概也是因為當時京畿的動亂還未結束，自己又政務纏身吧！

另外，從織田信長上洛以後的種種行為來看，說他蔑視天皇，未免有些不合邏輯。

三月二日，正親町天皇派遣大納言萬里小路惟房與右少辨廣橋兼勝作為敕使，穿著正裝拜訪了正在替足利義昭建城的信長。

敕使帶來了天皇的旨意，想要任命織田信長出任室町幕府的「副將軍」，這正是前幾個月足利義昭想要推舉給信長的職位。然而，織田信長

卻表示自己正在工地監工，非常忙，沒有時間出任什麼副將軍。

信長推辭的原因，大概和先前的理由一樣，他並不想和足利義昭締結那麼牢固的主從關係，被納入狹義的室町幕府體系之中。

隨後萬里小路惟房表示，出任副將軍其實只是這次拜訪的次要目的，主要目的還是希望彈正忠大人不要忘記之前的約定。

這時織田信長才想起來，先前平定美濃時天皇曾經送來詔書祝賀，那時候在詔書的副狀裡萬里小路惟房提了三個要求：出錢修皇宮、贊助誠仁親王元服、恢復皇室領地。

誠仁親王在前一年的十二月十九日就已經元服了，當時織田信長獻上了三百貫錢，協助朝廷舉辦元服禮。但是，朝廷似乎對織田信長上繳的錢不太滿意，說信長獻上的都是品質不怎麼樣的「惡錢」。

當時日本流行的錢幣包括中國傳過去的通寶錢幣，還有日本自己鑄造的銅錢。具體說明過於複雜了，總之大家只要知道，因為鑄錢工藝、比例等原因，日本的銅錢在市面上流通的價值要比中國的銅錢低，所以也被稱為「惡錢」。

剩下的兩件事，關於恢復舊領地，朝廷在二月時曾經和信長提到過想讓織田家協助恢復皇族在丹波國山國莊的領地，不過因為織田信長去監工的原因，這件事就一直擱置了下來。至於替天皇修園子的事，雖然不太好明著說，但是畢竟信長也答應了，所以就稍微提醒一下。

織田信長對朝廷的要求一直以來都是有求必應，他當即對萬里小路惟房表示自己知道了，請天皇陛下放心，等工地的事結束了一定會兌現之前的承諾，讓公卿大人回去答覆天皇。

織田信長果然言出必行，二條御所竣工以後的四月十六日，織田信長

（十九）信長與洛中諸事

下令開始修築天皇的御所。四月十七日，織田信長向丹波國山國莊發去了同地將會被朝廷派去的代官直接接收的朱印狀。次日，木下秀吉、丹羽長秀、明智光秀、中川重政等人連署向山國莊發去了幕府奉書形式的信長朱印狀的副狀，警告當地領主的違法亂紀行為。

丹波國的領主宇津賴重不過就是一個地方小富豪，哪裡見過這樣的陣勢。接到命令後他就急匆匆派人將需要上貢的一百餘石米、幾貫錢送到了皇宮裡去。

■ 信長與耶穌會

天文十九年（1550 年）七月時，京都上京傳來了一陣劈里啪啦的響聲。當地的住民正覺得納悶，這離過年還有小半年呢！怎麼就有人開始放鞭炮了。等到他們打開窗子一看，才發現原來是三好長慶的弟弟十河一存率領著軍勢在和幕府將軍足利義輝、管領細川晴元的軍勢交戰。

這時候他們發現細川軍中的士兵們，好像拿著一根根看起來像自來水管的東西，時不時還舉起來用另外一端朝著敵方瞄準，然後那端就開始噴火。

這一根根自來水管，就是被中國人稱為「鳥銃」、被日本人稱為「鐵炮」的東西。這也是鐵炮自天文十二年（1543 年）傳入日本後第一次出現在京畿的合戰當中，細川晴元軍中的鐵炮，是前幾年西國的大名們和堺港的商人們送的。

鐵炮的到來，改變了日本戰國時代的戰爭模式。在這以後的很多戰爭中，鐵炮都被當做防守的武器被日本各地大名採用。值得一提的是，除了

進口的鐵炮售價昂貴以外，被日本大規模仿製的國產鐵炮價格並不貴，但是大名們（尤其是東國的）卻因為難以採購火藥、硝石、彈丸等消耗品，無法像西國大名那樣對軍隊進行大批次裝備。

與鐵炮一同傳入日本的，還有一群黃頭髮藍眼睛穿著長袍，手上拿著一本書天天舉著一個十字架唸叨「阿門」的人，這些人便是從歐洲來的耶穌會傳教士。

在足利義輝出任幕府將軍時期，幕府曾經許可耶穌會在京都傳教。不過等足利義輝死後，佛教勢力在松永久秀等人的支持下將耶穌會逐出了平安京，後來寫成《日本史》的傳教士路易斯・弗洛伊斯也在其中。被逐出京都後，耶穌會只能在和南蠻人有貿易往來的和泉國堺居住。

信長上洛以後，因為足利義昭的側近和田惟政對天主教頗有好感，於是在和田惟政的遊說下，織田信長同意讓耶穌會的傳教士上洛聊聊。

四月三日，弗洛伊斯來到了京都，他先是到了織田信長的住所妙覺寺求見信長，結果守衛告訴他們信長正在二條御所監工。一行人又風塵僕僕地趕到了二條御所，在御所護城河的橋上見到了一個穿著粗布衣服，滿臉土灰的民工打扮的傢伙。

弗洛伊斯操著一口不那麼熟練的日語問道：「您好，我找信長大人。」

那個民工好奇地打量了一下和日本人長相完全不同的弗洛伊斯，回答說：「我就是。」

弗洛伊斯還是頭一回見到這樣打扮的領主，感到吃驚不已。而更吃驚的是同行的和田惟政，他也沒認出來這個民工打扮的傢伙就是信長。

另外，這天恰好有個倒楣的傢伙在工地上以女裝和工友逗趣，因為怠工加上在外國友人面前不禮貌、丟日本人的臉，被織田信長砍了頭。

（十九）信長與洛中諸事

　　弗洛伊斯和織田信長一共談了整整兩個小時。最後，織田信長下發了許可耶穌會在京都修建教堂以及傳教的朱印狀。弗洛伊斯十分開心，將隨行攜帶的西洋物品和銀器獻上，但是織田信長卻拒絕收下這些東西。

　　按照弗洛伊斯的記載，推辭禮物時的織田信長大笑不止，對弗洛伊斯說道：「我不缺金子和銀子。伴天連（神父、padre 音譯）是外國人，要是因為我許可你們傳教就接受你們的金銀，那不是太丟日本人的臉了。」隨後，織田信長又回頭朝著和田惟政說：「你讓伴天連見到我這樣粗魯的傢伙，只怕我的名字要在印度和他的國家傳開了啊！」

　　這便是傳教士路易斯‧弗洛伊斯和織田信長的初次會面。

■ 佛教、天主教的宗論

　　得知織田信長許可耶穌會在洛中傳教後，日蓮宗的僧人朝山日乘坐不住了，立刻跑到了妙覺寺要找信長討個說法。對此，織田信長也感到十分無奈，因為其實早在與弗洛伊斯見面的前一天，朝山日乘得知信長要會見耶穌會的傳教士時，就搶先一步拜訪了信長，說耶穌會的邪教會擾亂日本的文化和宗教，只是信長沒有搭理他。

　　對此，織田信長也只是聳聳肩，對身邊的人說：「這人的心胸真是狹隘，讓我驚訝。」

　　四月八日，織田信長正式下發了朱印狀給耶穌會，足利義昭在織田信長的說服下，也在四月十五日發下了同樣內容的將軍御教書。

　　朝山日乘出身於出雲國，朝山家是攝關家之一九條家的諸大夫出身，也就是鄉下的在地官人家族，地位並不高。不過，朝山日乘曾經出仕西國

的大名尼子家,之後轉仕過毛利家,最後才出家為僧來到京都,從後奈良天皇處獲得了「上人」的稱號。

朝山日乘與朝廷的關係非常緊密,在三好三人眾與松永久秀、三好義繼對抗期間,曾經因為支持松永久秀一方被三好三人眾逮捕入獄,後來被正親町天皇救出。在信長上洛以後,朝山日乘也一直身為朝廷與織田家之間的外交僧與織田家溝通。在織田信長修築皇宮時,朝山日乘甚至與村井貞勝一起出任普請役。

身為佛教日蓮宗的上人,朝山日乘自然容忍不了天主教的傳播,之前松永久秀放逐耶穌會之事就是他慫恿的。這次織田信長許可耶穌會返京,朝山日乘非常不服氣,表示要親自和弗洛伊斯進行當時流行的「宗論」,來論證佛教日蓮宗的教義才是最好的。

四月二十一日,弗洛伊斯來到織田信長的住所拜訪,一斜眼發現織田信長旁邊怎麼坐著一個不動明王像,仔細一看才發現原來是怒目圓睜的朝山日乘。

弗洛伊斯知道朝山日乘來者不善,二人隨後就在織田信長的面前進行宗論。弗洛伊斯按照天主教的教義認為人類是有靈魂的,只要信仰上帝死後就可以升入天堂,而朝山日乘則否定靈魂的存在。

二者吵得不可開交,朝山日乘畢竟是在地方大名家裡混過,身上有著不少室町武士的氣息,最後他一怒而起,指著弗洛伊斯旁邊坐著的一個教名為「洛倫茲」的日本人修道士,說道:「好,老衲現在就砍了你的弟子,你來給在座的展示一下他的靈魂!」隨後他小跑了幾步,跑到屋子裡擺放織田信長刀具的地方,拔出了信長的刀。

織田信長見狀,立即站了起來擋在了弗洛伊斯的身前,一旁的和田惟

（十九）信長與洛中諸事

政、佐久間信盛也連忙叫旗本與近侍去奪取朝山日乘手上的刀具。

礙於朝山日乘與朝廷的關係，雖然他在信長和外國人面前做出這麼無禮的行為，但是織田信長在事後依舊沒有處罰他，而是繼續讓他負責與朝廷的外交。

▎弗洛伊斯的岐阜城之行

其實這一天弗洛伊斯之所以來拜訪信長，是因為織田信長完成了在京畿的工作，正準備返回岐阜城，弗洛伊斯聞知此事才來告別。

織田信長離開以前，向足利義昭獻上了杯子、太刀和馬匹，足利義昭則含著眼淚握著信長的手十里相送，將軍的近臣們也都紛紛落淚，這一幕被在場的山科言繼給記在了日記裡面。

織田信長知道足利義昭為什麼哭，他一邊安慰將軍說二條御所很堅固，一邊把原本準備一起帶回去的木下秀吉留在了京都，命他率部留守京都，晚些再返回岐阜城。

等到織田信長返回岐阜城後，足利義昭的側近和田惟政也返回了領地，這下耶穌會頓時失去了在京都的保護傘。

四月二十五日，在朝山日乘和公卿們的慫恿下，朝廷下發綸旨，命足利義昭強行執行驅逐在京都的耶穌會的命令。甚至有傳聞說朝山日乘已經帶著一隊武士，準備襲擊耶穌會的教堂和弗洛伊斯。

無奈之下，弗洛伊斯只能帶著傳教士們逃出了京都，他們先是前往和田惟政的領地內留宿了一夜，隨後又前往岐阜城拜見織田信長。在岐阜城

見到弗洛伊斯的織田信長大喜過望，高興地對弗洛伊斯說：「哎呀，沒有必要來這麼偏遠的地方拜訪我啦！」隨後，織田信長命令家臣們安排弗洛伊斯一行人住進岐阜城山下的居館內。

岐阜城是修築在稻葉山頂部的山脊部分的山城，這主要是便於防守的緣故。除了城堡以外，織田信長在城下也修築了一個便於居住的居館，平日裡信長就是住在山下的居館之中的。按照弗洛伊斯的記載，山下的居館一共有四層，第一層是用各式各樣的畫有日本古代傳說故事的精美屏風裝飾的二十多間屋子。二層則是婦人居住的地方，三層是茶室等會客廳，四層則是瞭望樓，可以眺望岐阜城的城下町。

在織田信長的帶領下，弗洛伊斯還被許可進入岐阜城的天守遊覽。在這裡弗洛伊斯才明白了什麼叫做「一覽眾山小」。岐阜城天守不但可以將城下町盡收眼底，同時還能眺望到附近的城池以及不遠處的長良川。

另外，雖然織田信長對弗洛伊斯非常友好，但是在弗洛伊斯眼中，織田家的家臣們都十分敬畏信長。即便是「公方大人」足利義昭的寵臣細川藤孝、和田惟政等人，在和信長談話時也是卑躬屈膝，不敢直視信長的臉。

(十九)信長與洛中諸事

（二十）

伊勢侵攻

▍織田家與伊勢國

　　永祿十二年（1569年）八月，在岐阜城待了近四個月的織田信長再度對全領發起總動員，之後出陣伊勢國南部。

　　伊勢國南部從室町幕府建立時的南北朝時代開始就是國司北畠氏的地盤。伊勢北畠氏出身村上源氏，乃是南朝重臣、公卿北畠親房之子、名將北畠顯家的弟弟北畠顯能的後裔。北畠家在室町時代一直在南伊勢和大和國宇陀郡保有勢力，到了戰國時代，北畠家更是開始向戰國大名轉化，在伊勢國擴張。

　　按照江戶時代寬永年間成書的《勢州軍記》記載，早在稻葉山城陷落前的永祿十年（1567年）春季，織田信長就派遣瀧川一益前往北伊勢擴張。

　　雖然《勢州軍記》是後世創作的軍記物語，可信度並不高，但是現在卻傳下了同年四月瀧川一益的奉行人向伊勢國大福田寺下發的禁制文書。有了文書佐證，永祿十年織田家對伊勢國的侵攻之事就可以證實了。另外，前文還提到在這一年的八月，里村紹巴聽說織田信長親自率軍攻打伊勢國，織田軍一直打到了桑名附近。

　　永祿十一年（1568年）春天，織田信長率軍四萬人再度出陣伊勢國，

(二十）伊勢侵攻

這一次織田信長的目標是伊勢國中部的國人長野氏、神戶氏以及關氏等等。此時的織田信長已經決定要上洛，但是六角家的態度曖昧不明，使得信長不得不做好最壞的打算。伊勢國中北部的國人神戶氏、關氏都和六角家有著聯繫，攻打他們可以削弱六角家的勢力。

另外一方面，織田信長也需要伊勢國的軍勢對自己的上洛進行支援，因而雖然織田軍來勢洶洶，但是在圍城之後對伊勢國諸城基本都是採取和談為上的策略。

北伊勢的國人們見織田軍勢大，基本上沒做抵抗就都表示臣服。中伊勢的鈴鹿郡神戶城城主神戶具盛在高岡城進行了一番抵抗之後也開城降服，同時神戶家還迎接了織田信長的三子三七丸（即織田信孝）作為養子，隨後神戶一族的關氏也表示臣服。

另外，中伊勢的國人長野氏的分家細野氏在安濃津城對織田軍進行抵抗，但是沒多久就投降了。細野氏的本家長野氏的家督乃是北畠具教的次子長野具藤，在細野氏投降後，長野具藤也被逐回了北畠家。長野氏是鎌倉時代以來的名門，長野具藤被驅逐後家督之位空缺，織田信長便將弟弟織田信良（即織田信包）送入長野氏繼承家督。

在上洛之前織田信長成功地將伊勢國中北部納入自己的勢力範圍內，這也是在上洛時織田軍的軍勢裡包含了伊勢國國人的緣故。在上洛之後，織田信長最終開始對南伊勢也發起了攻擊，想徹底占有伊勢國。

阿坂城之戰

　　永祿十二年（1569年）五月，北畠具教的弟弟、木造城城主木造具政在弟弟源淨院與木造家的家老柘植三郎左衛門的慫恿下背叛了北畠家，投入信長麾下。源淨院其實是木造具政養父木造具康的親兒子，但是因為沒了繼承權只能出家，後來他還俗以後取名瀧川雄利，成為了織田信雄的家老。

　　因為木造氏的反叛，北畠具教召集了麾下的軍勢對其進行討伐。而織田家在伊勢國的代官瀧川一益聞訊後迅速率軍支援木造具政，同時還向織田信長發出了求援信。八月二十日，織田信長在岐阜城召集了軍勢以後，浩浩蕩蕩地殺向了伊勢國。

　　織田軍的軍勢有七萬到十萬不等的各種說法，雖然有些誇張，但是按照《信長公記》的記載，織田軍中還包含了淺井家的軍勢，因此此次織田軍的人數也不會太少。

　　當時北畠家的家督是北畠具教之子北畠具房，見織田軍來襲，北畠具房便捲起鋪蓋開溜，逃進了父親北畠具教隱居的城池大河內城。大河內城是北畠具教修築的城池，非常易守難攻，且有許多支城呼應。

　　八月二十六日，織田信長派遣木下秀吉率軍進攻大河內城的支城阿坂城。阿坂城又被稱為白米城，據說在應永年間北朝的室町幕府曾派遣軍勢攻打此地，幕府軍將阿坂城包圍得水洩不通，因為守軍頑抗的緣故，久攻不下的幕府軍便切斷了守軍的水源。

　　當時阿坂城的守將為北畠顯能的孫子北畠滿雅，為了打擊城下幕府軍的士氣，北畠滿雅故意命人將馬匹拉到幕府軍能看得到的地方洗馬。幕府軍見阿坂城守軍竟然還有多餘的水替戰馬沖澡，判斷城內水源儲備還很充

(二十) 伊勢侵攻

足,認為短期無法破城的幕府軍最終只得無奈撤軍。

實際上,此時的阿坂城自被斷水後已經是彈盡糧絕,北畠滿雅派出去洗馬的士兵往馬身上倒的並非是「水」,而是一桶桶白花花的米粒。幕府軍士兵從遠處望去,白米落在馬身上確實看起來像是水花四濺,這才誤判了形勢撤軍,中了北畠滿雅之計。

從這以後,阿坂城就多了個別稱「白米城」。

據說木下秀吉在攻城時親自上陣指揮作戰,結果被阿坂城內的名射手大宮大丞狙擊,左大腿(一說左腋下)中了一箭,不得不撤下火線。然而,阿坂城終究無法抵禦大軍的攻擊,最後依舊只能開城投降。

■ 包圍大河內城

八月二十八日,織田信長仗著人多勢眾,無視了大河內城的諸多支城,直接在城東的山上布下本陣,將大河內城包圍,同時織田軍還對城下町進行燒討。

根據《信長公記》的記載,在大河內城南面布陣的武將有長野信良(織田信包)、丹羽長秀、瀧川一益、津田一安、稻葉一鐵、池田恆興、部分尾張眾、近江眾;西面部署的武將為佐久間信盛、木下秀吉、氏家直元、安藤守就以及部分美濃眾;北面部署的武將有蜂屋賴隆、坂井政尚、齋藤利治、部分尾張眾以及淺井家的援軍磯野員昌;東面部署的武將則有柴田勝家、森可成、佐佐成政、不破光治以及部分尾張、美濃眾。

織田信長對四面的兵力部署基本上是平均分配,也就是說,這個包圍圈是沒有所謂的兵力薄弱的部分的。

包圍大河內城

圍城十日之後的九月八日，織田軍在夜裡對大河內城發起攻擊。信長的馬廻眾以及稻葉一鐵、池田恆興、丹羽長秀三人的軍勢攻入大河內城的搦手口（小門）。

在村木砦之戰時，織田信長曾讓馬廻眾用鐵炮對守軍射擊，然後再讓其他步兵往上衝，順利奪取了城池。然而，此時很不是時候地下起了大雨，織田軍鐵炮的火藥被雨水浸溼無法開火，而在城內的守軍則沒有這個顧慮，用弓箭、鐵炮進行反擊，最終織田軍在許多士兵戰死後敗退。

在《勢州軍記》的記載裡，除了九月八日的這次「夜討」以外，九月上旬，北畠家的船江眾曾率軍夜襲氏家直元的營地，趁其不備殺死了三十六名武士。十月上旬，瀧川一益自大河內城西邊的魔蟲谷對守軍發起攻擊，守軍用弓箭與鐵炮進行反擊，許多瀧川軍的士兵都中箭或中彈跌落谷底。另外，大河內城的守軍還製作了許多竹槍，在槍頭上塗滿火油，點燃後在城頭投擲竹槍，刺殺瀧川軍的士兵。最終，瀧川一益攻勢也被化解，只能鎩羽而歸。

不過，此時的大河內城卻出現了危機。因為織田軍對大河內城附近的村落展開攻擊，北畠具教將許多當地的住民都接進了城裡，導致城內人滿為患，糧食供應出現了問題。在這樣的情況下，大河內城再也無法抵禦織田軍的攻擊，只能和談。十月三日，大河內城表示願意投降，迎接織田信長的次子茶筅丸為北畠具房的養子，將來繼承北畠家。

北畠家投降以後，織田信長任命津田一安為茶筅丸的輔政人。同時，木造具政的兩個家臣瀧川雄利、柘植三郎左衛門也被織田信長任命為茶筅丸的家老，進入了大河內城。

織田信長之後將瀧川一益、織田信包安排在了伊勢國，還廢除了幾百年來在鈴鹿關收取過路費的關所，使得東海道的貿易商人、遊客越來越多

（二十）伊勢侵攻

地聚集到了伊勢國，此地的經濟也逐漸繁榮起來。

伊勢國降服以後，鄰國伊賀國的守護仁木長政也透過瀧川一益表示臣服於織田家。不過此時的仁木氏並無法控制伊賀國，真正將伊賀國納入織田家的統治範圍內，得等到天正年間的「天正伊賀之亂」了。

▍信長與將軍的矛盾

平定北畠家以後，織田信長在伊勢國參拜了伊勢神宮，隨後命織田軍撤軍回國，他自己則帶著馬迴眾直接前往京都。

十月十一日，織田信長面見將軍足利義昭，向他彙報了平定伊勢國的消息。兩天之後，織田信長又進入皇宮與正親町天皇會面，天皇將正月沒完成的賜杯子儀式繼續完成，隨後信長向朝廷獻上了三十貫錢作為謝禮。

值得一提的是，此時的織田信長和正月一樣，在朝廷內無官無位，但是因為信長拍天皇馬屁拍得特別好，所以天皇才破例召見了他。

然而，十月十六日時，織田信長突然一個招呼也不打，就帶人返回了岐阜城。當時在奈良興福寺的多聞院英俊聽說信長之所以這麼急匆匆地回國，是因為和足利義昭吵架了。

信長匆忙回國，在京都可以說是爆炸性的新聞。公卿們都對維持京畿治安的織田家抱有好感，天皇也不想就這麼放跑一個財神爺，大家只知道信長和足利義昭有了矛盾，但是具體原因卻誰也不知曉。

其實矛盾的主要原因，恐怕就是因為伊勢國的北畠家。

北畠家雖然在南北朝時期和室町幕府對立，但是在戰國時代以後卻

和室町幕府站在同一陣線。在足利義輝時代編成的幕府家臣名單〈永祿六年諸役人附〉中,「外樣眾、在國眾」的群體裡就有「北畠中納言、同少將……長野若狹守」三人的名字,這便是北畠具教、北畠具房、長野具藤父子。同時,身為朝廷的國司,北畠家每年也都會送去一些禮物給朝廷和幕府。

在信長平定伊勢國以後,北畠、長野兩家的家督血統全部由北畠家一脈更換成了織田家,這樣一來幕府在地方上等於少了一個重要的支持者,因而足利義昭才與信長發生了矛盾。織田信長和足利義昭鬧得不愉快以後,一氣之下就返回了岐阜城,以示抗議。

朝廷與幕府之爭

十一月三日,山科言繼從京都來到了岐阜城,織田家的外交取次松井友閑詢問他是為公事還是私事而來。雖然山科言繼說是私事,但是實際上他卻並沒有什麼具體的事需要信長幫忙,所以應該是天皇派他來探探消息的。

信長在岐阜城期間,攝關家的一條內基、一條內基之兄勸修寺聖信、姐姐「鍵屋之御所御比丘尼」三人也來到了岐阜城。一條內基之所以來找信長,是因為一條家與同樣出任修園子的「禁裡大工總官職」的日野家有了矛盾。

日野家自足利義滿時代開始就世世代代與足利家聯姻,和足利家的關係非同小可。二者出現土地糾紛後,日野家就找來了足利義昭作為後盾欺凌一條家。朝廷自從室町幕府建立以後就一直被足利家給按在地上,因此

(二十) 伊勢侵攻

一條家指望不了天皇,這才不惜千里迢迢趕到「鄉下」岐阜城找信長裁決此事。

另外,在岐阜城時山科言繼還見到了足利義昭派出的使者大藏卿局。大藏卿局是足利義昭手下女官裡職位最高的一個,足利義昭之所以派遣她來到岐阜城,只怕也是因為前日的吵架事件,派她來安撫信長修復關係吧!

■《五條條書》

永祿十三年(1570年,是年改元元龜元年)正月二十三日,織田信長寫信給明智光秀、朝山日乘,信中提到了與足利義昭約定的《五條條書》,裡面還有足利義昭的蓋章。

朝山日乘在前文提到過,主要是朝廷一方的人,但是也在信長手下做事。而明智光秀的地位就更不一樣了,身為幕府與織田家的外交人員,明智光秀此時的身分是「兩屬家臣」,既是幕府的家臣又是信長的家臣。這在當時是比較常見的,例如武田家的家臣郡內小山田氏就因為負責武田家與北條家的外交而成為武田、北條的兩屬家臣。

而這封信的收信人之所以是這兩人,大概是因為他們遊走於朝廷、幕府、織田家三方,立場比較中立,所以織田信長找他們來做自己和將軍之間密約的見證人。

信中提到的《五條條書》內容如下:

一、如果將軍向大名們下發御內書,需要先與信長商議,下發時應新增信長的副狀。

二、之前將軍的命令通通作廢,一些決策需要重新變更。

三、將軍賞賜忠節之人領地時，可以讓信長從自身的領地內提供土地。

四、天下之事委任給信長，將軍不需要其他人的侍奉，按照信長的意思即可。

五、為了平定天下，不能忽視朝廷。

前三條的內容，從表面上看似乎織田信長有些過於專橫跋扈了，竟然要求足利義昭在下命令前必須要先通知自己，再新增自己的副狀才能算有效。僅從這點來看，織田信長絕對是一個下克上的奸臣無誤。

然而，實際上足利義昭在這段時間裡對各國的大名或武將，諸如毛利元就、吉川元春、小早川隆景、大友宗麟、伊達輝宗、相良義陽等人發去文書前都和織田信長打過招呼。例如給毛利家、大友家發去的御內書，是想要調停兩家的戰爭，然後再命令這兩家一同出兵四國攻打敵人三好三人眾，此時的書信裡就有信長的家臣松永久秀的副狀。而發給伊達輝宗、相良義陽的御內書，其內容也是要求各國大名共同承擔二條御所的建造費用，以緩解織田家的財政負擔，這件事信長也是知道的。

總之，在上洛以後，足利義昭與諸國大名之間的御內書往來，信長全都瞭若指掌，這也是當時二元政治的一個特點。那麼，織田信長為何還會對那麼聽話的足利義昭再度強調這樣要求呢？

其實，這次的原因主要還是出在足利義昭的身上。足利義昭雖然沒有隨便向大名們亂發書信，但是卻經常賞賜土地給自己的近臣、家臣。在戰國時代以前，足利家在全國各地擁有很多御料所，而進入戰國時代以後，足利家的直轄領地就從各國的御料所變成了山城國的莊園。

足利家將山城國直轄化以後，自然就和當地的寺社勢力、莊園原主人產生糾紛。織田信長在這段期間受理了太多和幕臣有關的土地糾紛案件，

（二十）伊勢侵攻

因此他才會對足利義昭做出前三條的約定，防止幕臣再在足利義昭的支持下非法侵占土地。

另外，雖然有人認為第四條約定暴露了織田信長的野心，但是實際上並不能這麼看。在當時的情況下，《五條條書》屬於密約，除了當事人以外世人並不知曉具體內容，所以這個約定實際上只能算是織田信長和足利義昭私底下的協議，對各地大名來說並沒有效。所以暴露野心的說法也不成立，只能說是織田信長對平定日本有著自己的想法，不想讓足利義昭插手太多。

第五條則是要求向來輕視朝廷的足利義昭不能再對朝廷利益漠不關心，織田信長對不守臣禮的足利家發出了警告，要求幕府與朝廷保持良好關係。

▌諸大名的上洛指令

在《五條條書》作成的同一天（正月二十三日），織田信長向各地的大名們發去了書信，要求他們立即停止在地方上的戰爭，務必在次月上洛。

信長要求大名們上洛的理由有三：一是大家一起來修皇宮，二是向足利義昭表示效忠，三是讓天下恢復寧靜、停止戰亂。

收信人有三河的德川家康、甲斐的武田信玄、越中的神保家、備前的浦上家、出雲的尼子家等等。

可能有人會覺得此時的織田信長不過才剛平定了日本的一小部分，只是恰好京都和幕府都在這一小部分裡，就開始對各地的大名們下達上洛指令，似乎有些太過於輕狂了。實際上，織田信長的這次要求各地大名上洛的命令另有深意，我們下文再述。

諸大名的上洛指令

　　二月二十五日，按照先前書信的要求，織田信長以身作則率軍從岐阜城出發上洛。途中，織田信長在近江國的常樂寺留宿了幾日，於三十日乘船前往坂本，隨後進入京都。

　　當時許多公卿與幕府的奉公眾們都來到坂本迎接織田信長的船隊。除了貴族以外，京都附近的住民們也前來歡迎織田信長。山科言繼見到信長這麼受百姓的歡迎，在日記《言繼卿記》裡酸溜溜地說這些來歡迎信長的百姓，可能是織田家花錢僱來的。

　　三月一日，織田信長先是拜見了幕府將軍足利義昭，在下午時又穿著正裝在一群公卿的陪同下面見天皇。當時織田信長自稱的官位「彈正忠」不過只相當於六位的位階罷了，按規定是沒有資格升殿（殿上人）的，但是卻得到和足利義昭等同的待遇。

　　此時的織田信長因為與足利義昭關係變差的緣故，開始主動接近朝廷與天皇，這樣即便將來織田家和幕府對立，也可以依靠朝廷這個比幕府還要高的公儀來作為自己的大義名分。

　　另外，收到織田信長上洛要求的書信以後，河內國的三好義繼、三河國的德川家康、大和國的松永久秀、飛驒國的三木自綱、伊勢國的北畠具房、紀伊國的畠山高政、丹後國的一色義道等大名紛紛響應上洛。而但馬國的太田垣輝延（山名家的重臣）、備前國的宇喜多直家（浦上家的重臣）、豐後國的大友宗麟雖然沒有親自上洛，但是也派出了家臣作為使者前來示好。

　　這些大名以及使者們參加了四月一日慶祝二條城落城的典禮。不過，在典禮上，織田信長環顧一圈之後，發現在這些大名的行列之中沒有看到越前國的大名朝倉義景的身影。

(二十）伊勢侵攻

(二十一)
越前征伐

▎武衛騷動

　　前文提到，織田信長寫信要求各國大名們上洛所用的名分是向天皇、將軍效忠，因而實際上信長是持有大義名分的。在書信送出後，一些遠國的大名只是派出使者，並未親自前來。

　　考慮到此時還在戰爭年代，信長是可以理解他們不便離開領地的。然而，近國的大名之中，只有朝倉家對信長上洛之事毫不理會，織田家給朝倉家的外交書信也如同石沉大海一般，沒有得到回應。為此，感到被輕視的織田信長，決心以天皇、將軍的名義征討越前的朝倉家。

　　在織田信長上洛以前，越前朝倉家與織田家的關係應該還算是不錯的，織田信秀時代兩家還一度組成聯軍一同出陣美濃國。畢竟朝倉家和織田家都是「斯波武衛家」的家臣出身，某種程度上來說有著同僚之誼。

　　在戰國時代以前，織田家、朝倉家、甲斐家三家曾與主君斯波義敏對立，引起了斯波家的「武衛騷動」。當時斯波家的家督絕嗣，幕府便讓斯波家的分家「大野斯波家」的斯波義敏入嗣宗家繼承家督，然而此時的斯波家早已出現了下克上的局面，斯波家的大權落在了家臣甲斐常治的手上。

　　長祿二年（1458 年），因幕府派遣的新任「關東管領」足利政知停留在

（二十一）越前征伐

伊豆國無法前往鎌倉赴任，幕府便命各地的大名徵召軍隊前往關東支援。此時的斯波義敏沒有響應幕府的號召，反而在越前掀起了與家臣甲斐氏的戰爭，幕府的調停命令也被斯波義敏拒絕。

在這樣的情況下，幕府直接站到了斯波家的家臣甲斐氏的一方，廢掉了不聽話的斯波義敏，後來還從足利氏的同族澀川氏迎接了斯波義廉繼承斯波家。斯波義廉是外來的家督，自然在家內需要依靠甲斐氏等重臣施行統治，因此斯波家的家臣們也非常歡迎他。後來，斯波義廉在幕府失勢，斯波義敏重返斯波家就任家督，可是家臣們依舊不認可斯波義敏，阻止斯波義敏的代官進入越前國。

斯波家的騷動一直持續到了應仁之亂，而在這場大亂中，斯波家和家臣甲斐家都走向了衰弱，另外兩個家臣織田家、朝倉家卻趁機崛起。

▋猛將英林孝景

在應仁之亂爆發時，朝倉家的家督為朝倉孝景。因為朝倉孝景和他的曾孫同名，所以現在為了區分他們，便按照法號加名字的方式，稱呼初代朝倉孝景為「英林孝景」，而二代孝景則是「宗淳孝景」。

因為斯波家的家臣們支持的主君斯波義廉是西軍總大將山名宗全的女婿，所以英林孝景自然也在這場戰爭中加入了西軍。當時參戰的各個大名們對英林孝景的評價就只有一個字——「猛」。

文正元年（1466年）十二月，西軍的畠山義就在山名宗全的支持下率軍上洛。第二年（應仁元年，1467年）的正月，畠山義就在「御靈合戰」中擊敗了和自己爭奪家督之位的堂兄弟畠山政長。

猛將英林孝景

　　時任幕府將軍的足利義政擔心戰爭會擴大，命令幕臣們不許插手御靈合戰，任由兩畠山內鬥。可是山名宗全卻無視了幕府將軍的命令，對畠山義就派遣了援軍，援軍的主將便是猛將英林孝景。

　　幕府管領細川勝元因為聽從了將軍的命令沒有對畠山政長派出援軍，使得細川勝元被視為是拋棄盟友的懦弱之輩，這讓細川勝元無法忍受。五月，細川勝元在京都召集了軍勢，突然對山名宗全方發起了攻擊，京都內開始形成了「東軍」與「西軍」兩股勢力。

　　五月二十六日清晨，東軍敲著太鼓對西軍的陣地發起攻擊，隨後西軍也對東軍發起反擊。當時西軍的大將斯波義廉率領著甲斐、朝倉、織田等軍勢攻打位於一條大宮的細川勝久的宅邸，東軍總大將細川勝元則派出京極持清攜萬餘軍勢來援。

　　這一戰中，英林孝景率領朝倉軍在一條大橋阻擊京極持清，英林孝景本人也親自上陣接連砍翻五、六名東軍士兵，殺得京極軍大敗而逃，不少人都跌落到橋下的河裡溺死。山名宗全得知此事之後，高興地賞賜了鎧甲、名刀、名馬給英林孝景。

　　六月時，因為足利義政下發了代表將軍的牙旗給東軍，給予東軍大義名分，宣布西軍是叛軍，這使得西軍一度想要與東軍和談。然而當時東軍向斯波義廉提出的條件是要獻上英林孝景的人頭，這是斯波義廉無法接受的，最終和談宣告失敗。

　　英林孝景在應仁二年（1468年）十月時返回了越前國作戰，保障西軍的糧道。應仁之亂時因為西國進京途中有許多東軍勢力的地盤，因而當時西軍中的山名軍、大內軍等西軍主力的糧草是走日本海的水路前往越前國，再從越前國送回京都的。可是，在地方上的英林孝景沒幾年就被東軍

(二十一) 越前征伐

以「越前國守護」的籌碼收買，轉投了東軍。

投入東軍麾下的英林孝景早期的境地非常悽慘，西軍認為英林孝景是叛徒，東軍則認為英林孝景敲詐幕府冊封「越前國守護」的行為是下克上，因而朝倉家兩頭不討好，在越前國被孤立，陷入苦戰。另外，雖然東軍曾允諾封朝倉家為越前國守護，但是在英林孝景叛變以後卻對此事閉口不談，英林孝景氣不過，便穿著狩衣帶著烏帽子自稱「越前國國司」向幕府表示抗議。

沒想到的是，英林孝景的這個舉動愈發激起了越前國國人們的反抗，大家本來就看英林孝景不順眼，這下又多了個「僭越自稱國司」的口實，越前國無論是從屬東軍還是從屬西軍的勢力都達成了共識：只要見到朝倉軍，就先揍一頓再說。

最後，英林孝景只能示弱，推舉東軍中斯波義敏之子斯波義寬為自己的主公，在越前國以斯波家的名義作戰，這才拉攏了東軍的勢力。不過，在應仁之亂結束以後，朝倉家便逐個收拾了反對自己的國人，又將斯波義寬逐出了越前國，成為越前國真正的主人。

▍出兵若狹國

根據《朝倉家記》的記載，在織田信長命朝倉家上洛時，朝倉家原本是打算上洛的，但是朝倉家的一門朝倉景行卻反對此事。

朝倉景行認為，若此次上洛真是將軍足利義昭的意思，理應由足利義昭麾下的幕府申次眾負責聯繫，而不是由織田信長擅自催促上洛，畢竟朝倉家的奉公對象是幕府而不是織田信長。朝倉景行的意見得到了朝倉家家

臣的一致認可，最終上洛之事告吹，把織田信長的命令當成了耳邊風。

因為在光榮遊戲裡經常會把織田信長奉幕府將軍上洛形容成「挾天子以令諸侯」，所以織田信長的類比對象理所應當地就變成了三國時代的曹操，朝倉家自然就變成了曹操的對手袁紹一樣的存在。有人覺得朝倉家之所以無視信長，是因為他們像袁紹一樣發覺自己錯失了「挾天子以令諸侯」的機會，嫉妒織田信長。

然而，織田信長的行為其實算不上「挾天子以令諸侯」，畢竟幕府將軍分裂成兩支家族爭奪將軍之位已經持續了好幾十年了，信長只是支持足利義昭的這支血脈而已。另外，朝倉家對織田信長的態度絕對不僅僅是嫉妒，這裡就得說明一下兩家的關係了。

朝倉家原本並非是越前國的原始居民，而是但馬國的名門，自稱是孝德天皇的後裔。在南北朝時期，朝倉家進入了越前國開始侍奉斯波家。在越前國期間，因為朝倉家的舉薦，越前國織田莊的神官織田家才得以出仕斯波家成為武士。也就是說，朝倉家的祖先對織田家的祖先有著知遇之恩，雖然都是同僚，但是論輩分算是織田家的前輩，更別提織田信長還不是織田家的嫡流，只是一個小小的庶流彈正忠家的出身了。

所以，朝倉家對織田信長抱有一股很強的優越感，從而忽略了信長的鐵拳。不過，近年來的研究認為，朝倉家與足利義昭的關係急遽惡化，才是朝倉義景拒絕上洛的關鍵。

在室町幕府中後期，幕府與若狹國守護武田家的關係十分親密，幕府將軍足利義晴甚至將女兒嫁給了武田義統為妻，足利義昭在落難之際，也曾尋求過妹夫的幫助。可是到了這個時期，若狹武田家也已經走向衰弱，在朝倉家的武力介入之下，新家督武田元明被遷至越前國居住，朝倉家成為若狹國的實際統治者。

（二十一）越前征伐

　　武田元明是足利義昭的外甥，許多不願意接受朝倉家統治的武田家家臣便找來了足利義昭作為後臺，雙方也因為這個原因矛盾重重。織田信長之所以邀請朝倉義景上洛，目的是想要緩和足利義昭與朝倉家的關係，但是卻沒能成功。於是，在若狹武田家的部分家臣的請求下，足利義昭命令織田信長出兵若狹國，征討親朝倉家的武田家臣武藤友益。

　　永祿十三年（1570年，元龜元年）四月十九日，在信長出陣前夕，誠仁親王送來了預祝出征順利的「結花枝」給織田信長，表示朝廷站在信長一邊。二十日，織田軍出陣前在二條御所舉行了「御馬揃」，也就是閱兵。御馬揃的先陣，是由三河國的國主德川家康率領的五十騎騎馬武士，據說德川軍的駿馬、馬鞍與武具非常精美，讓當時圍觀的人都稱讚不已。

　　在《言繼卿記》的記載裡，織田軍出陣的總勢達到了三萬人，其中還包括了三好義繼、松永久秀、池田勝正等大名以及飛鳥井雅敦、日野輝資等公卿。

　　飛鳥井雅敦、日野輝資等公卿在室町時代是屬於親近幕府的公卿，被稱為「武家昵近公家眾」，屬於既侍奉天皇又侍奉幕府的特殊公卿。與織田信長名義上處於同等地位的大名與公卿的參陣，宣示著這次織田信長出陣並非是戰國大名之間的私戰，而是以朝廷、幕府為大義旗幟的討逆戰爭。

▍轉進越前國

　　四月二十日，織田信長離開京都後率軍從近江國坂本向若狹國進軍，於四月二十三日進入若狹武田家的四家老之一粟屋勝久麾下的國吉城。從

轉進越前國

這裡再往西走，就是武藤友益的地盤佐分利鄉了。

四月二十五日，織田軍突然全軍轉向，朝著東邊的越前國進軍，隨後抵達兩國交界的金崎城與天筒山城。金崎城是進入越前國的門戶，南北朝時代室町幕府大將斯波高經進入越前國的步伐就曾被南朝名將新田義貞給擋在了金崎城。

在朝倉家的眼中，幕府軍進攻若狹國等同於攻擊朝倉家的領地，陷入領國存亡危機之中的朝倉家必須要做出反擊。早在四月十一日，朝倉家就命令朝倉一族的敦賀郡郡司朝倉景恆率軍三千人進入金崎城，天筒山城中也有以城主寺田采女正為首的共一千五百人的軍勢。

不過讓大家都沒想到的是，織田信長竟然放棄了若狹國，主動攻打朝倉家。天筒山城雖然位於一百七十一公尺的高山之上，非常易守難攻，但是在遭到織田軍突襲以後，頃刻之間就城破人亡。

按照陽明文庫本《信長公記》的記載，此戰中織田軍的先鋒是德川家康為首的三河眾，天筒山城中的一千五百人守軍中戰死了一千三百七十人（按照織田信長寫給毛利元就的書信為數百人），也就是說守軍基本上全部戰死。根據山科言繼在京都聽到的消息，織田軍在這一戰中也戰死了千餘人，可以想像這一戰的戰況有多慘烈。

織田軍攻打越前國採用的策略和當初攻打南近江相同，位於防線更後方的天筒山城遭到織田軍的攻擊時，金崎城的城代朝倉景恆三度率軍出陣救援，但是都被織田軍給擊退，反而自己還戰死了五百多人。次日，攻下天筒山城的織田軍轉頭進攻金崎城，朝倉家的家督朝倉義景親自出陣救援，但是因為居館一乘谷發生了騷動，不得不撤軍回城。

金崎城被織田軍圍得水洩不通，織田信長命令木下秀吉前往勸降，表

（二十一）越前征伐

示若是不從，天筒山城就是一個例子。在這樣的窘境下，孤立無援的朝倉景恆只得同意了織田信長的勸降，隨後織田信長接管了金崎城，又命令秀吉派出兩百餘人護送朝倉景恆返回一乘谷。

當時在一乘谷的朝倉景恆之父朝倉景紀憤怒地說朝倉景恆開城是朝倉家的恥辱，最後朝倉景恆憤而進入了越前國的永平寺蟄居。

在此期間京都方面也發生了兩件事：一是在織田信長出陣期間，朝廷再度復興了曾經失去的祭祀權，在皇宮的內侍所以及石清水八幡宮為織田信長舉行祈禱戰爭勝利的儀式。第二件事則是朝廷在幕府將軍足利義昭的建議下，在四月二十三日改元「元龜」。

「元龜」出自中國古代的詩歌集《詩經》裡的《魯頌‧泮水》的最後一句：「憬彼淮夷，來獻其琛。元龜象齒，大賂南金。」這首詩是歌頌魯僖公平定淮夷的故事，最後一句的意思是淮夷臣服前來朝貢，獻上了大龜、象牙、寶玉與黃金。

足利義昭大概是想藉此表達室町幕府即將復興，四海即將歸服的美好願景吧！不過，正在出陣途中的織田信長沒有想到的是，改元「元龜」以後，織田家將迎來比曾經今川義元攻打尾張國還要恐怖的困境──被後人稱為「元龜爭亂」的信長包圍網時代。

■ 小豆袋的故事

金崎城和天筒山城陷落之後，位於兩城南邊的疋壇城也失去戰意開城投降，按照信長原本的計畫，織田軍將繼續朝著越前國府中進軍。然而就在這時，傳來了一個非常勁爆的消息──織田信長的妹夫淺井長政舉兵

小豆袋的故事

叛亂，準備從背後偷襲織田軍。

織田信長聽到這個消息的第一反應是呵呵一笑，然後對著通報的信使說道：「不可能！我給了淺井長政江北的領地，他是沒有理由背叛我的。」

信長話音剛落，織田家家臣們的使者紛紛來到本陣，報告淺井長政有不軌的動向，信長這才不得不相信妹夫已經背叛了自己。

關於淺井長政的背叛，在《朝倉家記》裡還有一則非常出名的故事。

話說淺井長政的妻子市姬是織田信長的妹妹，兄妹二人的關係還不錯。不過，當她得知丈夫準備背叛兄長時感到非常苦惱，最後還是決定送去消息給正在越前國出陣的信長。

市姬沒有讓人帶去書信，而是命人送去了一份點心：她在一個袋子裡裝滿了小豆，隨後將袋子的首尾都用繩子繫好。

正在越前國的織田信長收到妹妹的禮物時覺得十分奇怪，這時候送小零食做什麼？還特意只送了一小袋。可是當信長看到袋子上的繩子時又不禁陷入了沉思，而後看出了玄機。

「淺井背叛我們了！」

淺井長政若是背叛信長，就有可能和若狹國、越前國的反信長勢力結盟，從而將織田軍包圍在越前國，切斷信長的後路，所以市姬才故意用繩子將袋子的首尾繫好。

這個故事非常有趣，但是真實性上卻無法考證。

（二十一）越前征伐

▎淺井家背叛之謎

　　現今很多讀物都是根據《淺井三代記》的說法，說淺井長政之所以背叛義兄織田信長，是因為朝倉家曾經是淺井家的盟友，給過淺井家很大的幫助。所以在與織田家結親時，淺井家曾要求過織田家無論如何都不能與朝倉家敵對，信長當時答應了此事，但是在這年又反悔發兵攻打朝倉家，引起淺井長政的父親淺井久政的不滿。

　　不過，《淺井三代記》的說法是基於《江濃記》裡淺井長政的祖父淺井亮政曾與朝倉家締結盟約，受到朝倉家幫助在江北立足的記載而創作的。實際上呢，在前文有提到過六角定賴時期六角家曾攻打過淺井家，脅迫淺井家臣服。當時的朝倉家是六角家的盟友，而非淺井家的盟友。也就是說，淺井家和朝倉家壓根就不是什麼世代交好的家族，淺井長政背叛信長也不是因為什麼所謂的「義理」。

　　說到底，只能說淺井家在當時的世道裡，算是領國一元化進行得非常差勁的大名，淺井家的家內主要還是由家督與北近江的豪族們聯合施政。織田信長為了實現「天下布武」，無休無止地進行著戰爭，使得淺井家這麼一個弱小的勢力需要頻繁地承擔過重的軍役，最終不滿的淺井長政決心對抗織田信長，謀求獨立。

　　除此以外，在信長上洛以後，織田信長完全沒有把淺井家當做盟友來看（從賜名之事也可看出），而是將他們當做家臣使喚。近江國的正統守護乃是江南的六角氏，江北地區則由六角氏的分家京極氏統治部分，室町時代的淺井家不過是京極家的家臣而已，地位並不高。信長認為將江北的領地賜給淺井家，已經是莫大的恩惠了。

在前文提到的信長召喚各國大名上洛之事中，不知是不是有意而為，織田信長在信中稱呼德川家、北畠家、山名家、京極家等大名時使用了「德川殿」、「北畠殿」等稱呼，而松永家、遊佐家等原室町幕府的守護家臣則沒有用上這樣的稱呼，反而稱他們為「國眾」、「名代（大名的代官）」。

淺井長政也是如此，信長在信中稱呼京極家為「京極殿」，而在「京極殿」後的標注裡卻寫了「淺井備前、同尼子、同七佐佐木……」尼子氏是京極家的出雲國守護代，「七佐佐木」指的是高島郡的「高島七黨」，也就是說後面的標注裡跟著的都是京極家的家臣。

在淺井長政的眼裡，織田信長的上洛指令並非是發給自己的，而是給那個早就沒落了的主家京極家。淺井家在織田信長構築的政權之中沒有被當成盟友對待，反而被當做織田家的家臣使喚，這是淺井長政不能接受的。況且織田信長安堵給淺井家的領地，本來就是淺井家三代人努力奮鬥而來的，根本不需要信長的承認。與之相反，淺井長政一直垂涎三尺的琵琶湖西岸的「高島七頭」的領地，卻被織田信長保證獨立，讓淺井家完全失去了統治「高島七頭」的可能性。最終，淺井長政決意放棄與織田信長的同盟。

不管怎麼樣，淺井長政的背叛不光讓織田信長的這次越前征伐以失敗告終，同時還讓信長陷入了被包圍的可能之中。

金崎大撤退

元龜元年（1570年）四月二十八日，自淺井長政的背叛開始，織田家拉開了「元龜爭亂」的帷幕。這一天夜裡，織田信長僅僅帶著一些馬廻眾

（二十一）越前征伐

迅速朝著京都撤軍，留下了木下秀吉殿後，日本戰國史上著名的「金崎大撤退」正式開始。

根據《當代記》的記載，織田信長撤退時詢問諸將有誰願意留下，只有木下秀吉主動站了出來表示願意殿後，隨後信長命令各軍抽調出鐵炮手、弓箭手加上秀吉的軍隊一同留下。

而足利義昭的側近一色藤長在五月四日時寫給丹波國國人波多野秀治的書信中則提到：「金崎城留下的殿軍是木藤（木下藤吉郎秀吉）、明十（明智十兵衛光秀）、池築（池田築後守勝正）……」也就是說除了秀吉以外，明智光秀和池田勝正也都留下殿後了。

值得一提的是，在《三河物語》中，織田信長撤退之時太過匆忙，連德川家康都來不及通知，以至於後來德川家康得知信長已經返回後一臉錯愕。

不過，此時的明智光秀雖然出陣在外，但是可能並未在越前國，因為在織田信長返回京都以後，曾命令明智光秀與丹羽長秀從若狹國的武藤友益處接收他的母親作為人質。所以在金崎大撤退時，明智光秀可能和丹羽長秀一同在若狹國防備武藤友益，防止信長撤退時被若狹國國眾襲擊，而不在金崎的殿後軍中。

織田軍撤退之後，木下秀吉的殿後軍隊一邊應對朝倉軍的追擊一邊一路撤軍到了先前被織田軍攻陷的疋壇城。疋壇城位於越前國進入京都的必經之路，守住這裡就相當於守住了京都的門戶。

另外，影視劇裡的金崎大撤退中可能木下秀吉的軍隊裡會有竹中半兵衛的身影，但是實際上即便是按照逸聞通說，秀吉「三顧茅廬」聘請竹中半兵衛其實也是發生在金崎撤退之後的故事。

▌「朽木越」

織田信長撤軍之時，因為琵琶湖西岸有著鹽津城與海津城兩處從屬淺井家的國人據點，所以為了避開他們，信長並沒有選擇最近最好走的琵琶湖西岸的主要道路西近江路，而是進入若狹國，自若狹國往京都的朽木谷返回。

當時充當織田信長嚮導的是若狹國出身的沼田彌太郎。抵達朽木谷以後，當地的領主朽木元綱出來迎接信長。朽木元綱乃是足利義昭麾下的奉公眾之一，在足利義昭上洛以後從幕府處獲得了朽木谷的領地安堵許可。另外，朽木元綱曾從淺井久政、淺井長政父子處獲得了近江國高島郡的新領地，與淺井家也有著主從關係。幸而淺井家的勢力範圍在琵琶湖西岸十分有限，所以對朽木谷的影響還不算大。

織田信長進入朽木谷之前，是由大和國的大名松永久秀作為前鋒的，松永久秀見到一身戎裝的朽木元綱後，連忙讓朽木元綱換成便裝以免信長猜疑。後來朽木元綱以便裝迎接信長，果然得到了信長的褒獎。四月三十日夜裡，織田信長在朽木元綱的引導之下平安地返回了京都，此時跟隨信長的人不過只有十餘騎武士。

雖然淺井長政、朝倉義景想要夾擊織田信長，但是卻沒有做好充足的準備封鎖織田軍的撤軍路線，以至於錯失良機。再加上織田軍的金崎撤退十分果斷且快速，非但織田信長本人平安返回了京都，織田一族、織田家的大將也沒有任何一人在這一戰中戰死。

《朝倉家記》中說，這是「淺井、朝倉氣運已盡的開始」，雖然有些春秋筆法，但是確實從織田信長返回京都開始，這兩家就已經列入了信長的

（二十一）越前征伐

黑名單了。縱觀織田信長的一生，他很少會真正與某個人對立，即便是驅逐足利義昭時也留下了和談的餘地。但是，如果一旦被信長認定為必須除掉的對手的話，通常下場都是非常慘的。

（二十二）

姉川合戰

六角承禎起兵

　　五月一日，在南近江甲賀郡藏匿的六角承禎父子召集了舊部起兵反抗織田信長。六角家雖然曾經與淺井家是死敵，但是因為織田信長的出現，兩家開始聯手對付信長。

　　六角承禎舉兵後，近江國野洲郡守山一帶也出現了支持六角家、反織田家的一揆勢力，守山城是近江國裡連接中山道的交通要道，當時守衛守山城的乃是稻葉一鐵與其家臣齋藤利三。面對一揆軍的攻擊，稻葉軍不慌不亂沉著應戰，最後不僅擊敗了一揆軍，還斬獲了一千二百餘顆敵人的首級。

　　五月九日，織田信長率軍從京都出發返回岐阜城。途中，信長在十二日進入了近江國永原城並滯留了七日，在此期間信長將織田家的家臣們部署在近江國，以保障岐阜城通往京都的通路。最後，織田信長在永原城部署了佐久間信盛、長光寺城部署了柴田勝家，安土城部署了中川重政、津田隼人佐，滋賀郡的宇佐山城則由森可成防衛。

　　需要注意的是，此時的安土城並非是織田信長後來築成的那座巨城，可能只是位於安土地方的一個小小的防禦砦罷了。

（二十二）姊川合戰

▋狙擊織田信長

　　五月十九日，織田信長從永原城出發，踏上了返回岐阜城之路。此時，因為鯰江城被淺井家占領的緣故，織田信長只能從通往鈴鹿關的千草越返回美濃國，此地先前也發生了叛亂，但是在蒲生家的攻擊下擊敗了叛軍，打通了通路。

　　不過，在路過千草越時，織田信長卻遭到了六角承禎派遣的杉谷善住坊的狙擊，差點丟了性命。

　　杉谷善住坊是甲賀郡的「甲賀五十三家」中的杉谷家出身，他拿著鐵炮埋伏在織田信長返回的路上，等到織田信長接近到二十公尺左右時，突然開槍狙擊信長。為了增加命中率，杉谷善住坊還特意往鐵炮裡塞了兩顆彈丸，好在織田信長福大命大，這兩發子彈都沒有打中信長。

　　另外，山科言繼在京都聽到的狙擊信長的版本，是織田信長在返回途中被四挺鐵炮狙擊，所以除了杉谷善住坊以外，應該還有其他同夥一同暗殺信長。

　　二十一日，織田信長順利返回了岐阜城，隨後開始著手對淺井家、六角家、朝倉家進行反擊。在此期間，六角承禎父子拒絕了織田信長的和談提議，率軍兩萬人攻打柴田勝家、佐久間信盛，兩軍在野洲川北部的落窪鄉展開激戰。

　　六角承禎父子麾下部隊大多數出自伊賀國的伊賀眾、近江國的甲賀眾，這兩個地方在後來因漫畫《甲賀忍法帖》聞名於世。不過實際上在戰國時代，甲賀眾和伊賀眾並非上天入地的忍者，而只是一個個傭兵性質的國人團體罷了。這些凝聚力不強的軍勢，在遭遇能征善戰的織田軍以後便

原形畢露，兩萬大軍頃刻之間土崩瓦解，六角承禎父子再度流亡，甲賀眾、伊賀眾共被織田軍討取七百八十餘人。

近江出陣

在織田信長剛歸陣京都的時候，淺井長政夥同越前國的朝倉家，在美濃國、近江國的邊境修築了長比城與苅安尾城，分別派遣重臣堀秀村與堀家的家老樋口直房進駐。朝倉家也派出了朝倉景鏡率軍三千人進入了小谷城，準備加固這兩個據點，阻止信長返回美濃。

值得一提的是，除了這兩地外，當時的橫山城裡也進駐了朝倉家的軍勢，朝倉軍駐守美濃國與近江國邊境城池的做法，其實是將此地作為朝倉家領國邊境來看待了。此時淺井長政與朝倉家的關係，很可能不是通說中平等的盟友關係，而是朝倉家在近江國的有力國眾，更接近於主從關係。

在《淺井三代記》的記載中，織田信長命令木下秀吉策反這兩座城池，秀吉為了完成任務，便前往慄原山拜訪在此地隱居的竹中半兵衛。竹中半兵衛曾經出仕過淺井家，對近江國的人應當是比較熟悉的。

不過，在《信長公記》的記載裡，策反這兩座城池守將的乃是織田信長本人，而淺井家的重臣島氏的史料《島記錄》裡，則是說長比城的守將樋口直房心向信長，主動開城引進了織田軍。另外，在《當代記》的記載當中，勸降堀秀村與樋口直房的雖還是竹中半兵衛，但是卻與木下秀吉沒有關係，竹中半兵衛是直接從信長處接到命令的。

總之，兩座城池被織田家策反以後，織田家的美濃國便十分安全，反而淺井家的小谷城暴露在了織田軍的攻擊範圍以內了。

(二十二）姊川合戰

▌包圍橫山城

六月十九日，織田信長率軍從岐阜城出陣，開始征討叛徒淺井長政。二十一日，織田軍以森可成、坂井政尚、齋藤利治、市橋長利、佐藤秀方、塚本小大膳、不破光治、丸毛光兼為前鋒，直逼小谷城而來。

織田軍先鋒在小谷城南面的雲雀山布陣，對小谷城的城下町進行燒討，而織田信長則在距離小谷城西南約一里左右的虎御前山布下了本陣。

小谷城位於琵琶湖東岸的海拔約三百公尺左右的山上，非常易守難攻，織田軍若想要強攻此地只怕會付出很大的傷亡。因此，織田信長決定以圍城的方式攻打小谷城，在直接面對小谷城之前，先得將城中的淺井守軍誘出，消耗守軍的戰力。

六月二十二日，織田信長率軍從虎御前山撤軍，此時小谷城的淺井長政派出小股軍勢想要追擊信長。不過，在撤退前織田信長就下令從全軍調集了五百名鐵炮手與三十名弓箭手，將他們分為三隊，由簗田廣正、中條家忠、佐佐成政三人負責指揮。淺井軍追擊之時，遭到織田軍殿後部隊的攻擊，傷亡慘重。

織田信長此時對鐵炮已經比較了解，當時日本並沒有成建制的鐵炮軍隊，而信長從各個軍勢中調集鐵炮以後進行臨時編制，組建了一支以鐵炮為主要戰力的部隊，讓鐵炮發揮出了應有的威力。另外，除了鐵炮以外織田信長還調集了三十名弓箭手，弓箭手的作用便是在鐵炮射擊的間隙進行遠端火力的補充，這與信長日後進行的「長筱合戰」如出一轍。在長筱合戰時，織田信長也是調集了三千挺鐵炮奔赴三河國，以鐵炮、弓箭等遠端火力擊敗了縱橫東國的武田軍，這個我們下文還會詳細說明，這裡就不多提了。

織田軍從虎御前山撤軍以後，朝著小谷城東南方約十幾公里的橫山城進軍，於六月二十四包圍了橫山城。橫山城位於中山道與北陸道的連接點，是聯繫小谷城與支城佐和山城之間的重要據點，此地由大野木土佐守、三田村左衛門大夫、野村肥後守、野村兵庫頭等人駐守。

在織田軍包圍橫山城的同一天，德川家康應織田信長之邀率領著三河國的軍勢抵達北近江國，支援織田軍。

橫山城如果被織田軍攻下，那麼南部的佐和山城與小谷城的聯繫就將被切斷，等同於淺井家放棄了南部的領地。為此，淺井長政不得不出兵救援橫山城，但是兵力的劣勢卻使得淺井長政陷入了苦境之中，此時的淺井家在織田、德川聯軍的攻擊下已經搖搖欲墜。

好在此時傳來了一個振奮人心的消息——朝倉義景派出的一門眾朝倉景健率軍來援，已經抵達北近江的大依山了。根據《信長公記》的記載，此時朝倉景健麾下的軍勢有八千人，對淺井長政來說朝倉軍是一股生力軍，也是他出城和織田軍野戰的底氣。

姊川合戰就此爆發。

兩軍人數

按照不同的史料記載，姊川合戰時兩軍的兵力大致如下：

《信長公記》：織田軍、德川軍人數不詳。淺井軍五千人，朝倉軍八千人。

《津田文書》（織田信長寫給細川藤孝的書信）：織田軍、德川軍人數不詳。淺井軍五千至六千左右，朝倉軍一萬五千。

（二十二）姊川合戰

《毛利家文書》（織田信長寫給毛利輝元的書信）：織田軍、德川軍人數不詳。淺井軍、朝倉軍共三萬人。

《益田家文書》（朝山日乘寫給益田藤兼的書信）：織田軍、德川軍人數不詳。淺井軍八千人，朝倉軍一萬五千人。

《甫庵信長記》：織田軍三萬八千人，德川軍人數不詳。淺井軍人數不詳，朝倉軍一萬人。

《三河物語》：織田軍一萬餘，德川軍三千餘。淺井軍人數不詳，朝倉軍三萬餘。

《松平記》：織田軍、德川軍人數不詳。淺井軍一萬餘，朝倉軍人數不詳。

《淺井三代記》：織田軍三萬五千餘，德川軍五千餘。淺井軍八千餘，朝倉軍一萬餘。

《寬永諸家系圖傳》（土岐定政家譜）：織田軍人數不詳，德川軍五千。淺井軍人數不詳，朝倉軍一萬人。

《朝倉始末記》：織田軍人數不詳，德川軍五千餘。淺井軍人數不詳，朝倉軍人數不詳。

《年代記抄節》：織田軍、德川軍人數不詳。淺井軍六千至七千人，朝倉軍一萬五千至一萬六千人。

《南部文書》：織田軍、德川軍人數不詳。淺井軍八千人，朝倉軍一萬人。

《日本戰史》：織田軍兩萬九千人，德川軍五千人。淺井軍八千人，朝倉軍一萬人。

史料裡對織田軍、德川軍的人數記載大多數都為不詳，反而特別熱衷於記載淺井軍、朝倉軍的人數。尤其是在織田信長自己的書信以及太田牛

一的《信長公記》裡都沒有提到織田、德川聯軍的人數，這個原因我們下文再說。

另外，文書裡的淺井、朝倉聯軍的人數基本都在兩萬人以上，這有可能是織田家為了炫耀自己的戰功故意誇大了敵軍的人數。太田牛一在《信長公記》裡所寫的一萬三千人應當才是當時淺井、朝倉聯軍的人數。與之相比，織田、德川聯軍的人數，則有可能在淺井、朝倉聯軍人數的兩倍以上才是。

不過因為織田、德川聯軍主力正在包圍橫山城的緣故，所以織田軍中應當有一部分軍勢是沒有參加後來的姊川合戰的。

姊川合戰

根據《信長公記》的記載，六月二十七日，在大依山布陣的朝倉軍一度後撤，這讓織田信長錯誤地判斷了局勢。二十八日天明時分，淺井、朝倉聯軍突然來到姊川前，淺井軍在東邊的野村鄉布陣，朝倉軍則在姊川的下游、西邊的三田村鄉布陣。織田信長命令德川軍前往三田村鄉對戰朝倉軍，自己則派遣美濃三人眾與馬廻眾迎戰淺井軍。

上午六時左右，姊川合戰爆發。

開戰以後織田軍朝著東北方向攻擊，敵軍也越過姊川而來，戰場上黑煙四起，刀劍碰撞的聲音響徹姊川。最終，織田、德川聯軍擊敗了敵軍，斬獲以真柄十郎左衛門（真柄直隆，以下人名省略）為首的淺井軍一千一百餘人。織田軍得勝後乘勝追擊，一直追了五十町左右，直殺到小谷城的城下，在此地縱火。

（二十二）姊川合戰

　　不過，因為小谷城城高牆厚、易守難攻，織田軍最後還是返回攻打橫山城，沒有攻擊小谷城。橫山城的守軍在淺井、朝倉聯軍戰敗以後，也失去了抵抗意志開城投降。

　　《信長公記》中對姊川合戰的記載非常簡略，並沒有提到兩軍的交戰過程，但是在江戶時代成書的《甫庵信長記》、《三河物語》、《松平記》之中，則提到了交戰之際織田軍受到淺井軍的攻擊岌岌可危，因為德川家康擊敗了朝倉軍，這才獲得了姊川合戰的勝利。

　　德川家康在《三河物語》中非常活躍，他在姊川合戰這一年時年僅二十九歲。當時織田信長想要讓德川軍作為第二梯隊作戰，但是德川家康卻主動向織田信長要求讓德川軍出任先鋒。在織田信長寫給細川藤孝的書信中也提到了德川家康曾與織田信長的馬廻眾爭奪先鋒之事，所以《三河物語》的記載應當是屬實的。

　　不過，畢竟《三河物語》、《松平記》都是站在德川家的立場上創作的史料，自然會對德川軍的戰功大吹大擂。《甫庵信長記》、《淺井三代記》雖然立場不同，但是卻也都是江戶時代成書的史料，可信度相較於《信長公記》來說是比較低的。

奇襲信長本陣

　　在《甫庵信長記》的記載裡，對陣朝倉軍的一番隊乃是德川家康，二番隊為織田軍的稻葉一鐵，對陣淺井軍的一番隊乃是坂井政尚，二番隊則是池田恆興。從交戰前線到織田信長本陣之間，一共有十三個軍勢防備。交戰之後，坂井政尚、池田恆興二隊不敵淺井軍崩潰，在《淺井三代記》

裡甚至提到，織田軍的十三段軍勢被淺井家的猛將磯野員昌一連突破了十一道。

受到《淺井三代記》的影響，後來日本的官修戰史《日本戰史》雖然參考的是《甫庵信長記》，但是卻在《甫庵信長記》的基礎上將織田軍崩潰的軍勢增加到了四支，除了坂井政尚、池田恆興以外，木下秀吉、柴田勝家也跟著背了黑鍋。

現今的通說基本上都是按照《日本戰史》的內容創作的，但是實際上《日本戰史》的記載非常不可靠，例如該書將應該在姊川前線作戰的丹羽長秀、氏家直元、安藤守就等人給拉到了後方包圍橫山城去了。所以，後世軍記物語對姊川合戰的過程紀錄，其實只能作為參考來看，並不足為信。

另外，雖然突襲信長本陣的磯野員昌事蹟屬於創作，但是當時織田信長的本陣確實是受到了威脅。從《淺井三代記》與《四戰紀聞》的記載中可以獲知，奇襲織田信長本陣的另有其人，乃是淺井家的重臣遠藤直經。

在軍記物語的記載中，遠藤直經眼見己方將要戰敗，便提著自方戰死士兵的首級，佯裝是織田家的武士混入織田軍中，假意向信長報功。他一直前進到了信長本陣前二十公尺的距離才被竹中半兵衛的弟弟竹中重矩發覺，隨後遠藤軍被信長的旗本殲滅。

雖然這則故事並不算太可靠，但是在《信長公記》的記載中遠藤直經確實是被竹中重矩給殺死的。另外，在姊川古戰場上織田信長本陣南邊約三百公尺的距離有一個被稱為「遠藤塚」的地方，此地應當就是遠藤直經戰死的位置。綜合各方的資料來推測，遠藤直經雖然不太可能像電視劇裡那樣舉著頭到處問「信長在哪裡」，但是也還是有可能率領了一支軍勢想要奇襲信長的本陣，最終失敗。

(二十二) 姊川合戰

▌姊川合戰的真相

　　在織田信長於姊川合戰結束當天寫給細川藤孝的文書裡，信長提到姊川合戰發生於上午十時左右，朝倉軍、淺井軍為了救援橫山城，來到了野村布陣。當時朝倉軍人數為兩萬五千人，淺井軍則是約五、六千人。在這之後，織田、德川聯軍全軍朝著敵軍進攻，取得大勝，斬獲首級不計其數，無論是野地還是田地裡都是敵軍戰死的屍骸。

　　信長在書信裡還提到，當時德川家康與信長的馬廻眾爭奪前鋒，最後決定讓池田恆興、丹羽長秀加入德川軍，由德川軍作為先鋒。

　　從信長的書信來看，姊川合戰中織田軍預計作為前鋒的軍勢，竟然是織田信長自身的親兵，也就是信長的馬廻眾。另外，在《信長公記》裡還有一個問題，就是書裡提到織田信長在攻打橫山城時於龍之鼻布下了本陣，姊川合戰爆發後，織田軍卻是朝著東北方向進軍攻打敵軍。

　　從地圖上來看，龍之鼻的位置位於橫山城的西北，《信長公記》裡淺井軍布陣的位置野村鄉又在龍之鼻的西北部。僅從布陣位置上來說，織田軍要與淺井軍作戰，應該是朝著西北進軍才是，為何會朝著東北攻擊呢？

　　結合織田信長本人的文書，以及《信長公記》的紀錄來看，「姊川合戰」很可能不是一場正面交戰，而是包圍橫山城的織田、德川聯軍遭到了淺井、朝倉聯軍的「姊川奇襲戰」。

　　那麼，我們就按照較為可信的史料來還原一下這場合戰的過程吧！

　　在《信長公記》裡提到，六月二十七日朝倉軍曾一度後撤，大概是這個緣故，織田信長誤判了局勢，認為敵軍不敢前來救援橫山城。而淺井、朝倉聯軍在二十七日夜裡趁著夜色進軍，隱瞞了自己的動向，於次日天明

時突然出現在了姉川前。

此時織田軍主力正在對橫山城進行包圍，位於姉川南部的織田信長、德川家康的本陣原本屬於軍隊布陣的後方，但是在淺井、朝倉聯軍來到姉川北面以後，聯軍背部遇襲，此地頓時變成了前線。因此在這場合戰中，信長才會投入大將德川家康與本陣的馬廻眾作戰。

太田牛一提到兩軍交戰開始的時間是上午六時左右，但是織田信長卻說己方是在上午十時對敵軍發起總攻。結合兩方的紀錄，很可能是上午六時左右，馬廻眾、德川軍與淺井、朝倉聯軍展開交戰，此時織田、德川聯軍為守勢。到了十時左右，包圍橫山城的織田軍主力陸續回防姉川，織田、德川聯軍這才對敵軍發起總攻勢。

另外，織田軍之所以朝著東北方向攻擊，也可能是因為淺井長政的奇襲戰術所致。淺井軍想要奇襲織田信長的本陣，所以朝著東南移動，想與橫山城的守軍夾擊信長本陣，這也呼應了遠藤直經奇襲織田信長本陣之事。

遠藤塚位於織田信長本陣南邊三百公尺左右的位置，此地本應是織田信長本陣後方，但是織田信長在遭到淺井長政的奇襲攻擊後一度帶著本陣後撤，而遠藤直經則趁機追擊，這才會戰死在織田信長本陣原位置的南部。這樣一來，《三河物語》、《松平記》中織田軍差點被淺井軍逼入絕境之事，也得到了合理的解釋。

綜上所述，姉川合戰可能並非我們從《日本戰史》中了解到的那樣是一場正面交戰，而是一場織田、德川聯軍本陣遭到攻擊的奇襲戰。不過，無論是德川軍還是織田信長的馬廻眾戰鬥力都十分強悍，這才能夠支撐到包圍橫山城的主力回防，以絕對的兵力優勢擊敗敵軍。

姉川合戰結束後，橫山城開城歸降，織田信長任命木下秀吉駐守橫山城，自越前征伐失敗以來的怨氣，自此也就煙消雲散了。

(二十二) 姊川合戰

▎足利義昭的動向

在現代的文藝作品裡，淺井長政與朝倉義景之所以與織田信長對抗，主要是因為足利義昭與織田信長關係決裂，並私下聯合淺井、朝倉等勢力，企圖對信長展開包圍攻勢。

實際上，按照《細川家記》裡收錄的足利義昭在六月十七日下發給近江國高島郡的國人橫山下野守的御內書中提到，足利義昭準備親自出陣近江國支援信長。高島郡位於琵琶湖的西北部，足利義昭此次出陣乃是為了策應織田信長的攻勢，與織田信長一同夾擊淺井長政。根據山科言繼的記載，足利義昭在十八日以後多次因故推遲了出陣（下文會說明），但是直到姊川合戰的前一天足利義昭仍然想要出陣討伐淺井、朝倉兩家。

此時足利義昭與織田信長的關係尚且沒有惡化到對立的地步，如果織田信長在這時候被淺井長政、朝倉義景擊敗的話，又有誰能夠對在京都立足的足利義昭進行軍事支援呢？從戰後織田信長寫給足利義昭側近細川藤孝的書信來看，織田信長的言論無一不是站在幫助將軍討逆的立場之上，說討伐淺井、朝倉是「為了天下」。

所以，在姊川合戰時足利義昭其實是站在織田信長的一方與淺井長政、朝倉義景對立，否則也沒有必要向北近江從屬淺井家的國人發去御內書表明立場。所謂幕府將軍組建的「第一次信長包圍網」的謠言，自然也就不攻自破了。

(二十三)

元龜爭亂

▌三好三人眾的反撲

　　一般人對姊川合戰後局勢的理解，都是認為淺井、朝倉兩家在此戰以後一蹶不振，其實並非如此。淺井、朝倉兩家在戰後仍舊擁有與織田信長一戰之力。

　　從山科言繼的日記來看，姊川合戰中交戰的雙方都傷亡慘重，而織田信長之所以願意付出那麼大的代價去打贏這場合戰，主要的目的還是想保護岐阜城通往京都的交通。

　　前文提到，姊川合戰以後橫山城就被織田家占領，隨後淺井家重臣磯野員昌防守的佐和山城也被織田家包圍孤立，陷落只是時間問題。

　　元龜元年（1570年）七月七日，織田信長在京都向幕府將軍足利義昭報告了姊川合戰的勝利後返回了岐阜城。然而到了七月二十日，距離姊川合戰結束後不足一個月的時間，阿波國的三好三人眾再度率軍渡過瀨戶內海在攝津國登陸。八月二十日，織田信長從岐阜城率軍出陣，迎戰三好三人眾，支援足利義昭。

　　三好三人眾曾在去年正月時渡海襲擊了京都的本國寺，但是被織田軍和幕府將軍的奉公眾給擊退了。在這一年渡海時，三好三人眾痛定思痛，

(二十三) 元龜爭亂

總結了前一年作戰的失敗教訓，認為本國寺戰敗後三好三人眾的軍勢一潰千里，主要原因是因為當時三好家在京畿的據點已經全部丟失，沒有立足之地。因此，三好三人眾決定在這次反攻京畿時將攝津國的野田、福島設為己方的據點，修築防禦工事。

野田、福島兩地的西側，乃是位於瀨戶內海沿岸的大坂灣，此地水路交通便利，距離三好三人眾的根據地四國也算比較近，便於補給。除此之外，野田、福島的北、南、東三個方向均被澱川包圍，沼澤眾多，非常易守難攻。

另外，阿波三好家之所以選擇在這個時候反擊，是因為他們已經與淺井、朝倉、六角等反織田勢力勾結。此時只要六角、淺井、朝倉在近江國阻斷織田軍進入京畿的通路，憑藉足利義昭的奉公眾以及駐守京都的軍勢，還是比較難抵擋三好三人眾的攻勢的。只是人算不如天算，在三好三人眾渡海以前，六角、淺井、朝倉三家相繼都被織田信長擊敗，沒能擋住織田軍上洛的步伐。

在三好軍反撲前夕的六月十九日，足利義昭的親信、攝津「三守護」之一的池田勝正的家中出現分裂現象。池田勝正在池田城以內通三好三人眾為名，將同族池田豐後守、池田周防守殺害，隨後不敢在領地久留，帶著親信郎黨投奔了大坂本願寺。當時在京都的山科言繼甚至聽說，池田勝正出走以後，池田城立即就被巖成友通、三好長逸占領的謠言。

正是因為池田勝正的逃亡使得攝津國的防禦被削弱，足利義昭才不得不推遲出陣近江，以防備可能來襲的三好軍。另外，織田信長還派遣了庶兄織田信廣與幕府奉公眾上野秀政、細川藤孝、一色藤長率軍兩千人前往山崎警戒。

野田、福島築城

　　池田勝正出走以後，池田家內通阿波三好家的家臣們向三好三人眾示好，邀請三好三人眾上洛。三好三人眾隨後命令同族的安宅氏率軍渡海，先前往攝津國駐守，隨後在野田、福島兩地修築城砦。

　　根據《當代記》的記載，野田砦裡的守軍為三好康長、三好備中守、三好為三、三好新右衛門、東條行長、篠原長秀、奈良但馬等三千餘軍勢。福島砦的守軍為三好家擁立的京兆細川家家督細川昭元、細川藤賢、安宅信康以及先前流亡的一色龍興、長井道利等共五千人。因為《信長公記》、《言繼卿記》均記錄兩砦守軍人數在七、八千人左右，與《當代記》記載的總數相同，所以這個人數應當是沒有問題的。

　　此外，贊岐國的十河氏、香西越後守、松山彥十郎等人也率軍來到了攝津國。《細川兩家記》中提到此時攝津國的三好軍人數為一萬三千人，這裡面多出來的人，可能就是自贊岐國前來的軍隊。

　　值得一提的是，《當代記》、《細川兩家記》中都誤將細川藤賢歸入三好三人眾一方，實際上細川藤賢是足利義昭的側近，當時站在幕府一方。根據《信長公記》的記載，當時紀伊國的根來眾、雜賀眾等武裝均支持室町幕府，帶來了兩萬多人以及三千挺鐵炮。而《細川兩家記》中又提到了紀伊國的「紀州孫市」加入了三好三人眾一方，由於當時紀伊國守護畠山氏與三好三人眾是對立的關係，因此紀伊國的國人理應是站在幕府也就是織田信長的一方。即便《細川兩家記》的記載屬實，雜賀眾裡也可能只有雜賀孫市一家的軍勢加入了三好家。

　　三好家在野田、福島築城以後，便開始向攝津國滲透勢力。七月二十九

(二十三) 元龜爭亂

日,三好軍中的安宅眾在攝津國兵庫登陸,隨後又在八月九日前往尼崎。八月十三日,安宅軍在原池田勝正家臣的支援下攻打了幕府方的伊丹忠親守衛的伊丹城,雙方發生小規模交戰。

七月下旬,有傳聞說三好三人眾下一步將侵入河內國,因而鄰國的松永久秀、松永久通父子在七月二十五日率軍前往兩國交界的信貴山城防禦。松永軍於七月二十七日進入河內國,但是沒有遇到三好軍,最後空手而歸。

此時北河內國由三好家的宗家三好義繼統治,南河內國由河內國守護畠山昭高統治,兩人與三好三人眾的關係都不算很好。八月十七日,三好義繼與畠山昭高分別派遣一百五十名士兵,共計三百人前往河內古橋防守,但是卻遭到了三好三人眾的襲擊,戰死兩百餘人。

■ 足利義昭出陣

八月二十六日,織田信長率軍四萬人上洛,經過京都以後在天王寺布下本陣,隨後分遣織田軍諸將包圍野田、福島兩砦。

有了織田信長作為後援以後,身為室町幕府的幕府將軍、又是三好三人眾的眼中釘、肉中刺的足利義昭也開始蠢蠢欲動,想要御駕親征討伐三好三人眾。此時紀伊國的援軍共兩萬餘也響應足利義昭的號召,抵達織田信長本陣南部的住吉布陣,幕府、織田聯軍在京畿擁有了絕對的兵力優勢。

八月三十日,足利義昭率領奉公眾、奉行眾、以及曙近公家眾共兩千餘出陣,在九月三日進入細川藤賢的中島城,加入了包圍野田、福島的軍勢中。

足利義昭出陣

　　自足利義教時代以來，幕府將軍的身邊開始出現公家出身的近侍集團，這些人便是前文提到過的「武家昵近公家眾」，他們雖然是公卿，但是又出仕幕府，所以也會負責朝幕之間的交涉。「武家昵近公家眾」的主要成員被稱為「根本昵近」，分別為日野家、正親町三條家、烏丸家、飛鳥井家、高倉家、廣橋家六家，除此之外，勸修寺家、上冷泉家、山科家等幾家也屬於昵近公家眾的範疇。

　　足利義昭出陣攝津國包圍野田、福島兩砦時，這些公家竟然也都穿上鎧甲，攜帶著家臣前來參陣，共同出陣征戰。

　　足利義昭與織田信長的出陣使得京畿的大名紛紛加入了幕府的一方，三好義繼、松永久秀、和田惟政、池田勝正、伊丹忠親以及攝津國、和泉國、河內國的國人們紛紛上洛加勢幕府軍，《細川兩家記》中說此時諸國支援幕府的軍勢達到了六萬人。

　　面對幕府大軍的攻擊，野田、福島的三好守軍開始動搖。八月二十八日，三好為三、香西越後守率軍偷偷溜出了野田砦，前往天王寺的信長本陣參降。三好為三乃是三好長慶的叔父，「三好三人眾」之一三好政康的弟弟，香西越後守則是京兆細川家的重臣，兩人在野田砦內均屬於重量級的人物，二人的出走使得野田砦的防禦大為削弱。

　　九月九日，織田信長將本陣從天王寺移到了攝津國的天滿森，此地距離野田、福島兩砦更近，本陣移動代表著織田軍即將對三好三人眾發起總攻。十日，織田軍開始用乾草填埋兩砦外圍的沼澤地，鋪好進攻的道路。十二日，織田信長、足利義昭將本陣再度移動到了兩砦北部約十町左右位置的海老江。

　　織田軍的前鋒在夜裡修築了土壘與井樓，隨後織田信長命令鐵炮手登上井樓，使用大鐵炮對兩砦射擊。大鐵炮是指超大口徑的鐵炮，可以對兩

（二十三）元龜爭亂

砦中木製結構的防禦工事造成毀滅性的打擊，這也是大鐵炮第一次出現在《信長公記》的記載之中。

根據《信長公記》的紀錄，兩軍在野田、福島戰場上使用鐵炮對射，鐵炮聲「不分日夜地震動天地」。三好三人眾向信長提出想議和投降，但是織田信長卻拒絕接受投降，表示要將兩砦守軍斬盡殺絕。

本願寺舉兵

九月十二日夜裡，大坂本願寺敲響了寺院內的撞鐘，寺院的信徒、僧兵們在聽到鐘聲後紛紛聚集到了本願寺內，隨後，本願寺宣布舉兵對抗織田信長。

儘管很多電視劇將本願寺的舉兵推遲到了比叡山燒討以後，但是實際上這是為了讓織田信長背起「佛敵」罪名的緣故，歷史上一向宗本願寺和其他宗派的關係並不算太好，本願寺的起兵也是在比叡山燒討之前。

按照舊說，本願寺舉兵是因為擔心織田軍對野田、福島的攻擊會順帶將附近的本願寺捲入戰爭。再者，從本願寺顯如的書信來看，織田信長似乎曾經給過本願寺不少難堪，本願寺對信長也沒有什麼好感。

實際上在信長上洛以前，本願寺就開始與織田家有所聯繫了。在信長上洛之後，本願寺也與織田家保持著友好的關係。在這次攻擊野田、福島兩砦時，本願寺雖然沒有表現出熱情或者配合作戰，但是也默許了織田信長的軍事行動。所以，說織田信長給本願寺難堪，恐怕是本願寺顯如召集信徒對抗信長的一個幌子罷了。

按照日本學者神田千里的分析，本願寺舉兵的原因有二：

本願寺舉兵

其一，本願寺與三好三人眾關係甚密。在永祿十二年（1569年）時，足利義昭就曾經因為本願寺涉嫌協助三好三人眾而責問他們。另外，本願寺一直都想在「南都」興福寺的地盤大和國修築分寺，將一向宗的勢力滲透到此地，雖然興福寺不樂意，但是本願寺卻得到了三好三人眾之一的嚴成友通的支持。

其二，室町幕府的分裂。室町幕府自從明應政變以來，將軍家就發生了分裂。當時三好三人眾擁戴的幕府將軍乃是在阿波國的「平島公方」足利義榮一脈，所以在三好三人眾一方看來，足利義昭才是僭越的幕府將軍。再加上當時六角家也加入了三好三人眾一方，在阿波三好家、六角家的請求下，本願寺這才舉兵對抗信長，實際上也表示本願寺加入了支持足利義榮一脈的陣營裡。

在決定與織田信長、足利義昭敵對以後，本願寺的住持顯如開始與淺井、朝倉兩家聯繫，本願寺顯如還迎接朝倉義景的女兒作為繼承人教如的妻子。

九月十二日午夜至十三日凌晨，圍攻野田、福島兩砦的織田軍突然遭到了本願寺的襲擊，織田信長與本願寺之間長達十一年的「石山戰爭」就此爆發（「石山」其實是豐臣時代才出現的稱呼，所以實際上當時並沒有「石山戰爭」的概念）。

織田軍完全沒有預料到本願寺的起兵，位於澱川邊的兩座織田軍守砦頃刻之間就被本願寺攻陷，隨後兩軍在澱川邊的堤壩附近展開激戰。織田軍的前鋒乃是織田信長馬廻眾出身的佐佐成政，因為佐佐成政在作戰中負傷，前鋒敗退，所以第二陣的前田利家、中野又兵衛、野村越中、湯淺甚介、毛利河內、金松又四郎等人率軍接替前鋒進軍迎戰。野村越中隨後在合戰中戰死，織田軍陷入苦戰之中。

(二十三) 元龜爭亂

此時天已微明，海邊颳起了西風，將澱川的水吹往織田軍的陣地，三好三人眾見到這個機會，便立即率部從野田、福島出擊，三好軍派遣部隊鑿開了澱川的堤壩，將織田軍的陣地淹沒。

四日之後的九月十六日，淺井、朝倉聯軍響應三好三人眾、本願寺的攻勢，出兵琵琶湖西岸，直逼近江國的坂本而去。原本局勢大好的織田信長，再一次陷入了四面楚歌的境地。

■ 敕命議和的失敗

在本願寺舉兵的前一天，即九月十一日時，足利義昭麾下的「曙近公家眾」之一烏丸光康不聲不響地進入了本願寺。

烏丸光康與本願寺的關係甚好，在永祿二年（1559年）至永祿九年（1566年）期間曾居住在本願寺之中。後來烏丸光康返回京都，本願寺還特意動員了七百人的人夫為烏丸光康搬執行李。此次烏丸光康大概是聽說本願寺有不穩的動向，這才獨自進入本願寺想要勸阻顯如舉兵。然而，本願寺最終還是與織田家敵對，烏丸光康在九月十七日只得返回京都。

九月二十日，此時足利義昭、織田信長都還在攝津國尚未歸陣，朝廷獨自做出決定，派出敕使命令本願寺與織田家講和。正親町天皇在敕書中提到，織田信長的出陣乃是「為了天下靜謐」，斥責本願寺與信長敵對。

朝廷的敕使由烏丸光康、柳原淳光、正親町季秀組成，在九月二十一日前往攝津國。此時攝津國的織田軍正因為淺井、朝倉聯軍出陣坂本威脅到了京都準備撤軍，織田信長也沒有料到朝廷會在這個時候派出敕使，所以沒有派人伺候。

敕命議和的失敗

　　最終，敕使們不敢在混亂的局勢裡進入本願寺交涉，而是隨著織田軍一同返回了京都。正親町天皇的敕命議和，自然也就宣告失敗了。

(二十三）元龜爭亂

(二十四)
志賀之陣

▎宇佐山城合戰

　　元龜元年（1570 年）九月十三日，淺井長政率軍八千餘、朝倉義景率軍兩萬餘出陣，準備攻打琵琶湖西部的坂本、大津兩地，以切斷中山道的通路。同時，南近江的六角義治也再度召集舊部，在地方上作亂。

　　擋在淺井、朝倉聯軍面前的，乃是織田家大將森可成駐守的宇佐山城。宇佐山城位於比叡山的南面，距離琵琶湖不到一公里的距離，織田家在這年三月為了預防淺井家的攻擊，特意在宇佐山城進行普請，加築防禦工事。

　　淺井、朝倉聯軍為了威脅織田家，率軍來到宇佐山城下的下坂本布陣，準備攻取此城。九月十六日，宇佐山城守將森可成率軍奇襲城下的敵軍，取得小勝。

　　九月二十日，森可成再度率軍出擊迎戰，想阻止淺井、朝倉聯軍突破坂本的防線。可惜森可成勢孤力單，遭到兵力占優的敵軍兩面夾擊以後不幸戰死。

　　討取森可成的人有朝倉家家臣齋藤新三郎和淺井家家臣石田十藏兩種說法，而與森可成一同戰死的還有織田信長的弟弟信治、家臣青地茂綱、

(二十四) 志賀之陣

尾藤源內、尾藤又八等共一千八百多名織田家的武士。

根據《信長公記》的記載，此戰中美濃國出身的武士道家清十郎、道家助十郎兄弟異常驍勇，奮戰至最後一刻。兄弟兩人曾在美濃國與武田家有過交戰，威名遠播，織田信長還曾特意下賜過一面白旗，親自在旗上書寫「天下第一勇士」來稱讚他們。此戰中，兄弟倆正是攜帶著這面白旗戰死。

另外，織田信長的弟弟織田信治並非宇佐山城守將，而是負責留守京都的守將。聽聞淺井、朝倉聯軍來襲，織田信治方才率軍來援。

以森可成為首的武將們戰死後，森可成的家臣武藤五郎右衛門、肥田玄蕃、肥田彥左衛門等人率軍死守宇佐山城，這才抵禦住了淺井、朝倉聯軍的攻擊。隨後，淺井、朝倉聯軍在大津放火，而後在九月二十一日越過逢坂，於醍醐、山科一帶燒討劫掠。

淺井長政與朝倉義景的舉動引起了京都住民的極大恐慌，住民們紛紛組成了自衛部隊，一些有力的寺社例如妙心寺、清水寺等擔心足利義昭與織田信長會敗給淺井、朝倉聯軍，甚至花錢從聯軍處買來防止士兵劫掠的「制札」。

另外，町民們也自發地在山上挖掘壕溝，在街道上設定鹿角，將財物、妻兒轉移。而在京都傳教的耶穌會因為擔心會遭到反信長的淺井、朝倉兩家的報復，託人將十字架等宗教用具運往愛宕神社所在的愛宕山裡去。

信長歸洛

九月二十一日夜裡，明智光秀、村井貞勝、柴田勝家等人奉信長的軍令率軍上洛駐守京都，防止淺井、朝倉聯軍的襲擊。柴田勝家在第二天率

軍於京都東面偵查了一圈以後，判斷京都暫時不會受到敵軍的威脅，便又率軍返回了攝津國。

此時因為本願寺的一揆眾的包圍，織田軍想從陸路撤軍相當困難。同時，澱川上的渡船也都被本願寺藏起，水路的退路也被阻斷，頓時陷入了困境。織田信長為了破解困局，親自騎馬沿著澱川的河岸來回巡視試水，最後憑藉年少時在尾張國經常下水游泳所累積的經驗，找到了一處淺灘，命織田軍從此地渡河。

二十三日夜裡，足利義昭在織田軍的護衛下率先返回了京都，隨後織田信長也率軍抵達。足利義昭鬆了一口氣，這一路從攝津國急行軍回來，可以說是累壞了。而織田信長卻沒有多少工夫休息，在部署了防禦任務以後，二十四日清晨織田信長親自率軍出陣，越過逢坂朝著淺井、朝倉聯軍的陣地進軍。

此時淺井、朝倉聯軍的士兵們都以為織田信長還被困在攝津國，完全沒有預料到織田信長會出現在戰場上。當信長的馬標在戰場上高高豎起後，淺井、朝倉聯軍的士兵們嚇得無心迎戰，紛紛朝著比叡山逃去。

織田信長並沒有下令讓軍隊追擊敵軍，他知道比叡山是「北嶺」延曆寺的地盤，要是輕舉妄動的話很容易引起誤會，為織田家增加不必要的敵人。

「北嶺」延曆寺位於平安京東北部的「鬼門」。自寺院成立起，延曆寺就是京畿一帶的幾大麻煩之一，不光豢養著大量的僧兵「山法師」，同時還積極地參與著世俗的政壇。想當年平安時代時，威赫無比的白河天皇對比叡山延曆寺也只能望洋興嘆，說世界上只有三件事不能如意：賀茂川的水，雙六（一種遊戲）以及延曆寺的山法師。

自平安時代開始，源平合戰、倒幕、南北朝一直到戰國時代，都可以

(二十四) 志賀之陣

在日本的政壇上看到比叡山延曆寺的影子,並且延曆寺的這群道貌岸然的和尚無節操可言。源平合戰時以仁王高舉義旗號召天下武士打倒平家,延曆寺本答應響應以仁王的令旨起兵,最後卻被平清盛收買,坐視以仁王兵敗。

織田信長派出稻葉一鐵為使者帶著自己的朱印狀前往比叡山進行交涉,織田信長提出的要求有兩點:

1、如果站在織田家一邊,織田家領地內所有的延曆寺寺領,無論荒廢的還是被武士占領的,全部歸還。

2、如果因為出家人的緣故,不便於參與到這些打打殺殺的事情裡面來,那就保持中立。

末尾,織田信長還加了一句,如果不聽勸阻堅持敵對的話,到時候織田軍將把根本中堂、山王二十一社等佛堂全部燒毀。

然而,延曆寺的僧人們收到織田信長的朱印狀以後,對此嗤之以鼻,表示有種你就打上山。

信長回覆:你等著。

包圍比叡山

九月二十五日,織田信長在志賀山的宇佐山城布下本陣,將比叡山延曆寺包圍。織田軍在延曆寺周邊修築了香取屋敷、田中、穴太、唐崎、勝軍山、八瀨大原數座付城,分別由織田家中重臣防守。

其中勝軍山原本是淺井軍的陣地,在二十六日被織田軍攻取,淺井軍戰死八百多人,餘下的六、七千人逃往勝軍山背後的有青山防禦。另外,

明智光秀是時跟隨參陣的奉公眾、公家眾一同行動，在這一戰中依舊以幕府奉公眾的一員參戰。

織田信長完成對比叡山的包圍以後，比叡山與越前國的聯繫就只剩下了西近江路一條通道，長達三個月的漫長的「志賀之陣」就此開始。

十月二日，三河國的德川家康再度率軍一萬五千人上洛，前來志賀參陣。另外，橫山城的木下秀吉也率軍包圍了淺井家重臣磯野員昌防守的佐和山城，同時織田信長還派遣丹羽長秀作為援軍增援秀吉。

十月二十日，織田信長終於忍耐不住無聊的對峙，派出菅屋長賴、佐佐成政為使者前往比叡山，要求與朝倉義景約定時間一決勝負。朝倉義景沒有給信長決戰的回覆，反而透露了自己想要和談的意願，但是被織田信長拒絕了。

在信長下戰書的同一天，淺井、朝倉聯軍率軍出陣在洛北的修學寺等地縱火。三好三人眾也趁著這個機會，在十月二十二日率軍侵入河內國與山城國，攻打山城國的御牧城以及河內國的高屋城、烏帽子形城。御牧城一度被三好軍攻取，但是很快就被木下秀吉、細川藤孝等人奪回。

與六角、三好的和解

在志賀之陣對峙的期間，織田信長也沒有閒著。在信長的命令下，松永久秀開始與昔日同僚三好三人眾接觸，商議和談之事。

當時庇護三好三人眾的乃是阿波三好家，當年三好長慶的弟弟三好實休架空了阿波國的守護阿波細川家的實權，建立起與宗家不同的阿波三好家，其勢力範圍有阿波國、贊岐國、淡路國的一部分以及河內國南部。

(二十四) 志賀之陣

最後，織田信長將松永久秀的女兒收為養女嫁給了阿波三好家的家督三好長治，三好長治也送出三好長房作為人質來到織田家，雙方達成和談。

十一月二十一日，自知與信長敵對沒有意義的六角承禎父子與織田家達成和解，六角承禎甚至親自奔赴志賀之陣覲見信長。織田家與六角、三好兩家的和解，宣告著淺井、朝倉聯軍在外交上徹底失敗，陷入孤立的境地。

▎一揆蜂起

十月四日，山城國的西岡爆發了土一揆事件，一揆眾們殺進京城，對從事放貸等金融業者的住宅、店鋪進行打砸搶燒，要求幕府下發德政令。洛中出現騷動，足利義昭最後只得頒布德政令，免去一揆眾的債務，這才稍微安撫了一揆眾的情緒。

織田信長得知此事之後，派遣菅屋長賴與木下秀吉率軍前往鎮壓，於十二月四日平定西岡的一揆眾。

十一月二十日，織田信長的老家尾張國與鄰國伊勢國之間的長島發生了動亂。長島的一向一揆響應了本願寺的號召，起兵攻打織田家的小木江城。小木江城位於木曾川沿岸，城主乃是織田信長的弟弟織田信興。毫無防備的織田軍遭到一向一揆的襲擊以後寡不敵眾，織田信興也在十二月二十一日城破時自盡身亡。

堅田合戰

　　六角、三好兩家與織田家和談以後，織田軍在近江國占據了優勢。十一月下旬，朝倉軍因為擔心越前國與近江國的邊界會在冬天下起大雪，切斷回家的通路，軍心開始動搖。

　　越前國與近江國之間的栃之木峠素來以暴雪天氣聞名。在日本南北朝之際，南朝後醍醐天皇曾在比叡山被迫與足利尊氏和談，當時他命令重臣新田義貞偷偷護送皇子們經過栃之木峠前往北國募兵勤王，而新田軍光是在暴雪天裡的進軍路上就凍死了不少士兵。

　　在此期間，織田信長的老臣坂井政尚招降了西近江堅田的國人豬飼野甚介、馬場孫次郎、居初又次郎三人。堅田位於比叡山通往越前國的道路上，是西近江的重要據點，若是此地被織田軍占領，即便沒有暴雪朝倉軍想要回家也是很難的。

　　坂井政尚向織田信長提議進駐堅田城，以切斷敵軍的退路。十一月二十五日，在織田信長的命令下，坂井政尚率軍一千人入駐堅田城。然而，坂井政尚的動向早被比叡山上的朝倉軍發覺，回家的信念終於戰勝了恐懼。

　　坂井政尚進駐堅田城的次日，朝倉義景命朝倉景鏡率軍對堅田城發起猛攻。坂井政尚沒有料到戰意低落的朝倉軍會突然奮起，儘管織田軍拚死抵抗，仍舊寡不敵眾戰死，堅田城也被朝倉軍奪取。

　　按照山科言繼的記錄，此戰織田家戰死五百人，朝倉軍戰死八百人。對織田信長來說，最大的打擊莫過於失去了坂井政尚這個老臣。

　　順便一說，坂井政尚的長子坂井久藏在姊川合戰時戰死，年僅十六歲，

(二十四) 志賀之陣

次子坂井越中守在父兄都戰死後繼承了家督，但是也在後來的本能寺之變中於二條御所隨織田信忠一同戰死，沒有留下子嗣。大概就是這個原因，坂井政尚在織田家的知名度並不算高，於後世的文藝作品中也幾乎沒有出現過。

不過，歷史上在信長上洛時，坂井政尚是與森可成、柴田勝家、佐久間信盛等人並列的家臣，若是他沒有在志賀之陣中戰死，將來也必然是織田家的家老之一。

▌兩軍和談

按照以往的通說，織田信長在這一年的年末陷入了困境之中，不得不向朝廷請求居中調解自己與淺井、朝倉兩家的戰爭。不過根據《信長公記》和《尋憲記》的記載，與通說相反，當時是淺井、朝倉兩家多次想與織田信長和談，卻被織田信長拒絕。

兩軍交涉和談時，織田家在志賀之陣中是處於優勢的，織田信長自然有底氣拒絕和談。

根據《尋憲記》的記載，當時居中調解的並非是通說中的天皇，而是關白二條晴良與幕府將軍足利義昭。《尋憲記》是二條晴良的弟弟、興福寺大乘院的門跡尋憲所寫的日記，雖然沒有提到足利義昭和二條晴良為何要居中調解兩家，但是在足利義昭上洛出任幕府將軍以前，朝倉義景曾經庇護過他，二人還約定此後互不相棄，足利義昭大概是為了報恩這才想解救危局中的朝倉家。

二條晴良的調解起初遭到了織田信長、朝倉義景兩方的拒絕，但是在

他的努力下，織田信長提出將北近江國的三分之二劃給織田家，剩下的三分之一留給淺井家作為和談的條件。淺井長政對此表示不同意，但朝倉義景卻表示認可。另外，延曆寺對和談之事也表示抗議，倒不是因為他們有多恨信長，而是在和談中延曆寺沒有撈到好處。

此時因為堅田城的敗仗，織田信長自知已經無法切斷朝倉軍的退路了。雖然織田家兵精糧足，若強行與淺井、朝倉聯軍對峙，也不是沒有將敵軍殲滅在比叡山的可能性。不過，考慮到織田家領內各地都發生了動亂，織田信長最終還是決定和談，讓織田家稍微喘口氣。

另外，在近年來新發現的織田信長的起請文中，有著元龜元年十二月織田信長與朝倉義景和談的詳細約定，和談條件一共分為五項：

第一條，朝倉義景要求織田信長保障山門延曆寺的利益。

第二條，織田信長不得與淺井長政敵對，拆除橫山城、肥田城，解除對佐和山城的包圍。

第三條，織田家需要保障近江國裡加勢淺井、朝倉（朝倉家在近江國也有勢力，進一步說明了淺井與朝倉的關係更加接近主從）的國人的安全與領地安堵。

第四條，織田信長不能記恨大坂本願寺，不能報復本願寺。

第五條，今後不管有什麼事，織田信長都需要與朝倉家進行商談。

末了，起請文內還加了一句：因為將軍出面調停，大家都給將軍面子所以才達成和解。有了這份起請文作為佐證，更加證明了通說中織田信長請朝廷進行調解之事乃子虛烏有，力主調停志賀之陣的乃是足利義昭。

同時，從這份起請文裡還能看出，雖然交涉的雙方只是朝倉義景與織田信長，但是朝倉義景卻提出了許多關於本願寺、淺井、延曆寺的條款，

（二十四）志賀之陣

這說明這一次的和談，可能是反信長勢力擁戴朝倉義景為盟主與信長進行的談判。

十二月十三日，朝倉義景與織田信長達成和解，雙方交換人質以後，織田家於次日開始撤軍。朝倉義景與淺井長政在十五日燒毀了自己的陣地率軍返回了領地，足利義昭、二條晴良也在同日返回京都。

（二十五）

山門燒討

▍佐和山城開城

　　志賀之陣的議和是短暫又脆弱的，急於歸國的朝倉義景在談判時將淺井長政出賣，允諾只留下北近江三分之一的領地給淺井家。

　　淺井家的領地在淺井長政出任家督時期達到巔峰，近江國的伊香郡、坂田郡、淺井郡、犬上郡、高島郡均屬於淺井家的勢力範圍內，占有大半個近江國。若不是織田信長的出現，只怕年紀輕輕的淺井長政還能再有一番作為。

　　兩軍議和以後，淺井家的勢力迅速衰退，甚至不及全盛時的二分之一。此時的淺井長政也是敢怒不敢言，若是連朝倉義景也得罪的話，那麼連最後一根救命稻草也沒了。

　　元龜元年（1570年）十二月二十七日，淺井方佐和山城城主磯野員昌麾下的與力高宮右京亮率軍攻打歸降織田家的近江國人堀秀村，被守軍擊退。淺井家在坂田郡進行的戰爭代表著淺井長政單方面撕毀了這個維持了不到半個月的和約。既然淺井長政撕毀和約，織田家自然也不必遵守，織田軍對佐和山城的包圍也就沒有解除。

　　佐和山城的守將磯野員昌是姊川合戰時淺井軍的前鋒，非常驍勇善

（二十五）山門燒討

戰。姊川合戰後，由於橫山城被織田軍占領，佐和山城的四面也被包圍，成為了一座孤城。

元龜二年（1571年）正月二日，織田信長下令木下秀吉全面封鎖京畿通往北國的道路，禁止百姓、商人於兩地之間往來，對淺井、朝倉兩家進行貿易封鎖。

二月十七日，閉城據守長達近八個月的佐和山城彈盡糧絕，絕望之下的磯野員昌以將全體守軍平安送還小谷城為條件開城投降，織田信長隨後命丹羽長秀進入佐和山城駐守。

磯野員昌返回小谷城以後，淺井長政懷疑他已經叛變，拒絕讓磯野員昌率部進城。織田信長得知此事以後，便派出使者以高島郡為條件想要招降磯野員昌至織田家麾下，但是被磯野員昌拒絕。沒想到，小谷城內的淺井長政聽說織田信長招降磯野員昌的事情以後，更加堅定地認為磯野員昌可能會背叛自己，竟然將磯野員昌在小谷城的母親處以磔刑。

淺井長政的這一舉動徹底激怒了磯野員昌，他一怒之下含淚連夜投奔了織田家，織田信長便將高島郡的新莊賜給他作為領地。

■ 箕浦合戰

元龜二年（1571年）五月六日，淺井長政得到了北近江的一向宗寺院的支持，率軍南下與木下秀吉的橫山城對峙。另外一邊，淺井長政又派遣一門淺井七郎為總大將，率領淺井軍、一向一揆在內的共五千餘兵馬攻打堀秀村的鐮刃城，並在城下進行燒討。

前文提到，墨俁一夜城之事實子虛烏有，所以木下秀吉在橫山城時才

是首次出任城主。這一戰也是木下秀吉單獨指揮的與淺井家之間的合戰，其傑出的軍事才能在這一戰中展現無遺。

面對敵人的大軍，木下秀吉先是命令信長下派的與力家臣竹中半兵衛留守橫山城，在城牆上增加旗幟與指物，偽裝守城兵力充足以迷惑與自己對峙的淺井長政。隨後，木下秀吉又親自率領一支只有一百人的小軍勢前往鐮刃城支援堀秀村。

不過，由於橫山城的兵力被秀吉帶走一部分後有些薄弱，在淺井長政發起攻擊之後，竹中半兵衛為了聚集力量放棄了城池外圍，僅以本丸作為據點抵抗。

另外一方面，木下秀吉率軍從橫山城的後山離開，率軍悄悄進軍，最後抵達鐮刃城附近的箕浦一帶，與當地的堀秀村、樋口直房會合，兵力勉強達到五、六百人左右。

此時，位於箕浦的淺井軍以及一向一揆並不知道援軍是從橫山城來的，畢竟此時的橫山城正被淺井長政包圍。見到秀吉的軍勢後，一向一揆誤以為是織田信長率領大軍來援，軍心發生動搖，在淺井軍背後布陣的福田寺的一揆眾一槍未發便全軍崩潰敗走。後方軍勢的崩潰引起了連鎖反應，前軍並不知曉後方發生了什麼事，見到背後大亂，軍心也大受影響。

此時木下秀吉也發現了敵軍陣中的異象，知道自己的疑兵之計生效了，率領全軍就朝著敵軍攻去。淺井軍與一向一揆見到織田軍竟敢主動攻來，更加確信這是織田信長的援軍，陣腳大亂全軍潰敗。

淺井七郎急得在陣中大喊：「敵人只是小股軍勢，不要逃！」但仍舊沒能止住士兵的逃亡。

秀吉率軍一路追擊，一直追到了他後來的領地長濱一帶，將淺井軍徹

（二十五）山門燒討

底擊垮。許多從西近江高島郡前來參陣的一向一揆士兵甚至被追昏了頭，一頭栽進琵琶湖裡想游到湖對岸，最終精疲力盡淹死在湖裡。攻打橫山城的淺井長政見背後的長濱出現了織田軍，擔心後路被斷，只得放棄攻城率軍返回小谷城。

戰後，木下秀吉將在這一戰中割取的共一千八百人份的耳朵和鼻子獻給了信長，織田信長大大褒獎了秀吉一番。

▍長島一向一揆

木下秀吉在近江國與淺井家拉鋸之時，織田信長正在籌建軍團以征討伊勢國長島的一向一揆。長島位於木曾川、長良川、揖斐川中下游地段一個被稱為「河內」的地方，屬於美濃、尾張、伊勢三國的交通要道，也是織田家領地的腹地。

自戰國時代以來，一向宗的勢力在此地不斷地發展，擁有了眾多的信徒。文龜元年（1501年），本願寺蓮如的第六子蓮淳在長島創立了願證寺，以願證寺為據點將伊勢國、尾張國布道傳教的道場連成了一片，再加上在地領主的支持，一向宗成為一股游離於守護大名權力之外相對獨立的勢力。

五月十二日，織田信長率軍從岐阜城出陣，向伊勢長島進軍，以報去年的殺弟之仇。織田軍的具體人數不詳，根據《甫庵信長記》的記載號稱有五萬餘。織田軍自三個方向向長島襲來，織田信長親自率軍在津島布陣，津島西邊的中筋口（小木江城一帶）是佐久間信盛、淺井信廣為首的尾張譜代眾，再往西的太田口則是以柴田勝家為主帥的氏家直元、稻葉一

鐵、不破光治等美濃眾為主力的軍勢。

五月十六日，織田軍對一向一揆發起總攻擊。然而長島的地勢險要，一向一揆以河流與山地的地勢作為依託抵禦織田軍的攻擊。雖然佐久間信盛等軍相繼攻取了中筋口的幾處要塞，但是西邊美濃眾的攻勢卻被一向一揆擊退，總大將柴田勝家負傷，西美濃三人眾之一的氏家直元、安藤守就的次子安藤守宗、蜂須賀正勝的弟弟蜂須賀正元均戰死沙場。

織田軍對長島一向一揆的第一次攻勢宣告失敗，此時京畿的反信長勢力再度掀起叛亂，四處起火的困境使得織田信長對讓自己碰壁的長島一揆埋下了深深的恨意。

六角、松永謀反

因為一向一揆的支持，原本歸降織田信長的六角承禎、六角義治父子在近江國又不安分起來，再度掀起叛亂。織田信長在和談時曾許諾歸還六角家的舊領地，但是因為忙於與淺井、朝倉兩家作戰，此事最後不了了之，這使得六角承禎認為織田信長違約，趁勢起兵。

六角承禎父子的起兵使得岐阜城通往京都的通路又一次變得不安全起來。六角軍想要侵入京都，但是朝倉義景擔心此舉會引起天皇和足利義昭的不滿，考慮到之前的和談多虧了足利義昭從中斡旋，朝倉家便反對進京，還寄去書信給六角承禎，警告六角父子不得亂入京都。

與六角父子同時期謀反的，還有大和國多聞山城的松永久秀。

松永久秀在「永祿之變」時曾以保護之名幽禁足利義昭，再加上其子松永久通參加了暗殺前幕府將軍足利義輝之事，使得足利義昭對他非常反

(二十五) 山門燒討

感。織田信長上洛之後松永久秀率部來降,最後靠織田信長的面子松永久秀與足利義昭達成和解,約定將大和國賜給松永家。

然而,當時大和國地位相當於守護的興福寺卻因為松永久秀曾經燒毀過東大寺的緣故,並不承認他對大和國的所有權,最後興福寺扶持僧兵武裝中的「官符眾徒棟梁」筒井順慶與松永久秀敵對。

「官符眾徒」指的是興福寺的下級僧人,通常負責寺院的安保工作,充當打手。在室町時代「官符眾徒」之一的筒井氏因為親近幕府的緣故,成為了「官符眾徒」的領袖,因此也被稱為「官符眾徒棟梁」。

這一年的五月至六月左右,為了拉攏興福寺,織田信長在與足利義昭商議之後,讓足利義昭迎接攝關家之一的九條家出身的女子作為養女,嫁給筒井順慶。松永久秀得知此事之後大怒不已,認為織田信長與足利義昭違背了事先的約定,支持與自己敵對的筒井順慶,遂舉兵反叛。

因為這事做得確實不太厚道,所以後來織田信長才會赦免松永久秀的這一次叛亂。

■「仰木之事,務必斬盡殺絕」

元龜二年(1571年)正月時,幕府奉公眾之一的細川藤孝來到當時還是幕府、織田家兩屬家臣的明智光秀家中拜年,二人互相問候之後,開始聊起了去年的合戰以及對日本將來的展望。

聊得興起之時,明智光秀突然皮笑肉不笑地說了一句:「今年山門恐怕是要滅亡了。」

「山門」指的就是比叡山延曆寺，同樣是天台宗的三井寺（圓城寺）則被稱為「寺門」。

志賀之陣以後，明智光秀身為宇佐山城的守將進入了宇佐山城，繼續包圍著延曆寺。元龜二年的正月二十一日，公卿吉田兼見的父親吉田兼右前往宇佐山城拜訪光秀，為了支援明智光秀對宇佐山城改築所進行的普請，吉田兼右還派遣了二十五個民夫前往宇佐山城工作。

此時最大的威脅淺井、朝倉聯軍已經解散，朝倉家地處越前國，冬季的積雪期十分漫長，等到積雪消融之後，越前國又進入了農忙季節，無暇出征他國。

雖然當時的戰國大名們諸如武田家等，都會將領內的住民分為專門負責行軍打仗的軍役眾與專門從事生產的農民，但是二者的明顯區分其實也只是免除稅賦與徭役而已。日本從沒有規定專門司職打仗的軍役眾不能種地，許多下級的武士與士兵在閒暇之餘還是會親自下地耕種作物的。

後來安土桃山時代施行的兵農分離也並非是軍事制度，而是一種社會制度，將武士與農民的階級區分開來，有的武士仍舊會從事農業生產。直到江戶時代時，大量武士遷往城下町居住，武士之間流行起了以種地為恥的思想，這時才出現了大量脫離生產的武士。然而，脫離農事以後的武士因為腐敗頹廢的生活使得體力普遍下降，最後導致了江戶時代的軍隊戰鬥力出現集體弱化的情況，甚至還有人提出讓武士們重新回到鄉下去種地以增強體力。

九月二日，明智光秀送去一封書信給滋賀郡的豪族和田秀純，書信中提到：「對（延曆寺領）仰木（的住民）之事，務必斬盡殺絕，這樣才能完成原定的計畫。」

(二十五) 山門燒討

　　和田秀純的居城雄琴城位於比叡山北部、堅田城的南部，是和宇佐山城一起包圍延曆寺的重要據點。而明智光秀口中的「原定計畫」指的便是攻打比叡山延曆寺的計畫。

　　可以看出，一次史料裡的明智光秀非但不是那個善良儒雅的武士，還是個不折不扣的暴虐之人。從他對延曆寺領的住民斬盡殺絕的計畫來看，此人自然也不可能會勸阻織田信長攻打比叡山。所謂明智光秀信佛崇佛反對攻打山門的故事，均是出於後世小說的創作。

　　在真正的歷史上，猶豫要不要攻打比叡山延曆寺的其實是織田信長本人。若從二人的立場出發，可以很清楚地理解這件事：織田信長乃是織田家的家督，無論做出什麼決定都能夠影響織田家的將來，因此他會猶豫到底要不要和山門公開敵對。而身為兩屬家臣的明智光秀沒有那麼多顧慮，京畿的局面越亂他越能渾水摸魚。要是足利義昭亡了，明智光秀可以繼續追隨織田信長，要是織田信長亡了，他也還有個足利義昭作為退路。即便足利義昭和織田信長都亡了，身為二者的不那麼重要的家臣，明智光秀再「良禽擇木」也不是一件困難的事情。

▍延曆寺燒討

　　八月十八日，織田信長率軍出陣近江國，大軍進入近江國後從橫山城朝著小谷城進軍，在小谷城北部的餘吳、木本縱火，隨後進入了佐和山城駐守。

　　九月一日，織田信長派遣柴田勝家、佐久間信盛等前往近江國南部，攻打加入淺井一方的志村城與小川城。織田軍一如既往地採取殺雞儆猴的

戰法，先是不給志村城投降的機會強攻志村城，殺死了志村城大部分守軍約六百七十人左右。小川城見到志村城的慘狀後戰意全無，很快就開城投降了。

九月三日，織田軍對南近江一向一揆最大的據點金森城發起攻擊，因為織田軍人多勢眾，金森城很快也開城投降，南近江的反信長動亂被織田家迅速平定。十一日，織田信長率軍在三井寺備戰，此時織田軍人數約為兩萬五千人到三萬人左右，織田信長表示自己將會率軍上洛，此行的目的乃是出兵南方，即前往攝津國、河內國征討當地反信長勢力。

可是到了十二日時，原本要南下的織田軍突然全軍改道北上，殺到了比叡山的山下將比叡山圍得水洩不通。延曆寺這時才發覺信長前一天的所謂「出陣南方」，不過是為了攻打延曆寺而放出的一顆煙霧彈。

織田軍先是侵入了坂本，在此地縱火燒討。坂本町是當時近江國最繁榮的地帶，此地一直與延曆寺保持著緊密的關係，在戰國時代直接歸屬於延曆寺管轄。因此，延曆寺將許多佛堂從低溫潮溼的比叡山遷到了坂本町，許多僧人們也隨著佛堂移居到了坂本。

坂本的町屋、佛堂陷入大火之後，僧人以及寺領內的住民們完全沒有料到織田軍會真的攻打山門，在大火中逃向郊外的日吉神社以及神社北面的八王寺山。

要說延曆寺被人們視為平安京的守護神，那麼日吉神社就是比叡山的守護神。然而，此時就算是神社也不安全，織田軍士兵絲毫不顧及宗教聖地，對日吉神社發起攻擊。日吉神社內避難的百姓無論是僧人還是老人、男人、女子、孩童都通通死於織田軍的刀下，逃往八王寺山的人們同樣也沒有逃過劫難。

(二十五) 山門燒討

此時留守在比叡山延曆寺的僧人們盯著山下冒起的黑煙目瞪口呆,隨後他們朝山下望去,發現比叡山也自身難保,織田軍的軍旗正從四面攻上山來。比叡山上以根本中堂為首的山王二十一社、東塔、西塔等廟宇、僧人住宅、八王寺山、日吉神社、坂本全都遭到織田軍的燒討,在大火中化為灰燼。

織田信長在前一年曾威脅過延曆寺如果不想捲入戰爭的話,至少也需要在織田家與淺井、朝倉兩家之間保持中立,否則就要把根本中堂、山王二十一社從歷史古蹟變成歷史遺跡。但是延曆寺對此卻置若罔聞,公然挑釁織田信長的權威,站在了敵軍的一方。

不幸的是,織田信長說到做到,織田家有債必償。

▍延曆寺燒討的疑問

歷來的通說都說,織田信長攻打比叡山時,以延曆寺的根本中堂為核心對寺院進行了燒討。然而隨著現在對比叡山古蹟的挖掘與考察,學者們在比叡山上並沒有發現從前此地曾發生過火災的痕跡,那麼這又是怎麼一回事呢?

前文有提到,日本戰國時代時因為坂本町的繁榮以及氣候宜人,延曆寺將很多佛堂、僧坊都遷到了山下的坂本,因為這個緣故,比叡山上原本的佛堂反而被延曆寺給荒廢了。所以說織田信長燒討比叡山延曆寺,其實很可能不是以比叡山為中心,而是以山下的坂本町為中心進行的,織田軍對僧人、住民的殺戮也是集中於日吉神社、八王寺山等地而非比叡山。

不過,在《言繼卿記》裡提到,九月十三日織田軍在山上的東塔、橫

延曆寺燒討的疑問

川縱火，大火一直燒到了十五日。綜合來推斷，當時比叡山上雖然遭到了織田軍的燒討，但是除了根本中堂這些代表性建築以外，許多延曆寺的建築都沒有被波及，有相當多的一部分建築在這次合戰中倖存了下來。

織田信長在九月十三日中午時率領著馬廻眾與小姓眾上洛，向足利義昭報告了燒討延曆寺之事，隨後正親町天皇也向信長派出使者。根據《御湯殿上日記》的記載，敕使飛鳥井雅教對織田信長依舊是畢恭畢敬的，說明當時天皇並沒有對織田信長燒討延曆寺做出過多的抗議。

朝廷和幕府之所以對燒討延曆寺之事這麼麻木，是因為延曆寺已經不是第一次被捲入戰爭了。早在南北朝時代，室町幕府的建立者足利尊氏就曾派出軍隊攻打延曆寺，要知道當時在延曆寺據城防禦的可是攜帶著三件神器的後醍醐天皇，就算是面對佛祖和天皇，室町武士們也是絲毫不含糊。到了第六代將軍足利義教時期，足利義教也曾對延曆寺屬下的坂本等地進行過燒討。

太田牛一在《信長公記》中描述到，當時延曆寺的僧人們荒廢修行、不守規矩，還屢屢作奸犯科。延曆寺的僧人們只知道貪財享受、沉迷酒色，還仰仗自己是權門寺院，經常想插手世俗政治，簡直是天下之恥。

太田牛一身為織田信長的家臣，他的記載自然有為信長洗白的嫌疑。但是除了太田牛一以外，南都興福寺的僧人多聞院英俊曾在前一年三月訪問北嶺延曆寺時，見到延曆寺的僧人們大多都離開清修之地比叡山，遷居到了繁華的坂本町，整日廝混在市井生活之中，也在日記裡指責延曆寺的僧人們荒唐墮落。

從兩方的紀錄來看，當時延曆寺的腐敗已經是路人皆知，人們對延曆寺自然也沒有什麼好感。小瀨甫庵在後來寫《甫庵信長記》時表達了時人的看法：「滅亡山門的其實並非織田信長，而正是山門本身。」

(二十五) 山門燒討

在當時的人們之中，只有山科言繼在得知比叡山燒討以後為這座有著八百年歷史的古剎嘆了口氣，說了句「佛法破滅」。

另外，多聞院英俊還在日記裡提到，燒討延曆寺時比叡山燃起的黑煙在興福寺都能看到，也不知道此時的他心裡是什麼滋味。是哀其不幸呢？還是怒其不爭呢？

▍商業引發的戰爭

織田信長燒討延曆寺之事歷來被看作是時代的革新者織田信長勇敢挑戰舊體制權門寺院的象徵。然而拋開這些後人們有意塑造的形象以外，織田信長對延曆寺的燒討似乎又是勢在必行的。

不僅僅是因為延曆寺在志賀之陣時支持淺井、朝倉兩家與織田信長敵對。

在中世紀的日本，尤其是在亂世的戰國時代，各地的經濟都不是朝廷、幕府在管轄，而是由各地的領主自己管理，在這些領主之中就包括了延曆寺等寺社。這些寺社除了擁有「不輸不入（不用繳納賦稅，守護派出的追捕使不得進入寺領捉拿犯人）」的特權以外，還會在各地設定關所、座等阻撓商業發展的機構。

「不輸不入」自然不用說，身為一個戰國大名是不可能會允許在自己領國內出現「第二公儀」的。例如武田信玄的父親武田信虎繼承家督早期，曾為了拉攏甲斐國的寺社勢力認可這些寺院的「不輸不入」特權。而在武田信虎統一甲斐國以後，武田家也開始了戰國大名化的過程，不再認可寺院的「不輸不入」特權。所以挑戰舊體制權門的不僅僅是織田信長，而是

所有的戰國大名。

「關所」便是字面上的意思，在各地的要道設立關卡。這些關卡向來往的路人、商人收取過路費，有時還會強取豪奪過關的商品。被剝削的人們久而久之自然不再願意從事商業活動，影響了各地的商業發展。

「座」與關所不同，「座」在中世紀的日本指的是一種在貴族和寺社控制之下的商業壟斷團體。打個比方，在延曆寺的領地內商人要是加入延曆寺設立的「座」，那他們就擁有了對壟斷商品（例如筆、紙等等）的銷售權、運輸權以及經過延曆寺下屬關所的免稅權。當然，加入「座」自然也得交納不少「會員費」，商人們多付出的錢自然就得從消費者們身上榨取了。

在織田信長的統治時期，靠貿易港口津島發家致富的織田家還是比較注重商業的，在領內施行了許多關於「廢除關所」與「樂市（免除商業稅、自由競爭）」的政策。值得一提的是，「樂市」政策最早的施行者並非織田信長，而是近江國的大名六角定賴，在當時許多戰國大名也都在城下町施行這項政策，這是時代的趨勢，並非織田家的獨創。

實際上，織田信長真正觸及到寺社勢力利益的，乃是「樂座（廢除座）」政策，目前從織田信長下發的文書中，一共有三份文書與「樂座」政策有關。令人意外的是，和「樂座」的命令相比，織田信長給「座」的安堵狀反而非常之多。也就是說，與我們往常認知的「織田家主張樂市樂座」不同，在信長統治時期織田家的「樂座」政策其實非常有限。尚未統一日本的織田信長為了獲得其他勢力的支持，在商業政策上做出了許多讓步，在信長死前，織田家允許「座」存在於領內，信長也是以「座」的保護者形象示人。真正讓「座」成為歷史的人，實際上是接替信長衣缽統一日本的羽柴秀吉。

儘管織田家的「樂座」政策非常有限，但是這件事依然可能觸動了延

(二十五) 山門燒討

曆寺、本願寺這些寺社勢力的敏感點,再加上「廢除關所」和「樂市」的加持,引起了他們的不滿,雙方矛盾的爆發也是遲早的事情。

不過,織田信長知道自己雖然有能力,但是這能力畢竟不是超能力,他看透了織田家之所以能夠不斷地發展壯大的根本原因,那就是四個大字:「我很有錢。」

參考書目

- 《信長記》，太田牛一 著，池田文庫本
- 《信長公記》，太田牛一 著，奧野高広 巖沢願彥 校注，角川日本古典文庫
- 《甫庵信長記》，小瀨甫庵 著，神郡周校注，現代思潮社
- 《織田信長の文書研究》，奧野高廣 著，吉川弘文館
- 《寬永諸家系図伝》，續群書類從完成會
- 《寬政重修諸家譜》，堀田正敦 編
- 《現代語訳三河物語》，大久保彥左衛門 著，小林賢章 訳，ちくま學藝文庫
- 《現代語訳信長公記》，太田牛一 著，中川太古 訳，新人物文庫
- 《現代語訳信長公記天理本首卷》，太田牛一 著，かぎや散人 訳，デイズ
- 《織田信長》，桐野作人 著，新人物文庫
- 《信長の戰爭》，藤本正行 著，講談社學術文庫
- 《戰國期の室町幕府》，今谷明 著，講談社學術文庫
- 《鉄砲伝來》，宇田川武久 著，講談社學術文庫
- 《上杉謙信の夢と野望》，乃至政彥 著，ワニ文庫
- 《桶狹間の戰い》，藤本正行 著，洋泉社
- 《長篠の戰い》，藤本正行 著，洋泉社

参考書目

- 《本能寺の変》，藤本正行 著，洋泉社
- 《鉄砲隊と騎馬軍団―真説・長篠合戦》，鈴木眞哉 著，洋泉社
- 《本能寺の変と明智光秀》，洋泉社編集部 編，洋泉社
- 《秀吉の出世と伝説》，渡邊大門 著，洋泉社
- 《明智光秀》，谷口研語 著，洋泉社
- 《再検証長篠の戦い》，藤本正行 著，洋泉社
- 《明智光秀 殘虐と謀略》，橋場日月 著，祥伝社新書
- 《天下人の父・織田信秀》，谷口克広 著，祥伝社新書
- 《豊臣秀吉》，小和田哲男，中公新書
- 《信長と消えた家臣たち》，谷口克広 著，中公新書
- 《織田信長＜天下人＞の実像》，金子拓 著，講談社現代新書
- 《黒田官兵衛》，渡邊大門 著，講談社現代新書
- 《織田信長》，神田千里 著，ちくま新書
- 《戦國大名武田氏の戦爭と內政》，鈴木將典 著，星海社
- 《室町幕府全將軍・管領列伝》，日本史史料研究會 監修，平野明夫 編集，星海社
- 《武田信玄と勝頼》，鴨川達夫 著，巖波新書
- 《足利義稙》，山田康弘 著，戎光祥出版
- 《斎藤道三と義龍・龍興》，横山住雄 著，戎光祥出版
- 《駿河今川氏十代》，小和田哲男 著，戎光祥出版
- 《朝倉孝景》，佐藤圭 著，戎光祥出版

- 《織田信長の尾張時代》，橫山住雄 著，戎光祥出版
- 《武田信玄と快川和尚》，橫山住雄 著，戎光祥出版
- 《室町幕府將軍列伝》，榎原雅治 清水克行 編集，戎光祥出版
- 《北條氏康の妻 瑞渓院》，黒田基樹 著，平凡社
- 《松永久秀と下剋上》，天野忠幸 著，平凡社
- 《秀吉の武威、信長の武威》，黒嶋敏 著，平凡社
- 《武田勝頼》，丸島和洋 著，平凡社
- 《德川家康》，柴裕之 著，平凡社
- 《淺井氏三代》，宮島敬一 著，吉川弘文館
- 《今川義元》，有光友學 著，吉川弘文館
- 《足利義昭》，奧野高広 著，吉川弘文館
- 《信長軍の合戦史》日本史史料研究會 監修，渡邊大門 編集，吉川弘文館
- 《武田信玄》平山優 著，吉川弘文館
- 《戰國時代の足利將軍》山田康弘 著，吉川弘文館
- 《天正壬午の亂》，平山優 著，吉川弘文館
- 《検証長篠合戦》，平山優 著，吉川弘文館
- 《長篠合戦と武田勝頼》，平山優 著，吉川弘文館
- 《信長の天下布武への道》，谷口克広 著，吉川弘文館
- 《定本 德川家康》，本多隆成 著，吉川弘文館
- 《織田信長》池上裕子 著，吉川弘文館

參考書目

- 《天皇と天下人》，藤井讓治 著，講談社
- 《戰國ウォーク長篠・設楽原の戦い》，小和田哲男 監修，小林芳春 編集，黎明書房
- 《長篠・設楽原合戦の真実》，名和弓雄 著，雄山閣
- 《戰國大名武田氏の家臣団》，丸島和洋 著，教育評論社
- 《上杉謙信》，矢田俊文 著，ミネルヴァ書房
- 《武田信玄》，笹本正治 著，ミネルヴァ書房
- 《戰國三好一族》，今谷明 著，新人物往來社
- 《越後上杉一族》，花ヶ前盛明 著，新人物往來社
- 《武田氏年表》，武田氏研究會 編集，高志書院
- 《上杉氏年表》，池享 矢田俊文 編集，高志書院
- 《今川氏年表》，大石泰史 編集，高志書院
- 《北條氏年表》，黒田基樹 編集，高志書院
- 《証言本能寺の変》，藤田達生 著，八木書店
- 《考証織田信長事典》，西ヶ谷恭弘，東京堂出版
- 《秀吉の虚像と実像》，堀新 井上泰至 編集，笠間書院
- 《徳川家康三方ヶ原戦役畫像の謎》原史彦，『金鯱叢書』第 43 輯
- 《戰國大名武田氏の貫高制と軍役》湯本軍一 著，『法政史學』第 29 號

戰國破局，織田信長的崛起：
從織田內鬥到挑戰守護代與大名制度，一場顛覆舊秩序的崛起戰爭

作　　　者：北條早苗
發　行　人：黃振庭
出　版　者：複刻文化事業有限公司
發　行　者：崧燁文化事業有限公司
E - m a i l：sonbookservice@gmail.com
粉　絲　頁：https://www.facebook.com/sonbookss/
網　　　址：https://sonbook.net/
地　　　址：台北市中正區重慶南路一段 61 號 8 樓
8F., No.61, Sec. 1, Chongqing S. Rd., Zhongzheng Dist., Taipei City 100, Taiwan

電　　　話：(02)2370-3310
傳　　　真：(02)2388-1990
印　　　刷：京峯數位服務有限公司
律師顧問：廣華律師事務所 張珮琦律師

-版權聲明-

本書版權為淞博數字科技所有授權複刻文化事業有限公司獨家發行電子書及紙本書。若有其他相關權利及授權需求請與本公司聯繫。未經書面許可，不得複製、發行。

定　　　價：420 元
發行日期：2025 年 07 月第一版
◎本書以 POD 印製

國家圖書館出版品預行編目資料

戰國破局，織田信長的崛起：從織田內鬥到挑戰守護代與大名制度，一場顛覆舊秩序的崛起戰爭 / 北條早苗 著 .-- 第一版 .-- 臺北市：複刻文化事業有限公司, 2025.07
面；　公分
POD 版
ISBN 978-626-428-198-0(平裝)
1.CST: 織田信長 2.CST: 傳記
783.1856　　　　114009796

電子書購買

爽讀 APP　　臉書